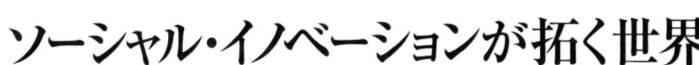
ソーシャル・イノベーションが拓く世界
身近な社会問題解決のためのトピックス30

西村仁志　編著

山口洋典　著

関根千佳

坂倉杏介

宗田勝也

中野民夫

西村和代

深尾昌峰

山本克彦

川中大輔

法律文化社

はじめに PREFACE

　未来への展望を描くことが、とても難しい時代だ。
　かつては経済成長が社会の未来を拓く牽引役であった。技術力を高め、産業化を進めること。受験戦争を戦い抜いて偏差値の高い大学へ進学し、一流企業や公務員へと就職することで安定した幸福な人生を送れるといった夢や希望を語ることもできた。しかし現代にあっては、出産や子育て、老後をめぐる不安といった家族や肉親に起こる問題、居住地域やふるさとの自治力、活力の低下などの問題、仕事や人間関係のストレスから生まれる心の悩みやさまざまな「生きづらさ」の問題が多数生まれてきた。さらには南北間格差や地球環境などの国境を越える問題、民族・宗教にまつわる対立・紛争なども複雑で解決が難しい。
　これら山積する問題からの「世直し」と「人助け」に取り組み、未来への展望を描くことが、世界中で求められている。政府や自治体などの行政セクターだけではなく、一市民から営利企業にまで至るあらゆる主体が解決に取り組んでいかねばならない時代が到来しているのだ。
　本書のタイトルにある「ソーシャル・イノベーション」とは、こうした社会における諸問題を「放ってはおけない自分ごと」として、仲間と共に解決にあたろうとする営みのことを指すと考えている。言い換えれば「社会ごと」を「自分ごと」にし、その「自分ごと」から新しいカタチやウゴキをつくり出して新しい「社会ごと」の潮流をつくり出すことだ。そしてサブタイトルの「身近な社会問題」はまさに「放ってはおけない自分ごと」でもある。それらの問題は身近なところだけでは完結せず、地球上に生きる人類全体の普遍的な問題へとつながっている。そうしたソーシャル・イノベーションの営みに、できるだけたくさんの人が関心をもち、実践への一歩を踏み出してほしいというのが本書のねらいである。
　本書が対象とする読者は、ソーシャル・イノベーションや社会的企業の当事者周辺や、その活動を実践現場や教育現場で学ぼうとする人々のみにとどまら

ない。ビジネスの第一線にある方、子育て真っ最中の方、リタイアして次の一歩を踏み出そうという方、そして「なにか自分が社会に役立つことを、新たに始めたい」という方、すでに「放ってはおけない自分ごと」がある方、さらにそれが生まれてきそうな方々みなさんに読んでいただきたいと考えている。本書はこうした実践や研究への入り口として、大学等での教育・研究活動と、社会起業家としての実践活動の双方を股にかける執筆者たちと共に書き上げたものだ。3つの部と30のトピックスの構成で、どこからでも読み始め／読みきることができ、何度も出入りできるような一冊になっている。

第Ⅰ部「ソーシャル・イノベーションの基本概念と研究動向」ではソーシャル・イノベーションとはいったい何かを中心に、その概念や取り組みの基本的な方法論、さらにはその営みを実践研究として取り組むことについて編著者の西村の論考によって構成している。

第Ⅱ部「ソーシャル・イノベーションが求められる分野」は社会のさまざまな領域における諸問題と、そこで求められているイノベーションについて、各執筆者の専門や経験、先行事例をもとに書き著した。

第Ⅲ部「ソーシャル・イノベーションを導くツールとスキル」は、各執筆者が自ら携わってきた取り組みの事例を中心に、その具体的展開について記している。

相互に関連が深いトピックスには、本文中で"(⇒2)"のように参照先を示している。また、巻末には各トピックスの参考文献や情報をまとめて紹介した。読者のみなさんには本書を入り口としてそれぞれ興味のある分野の扉を開き、ぜひさらなる情報、そして「現場」に触れていただきたい。また当然ながら、ソーシャル・イノベーションにまつわる議論や求められる分野、ツールやスキルは本書で取り上げた30のトピックスにとどまらない。本書のタイトル『ソーシャル・イノベーションが拓く世界』のとおり、まさにみなさんが私たち執筆者と共に新たな世界を拓いていく歩みを始めていかれることを願っている。

2014年10月

執筆者を代表して　西村　仁志

目次 CONTENTS

はじめに　　　　　　　　　　　　　　　　　　　　　　i

[Ⅰ] ソーシャル・イノベーションの基本概念と研究動向 …… 1

1 ソーシャル・イノベーションとは　　　　　3
2 マインド、ツール、スキル　　　　　　　　9
3 企画とプロデュースの方法　　　　　　　　16
4 めざす社会の未来　　　　　　　　　　　　22
5 実践型研究の意義　　　　　　　　　　　　27

[Ⅱ] ソーシャル・イノベーションが求められる分野 …… 33

6 ウエルネス　　　　　　　　　　　　　　　35
7 中山間地域・離島　　　　　　　　　　　　42
8 環　境　　　　　　　　　　　　　　　　　49
9 災害救援　　　　　　　　　　　　　　　　54
10 食と農　　　　　　　　　　　　　　　　　61
11 高齢者　　　　　　　　　　　　　　　　　68
12 障害のある人　　　　　　　　　　　　　　75
13 多文化社会　　　　　　　　　　　　　　　82
14 生と死　　　　　　　　　　　　　　　　　88
15 スピリチュアリティ　　　　　　　　　　　95
16 商店街　　　　　　　　　　　　　　　　　102

[Ⅲ] ソーシャル・イノベーションを導くツールとスキル … 107

- 17 ワークショップとファシリテーション　109
- 18 ソーシャルメディアと市民のジャーナリズム　116
- 19 〈場所の力〉を活かす　122
- 20 ソーシャルビジネスと社会的企業　129
- 21 ユニバーサルデザインの戦略とその価値　134
- 22 参画と挑戦による子どものエンパワメント　141
- 23 若者の参画とコミュニティエンパワメント　148
- 24 地域資源を創出するデザイン・マネジメント　155
- 25 コミュニケーションデザインによる価値の創出　164
- 26 社会をひらくアート　171
- 27 民家の新しい活用　178
- 28 開かれた宗教空間を生み出す　185
- 29 脱学校化する大学　194
- 30 ファンドレイズと地域社会の資金循環　202

おわりに　207
参考文献　209
執筆者紹介　219

[I]
ソーシャル・イノベーションの基本概念と研究動向

1 ソーシャル・イノベーションとは
WHAT IS SOCIAL INNOVATION?

■「ソーシャル・イノベーション」とは

　ソーシャル・イノベーションとは文字どおり、「ソーシャルなイノベーション」だ。日本語にそのまま直訳すると「社会的革新」や「社会変革」となる。
　こんな質問をされることがある。「ソーシャル・イノベーションって、社会をひっくり返すような革命みたいなものですか？」という類のものだ。「いや、そんな大げさなことでなくても、以前よりもずっと暮らしやすくなったなというような、身近なところで変化を実感することも射程に置いているのですよ。むしろ私たちにできそうなことって、そういうレベルや規模のものではないですか」と答えている。それには「なーんだ。そんなこともアリなんですね」という反応が返ってくる。質問された方はどこまで納得されているかどうかはわからないが、この本ではそういう身近なところから出発しようと思っている。つまり現在の社会や環境、人々の暮らしや生き方のなかに問題を感じて、「これは、私がなんとかしないと」と思い、自分でなにかを始めること、仲間と共に動き出すこと。「ソーシャル・イノベーション」はそこから始まると考えている。とはいえ、本トピックではこうした「自分でなにかを始めること、仲間と共に動き出すこと」という営みと「ソーシャル・イノベーション」という言葉をつないで、納得して解釈できるようにしないといけない。
　まず「ソーシャル・○○」という形容詞について考えてみよう。「社会の」や「社会的な」という意味だが、単に「2人以上の関係」ということから、「ソーシャル・ネットワーキング・サービス (SNS)」のように多数の人々が参加する対話関係など、幅広い意味をもった言葉である。そして「現在ある社会的関係の状態」という意味から、「ソーシャル・ビジネス」「ソーシャル・デザ

イン」や「ソーシャル・ファンド」のように「社会的問題を解決したり、よりよい社会をめざして活動する」というような意味で使われる新語が近年、次々と生み出されてきている。「ソーシャル・イノベーション」とその主体となる「ソーシャル・エンタープライズ」や「ソーシャル・アントレプレナー」における「ソーシャル」も同様の意味をもっていると考えてよいだろう。

そして次は「イノベーション」だ。この言葉は新しいアイデアを具体的な商品やサービスとして市場に送り出し、社会や経済に変革をもたらすものとして、主に企業経営の世界から議論されてきたものである。この言葉は経済学者のシュムペーターが著書『経済発展の理論』のなかで「イノベーションとは経済活動の中で生産手段や資源、そして労働力などを今までとは異なる仕方で『新結合』すること」であると初めて提唱したものである。近年では、携帯メールやスマートフォンが普及したことで人々の連絡の手段やつきあい方が一変したり、iPodが登場したことで音楽の流通や再生、鑑賞のあり方が一変するなど、革新的な技術やデザインによってビジネススタイルや業界、人々の暮らしや社会のあり方に大きな変化がもたらされている。もちろんこれらを送り出したビジネスはそれによって大きな利益を得るわけで、いまや「イノベーション」は企業の成長にあたって最重要なテーマとなっているのである。

さて「ソーシャル・イノベーション」はこの「イノベーション」の前に「ソーシャル」という形容詞が付いている。このことはいったい何を意味するのだろうか。「スマートフォンは人々の暮らしや社会のあり方にまで変化をもたらしているのだから、ソーシャル・イノベーションが起こっている」という見方もできなくないだろうし、議論が分かれるところだろう。

そんなことを考えながら、筆者は「ソーシャル」と「イノベーション」が結ばれた言葉としての「ソーシャル・イノベーション」には「ソーシャル」と「イノベーション」のそれぞれに特別な意味をもち始めているように思う。つまり「ソーシャルなイノベーション」は「（何もなしの）イノベーション」とは大きく異なり、また「ソーシャルをイノベーションする」ということは、単なる社会的関係を指す「ソーシャル〜」とはまったく異なる意味をもち始めているように思うのだ。つまり「ソーシャル・イノベーション」は、いままでにないイノベーションであり、斬新なアイデアと手法で、社会的な問題を解決した

り、現在の社会的関係を大きく変える。新しい社会的な価値を生み出したりという、ほんとうに新しい概念なのだ。そうすると「ソーシャル・イノベーション」には「社会的問題の解決や、よりよい社会をめざして活動し、イノベーションをもたらす」というミッションが内蔵されていることが必須だということになる。

■ 欧米での「ソーシャル・イノベーション」の議論

「ソーシャル・イノベーション＝Social Innovation」はもちろん英語だ。つまり英語圏での議論があるのでこれを見ていこう。フィルスらによればソーシャル・イノベーションとは「社会的ニーズ・課題への新規の解決策を創造し、実行するプロセス」（Phills et al., 2008）だと述べている。またイギリスの社会変革財団 Young Foundation のムルガンは「ビジネス・イノベーションは、"利潤の最大化" に動機づけられている。一方、ソーシャル・イノベーションとは "社会ニーズ" に動機づけられた革新的な活動やサービスである」と定義している（Mulgan, 2007）。

また日米英の NPO 事情を調査した塚本一郎（明治大学教授）は、「商業化し、企業化していく新しいタイプの非営利組織が台頭している一方、営利企業も CSR（Corporate Social Responsibility: 企業の社会的責任）や戦略的社会貢献の取り組みのなかで、社会課題の解決や新しい社会的価値創造の担い手として非営利組織とともにソーシャル・イノベーションの推進役の一端を担いつつある」と述べ、世界的に「営利」と「非営利」の境界が曖昧になっていく傾向が進んでいること、さらにこの曖昧化の傾向が最も進んでいるのがアメリカだと指摘している（塚本・山岸, 2008）。

こうした社会状況のなかで進展してきたアメリカの NPO 研究の延長線上にあって、1990年代から「社会問題に対する、行政やフィランソロピック（営利企業による社会貢献活動）の取り組み努力は我々の期待を満たしていない」（Dees et al., 1998）として、社会問題への企業家的アプローチが注目されてきた。こうした担い手として「ソーシャル・エンタープライズ（Social Enterprise: 社会的企業）」、「ソーシャル・アントレプレナー（Social Entrepreneur: 社会起業家）」が

注目されるようになり、ハーバード大学、スタンフォード大学など主要大学のビジネススクールでもソーシャル・アントレプレナー養成のプログラム設置が盛んに行われてきたのである。

そして、ソーシャル・イノベーションの最も有名な例を挙げるとするならば、2006年にノーベル平和賞を受賞したバングラディシュの経済学者ムハマド・ユヌス、そして1983年に彼が創設した「グラミン銀行」によって始められた「マイクロ・ファイナンス」の手法であろう。バングラディシュは大河ガンジス川がベンガル湾に注ぐデルタ地帯に立地し、水資源に恵まれた国である。しかし、一方で洪水やサイクロンなどの自然災害も多く発生し、さらには政治・行政上の問題もあり、国民の75％にもあたる1億1,800万人が1日2ドル未満で暮らす貧困層である。ユヌスは農村の貧しい女性を主対象として開業のための少額の資金を無担保で貸し出す「マイクロ・ファイナンス」の仕組みを生み出すことで、貧困層の経済的・社会的基盤の構築に貢献したのである。

社会起業家のユヌス、社会的企業としての「グラミン銀行」、そしてソーシャル・イノベーションを生み出したビジネスモデルとして「マイクロ・ファイナンス」という「3点セット」を見ることができる。

■ 日本における「ソーシャル・イノベーション」

日本においても社会的企業は、住民運動やまちづくり運動などを前史とし、1990年代のボランティアやNPOへの注目を経て、2000年以後の社会的ニーズに対応する多様な市民活動の登場、「新しい公共」を担う複数のセクターやその連携などを通じて組織や事業の「ハイブリッド化」が起こってきたことにより、注目されるようになってきた。

富士山麓に「ホールアース自然学校」を創設し自然体験活動の専門化、プロ化を進めた広瀬敏通。福岡で母親としての視点から問題意識をもって子育て情報誌「子づれDE CHA・CHA・CHA！」を創刊した濱砂圭子。保育業界では「タブー」とされてきた病児保育に取り組むNPO「フローレンス」を立ち上げた駒崎弘樹など、社会問題の解決にむけて、個人の思いと発案によって事業がスタートする例が見られるようになったのである。「行政には任しちゃおけな

い」「他人が始めるのを待ってられない」として自らが問題解決の主体となり、事業をスタートし継続させていくこと。そして解決のための新しいプラットフォームやスキーム、ビジネスが各地でつくられるようになってきたわけだ。

　国も地域社会の問題解決、新たな雇用の創出を通じた地域活性化、そして「新しい公共」の担い手としてこうした動きに着目し、経済産業省を中心に「ソーシャル・ビジネス（SB）」、「コミュニティ・ビジネス（CB）」の振興を政策化し推進してきているのである。

　こうした潮流について、日本においてソーシャル・イノベーション研究をリードしてきた谷本寛治（早稲田大学教授）は、社会起業家について「今解決が求められている社会的課題（例えば、福祉、教育、環境等）に取り組み、新しいビジネスモデルを提案し実行する社会変革の担い手である」（谷本, 2006）、そしてソーシャル・イノベーションを「社会的課題の解決に取り組むビジネスを通して新しい社会的価値を創出し、社会的成果をもたらす革新」（谷本, 2009）と定義している。本書の執筆者のひとり、山口洋典は「拡がりを持って対象が取り扱われること、今までにない新たな道を前に向かって拓くこと、仲間とともに極めて能動的に何かを刷新すること、社会による社会のための革新をはかること」（山口, 2007）だと述べている。

　また2011年3月11日に起こった東日本大震災は北海道から神奈川県にわたる広範囲に及ぶ大規模の災害となり、救援と復興への支援活動もかつてない広がりをもって展開されてきた。被災地の現場での活動に従事する人々だけではなく、それをさまざまなかたちで支援する人々のネットワークや仕組みも形成されてきた。民間組織が社会的事業を展開するために大きなハードルとなってきた資金調達（ファンドレイジング）の手法なども充実し、波及してきたことも注目される。

■ 私の置かれている現実と必然性によって掘り起こす

　本書の執筆者の多くは同志社大学大学院総合政策科学研究科ソーシャル・イノベーションコース（以下、SIコース）に教員や大学院生として在籍、関係し

てきた。このコースは「地域社会に生起する具体的な公共問題を解決できる実践能力を兼ね備えた行動型研究者の育成」を目的とし、研究者自らがソーシャル・イノベーションの実践現場を創出し、それを研究対象とするというユニークな方法をとるのが特色である。「社会の病理を研究するだけでなく、地域に重点を置きつつ社会の疾病を治癒するプロフェッショナルとしての社会革新者 (Social Innovator) の育成をその使命とする」とし、その特徴として臨床的知見の研鑽が重視され、社会実験の実施と地域サポーターや実践者を交えた研究構想、論文執筆構想を検討するワークショップとが大きな位置を占める。

このコースの開設後7年を経て修士学位取得者は60名を超え、博士学位取得者も出ている。彼ら・彼女らの実践研究は「私の置かれている現実と必然性」に根ざす社会的実践の研究であり、一般的には社会的問題とは認識されていないユニークなテーマや実践手法もここから生まれてきた。

ここで注目したいのは自分（わたし）自身がそこに注力していく必然性であり、ストーリーともいえる「現実性」である。「社会のなかでいまだ求められていない、気づかれてさえいない問題、およびその解決方策」を「私の現実と必然性」によって掘り起こしていくところにこそ、「ソーシャル・イノベーター」の本質がある。「他人にはどうでもいいことかもしれないが、私には放っておけない」というところが、「私の置かれている現実と必然性」に立脚して独創性を生み出す原動力となるのである。「私の置かれている現実と必然性」によって解決者としての自覚が生まれてくることが明らかになってきた。

こうした観点を加えてあらためてソーシャル・イノベーションとは何かを考えてみた。「ソーシャル・イノベーションとは、社会において発生する諸問題を見出し、自らの関心と思いにもとづいた解決策として独創的な事業手法を開発し、その具体的展開を通じて人と社会との関係へ働きかけ、新しい社会的価値を創造していくこと」である。そして社会の誰もが主体となって「自分でなにかを始めること、仲間と共に動き出すこと」という営みから社会の新しい未来を拓いていける可能性をもっているのである。

【西村仁志】

2 マインド、ツール、スキル
MIND, TOOLS, SKILLS

■ 解決すべきものは「問題」、達成するものが「課題」

　ソーシャル・イノベーションの世界では発信側の書き手や話し手が「問題」と「課題」という言葉をよく吟味せずに使うケースが多く、受け手である読者に混乱や誤解を生じさせることも多い。実際に「(地域や社会の)問題解決」あるいは「(地域や社会の)課題解決」という両方が使われている。そして私たちが地域や社会の未来について関係者で話し合ったりするとき、不足や不安、希望やビジョン、プラスやマイナス、そしていろんなレベルのことがらが議論のテーブルの上に百出する。そこに「問題」と「課題」という両方の言葉が使われる。この「問題」と「課題」は同じ意味あるいは違う意味をもつものだろうか。いったい解決すべきなのは「問題」なのだろうか「課題」なのだろうか。

　これらがないまぜになっていては本質をとらえることを妨げてしまう。そこで、まずここで本書においては以下のように言葉や概念の整理をしておきたい。

　「問題」とは「解決が求められる困った状況」のことで、例えば「集落の後継者がいない、足りない」、「子どもたちの遊びの体験が不足している」、「公共交通が不便で、買い物や病院への通院に困っている」というようなもので、これらを「ボヤキ」と呼ぶこととしよう。一方で「課題」のほうは、その解決のために設定するもので「集落の次の担い手をつくろう」、「子どもたちがのびのびと遊べる機会や空間を充実させよう」、「住民の足を確保しよう」というもので、これらは「ヤル気」と呼ぶこととする。こうしたねがいは「解決」ではなく「達成」されるべきものだ。そして、いつまでも「ボヤキ」にとどまっていては社会は変わらない。これらを「ヤル気」に書き換えること。これが次に説

表1　ボヤキをヤル気に書き換える例

問題（状況・ボヤキ）	課題（ヤル気）	具体的な取り組みの例
集落の後継者がいない、足りない	集落の次の担い手をつくろう	1. 集落出身者に呼びかけ「ふるさと大集会」を開催する 2. 集落に新規移住者を誘致し定住させる
子どもたちの遊びの体験が不足している	子どもたちがのびのびと遊べる機会や空間を充実させよう	1. お寺の協力を得て「遊びの寺子屋」活動を行う 2. 近郊の里山で住民と子どもたちの参加で冒険遊び場をつくる
公共交通が不便で、買い物や病院への通院に困っている	住民の足を確保しよう	1. コミュニティバスを導入する 2. 乗り合いタクシーによる送迎制度を導入する

（出所）筆者作成。

明するソーシャル・イノベーションの「マインド」だ。

表1に「ボヤキをヤル気に書き換える例」をまとめてみた。

■　ソーシャル・イノベーションのための「3点セット」

「ものづくり」にたとえれば、よい製品をつくるためには手業や道具、さらには使命感が不可欠だ。ソーシャル・イノベーションにおいてそれらに相当するのが、ここで提示する「マインド」、「ツール」、「スキル」である。1「ソーシャル・イノベーションとは」で提示した定義にあてはめていくと「ソーシャル・イノベーションとは、社会において発生する諸問題を見出し、自らの関心と思い（マインド）にもとづいた解決策として独創的な事業手法（ツール）を開発し、その具体的展開を通じて人と社会との関係へ働きかけ（スキル）、新しい社会的価値を創造していくこと」ということになる。『ジーニアス英和大辞典』によれば「マインド＝mind」は「（意識・思考・意志・感情の座としての）心、精神」であり、「heart, spirit, soul」に近い意味をもった言葉である。また「ツール＝tool」は「（職人の使う）道具、工具」、「スキル＝skill」は「（特殊な）技能、技術、わざ」と記されている。こうして3つの言葉を並べてみると、1で掲げた「社会の疾病を治癒するプロフェッショナル」としての医師あるいは

職人としての姿がイメージされるだろう。つまりこのプロフェッショナル（ソーシャル・イノベーター）はいったいどのような「心、精神」、「道具、工具」、「技能、技術、わざ」をもっているのか、もつべきかを明らかにしていきたい。

■ ソーシャル・イノベーションの「マインド」

　社会起業家たちはそれぞれ自分自身の「社会への思い」からそれぞれの事業を始めている。鹿児島にあって環境教育のプロフェッショナルという専門性を切り拓いてきた浜本奈鼓（NPO法人くすの木自然館代表理事）は「鹿児島の豊かな自然を大切にしたい。それを地元の多くの人たちに伝えたい、分かち合いたい。しかしそんなことは仕事にならないし時間は割けない。でも自分がやらないと」という思いがスタートだ。福岡で地元に密着した育児情報を発信し、小さい子どもと一緒に出かけられる社会を実現させてきた濱砂圭子（株式会社フラウ代表取締役）は「現代社会において、育児中の女性が必要な情報が入手できず、また子どもと共に外出することがいかに難しいかということを痛感したことをもとに、それらの問題に対して当事者から情報発信をしていこう」というのが出発点である。

　このような社会起業家の典型的なストーリーとして、ウェスリーらは「活動的で思いやりのある人物が、社会問題に心を痛めるようになる。その人物が、これは放っておけないと心を決める。ものごとの可変性（この世で不変のものではない）が、変化の可能性を生み出す。……『かもしれない』を生み出す」（Westley et al., 2006, p.48）と説明している。この「かもしれない（MAYBE）」という未知の可能性の世界、不確実な世界にむけての「思い」、社会に対する「思い」がソーシャル・イノベーションの出発点となる。またひとりの「思い」が提示され、それへの支持や共感が広がってかたちや動きを生み出していくのである。逆説すれば「思い」がないところからはソーシャル・イノベーションは始まらない。

　またこうした社会起業家たちは既存の社会的仕組みや事業を「改良」するのではなく、新たな社会的価値の「発明」をしているということだ。そしてそこには既存の社会的仕組みや事業への批判的な視点がある。

図1　Cゾーンの突破

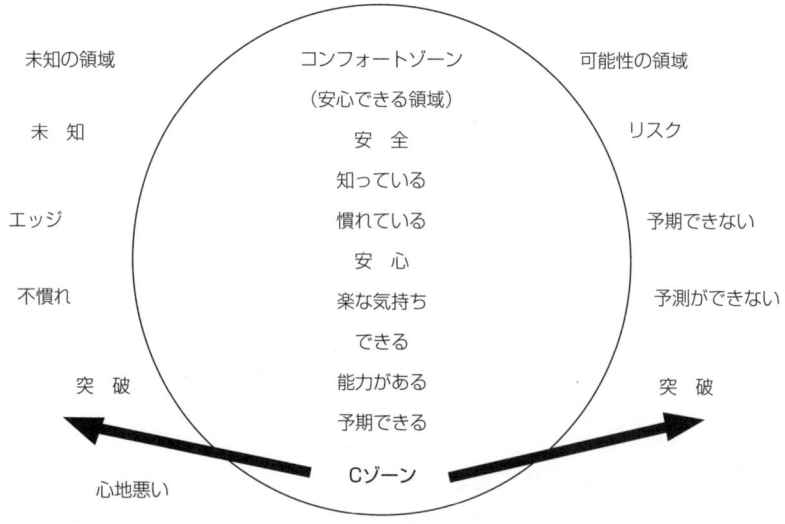

（出所）難波, 1999, p.45。

　この「かもしれない」という未知の領域に踏み出していくということを、肉体的・精神的に困難な状況を乗り越える体験を通じて人間的成長をはかっていく冒険教育において次のようなモデルとして示されているのが参考になる。冒険教育の専門家で、脳生理学者でもある難波克己は、冒険体験と人間的成長について、Cゾーンとその突破という概念を示している（図1）。

　Cゾーンとはコンフォートゾーン（Comfort Zone: 安心できる、快適な領域）であり、自分にとって安心である、知っている、慣れている、楽な気持ちである、できる、能力がある、予期できる等といった、心理的に自ら安全であると認識している環境、リスクのない領域である。物理的というよりは心理的であるが、ときに両者は一致する。つまり心理的な安心を求めて物理的な安心空間から出ないということがあり、それが「ひきこもり」である。その外側には不慣れ、未知、予期できない、予測できないといった、リスクのある領域が広がっており、ここを突破していく体験が行動範囲を広げ、人間的な成長をもた

らすとしている。一歩先が保障されない、やってみなければわからない、「かもしれない」ということを自ら決断し、踏み出していくということに起業家、社会起業家との共通点が見出せるのである。

　ソーシャル・イノベーションに必須のマインドとは、「その問題の解決は私がなんとかしなければ」という「社会への思い」、そしてこの「かもしれない」に一歩を踏み出していく「勇気」の2つである。これらが揃って初めて、ソーシャルな実践活動が可能になる。

■　ソーシャル・イノベーションの「ツール」

　ソーシャル・イノベーションの「ツール」とは社会を変えるための「道具」や「手段」である。ここで用いる「ツール」とは農機具や楽器、絵筆などの道具を指しているわけではない。ソーシャル・イノベーションのツールとは「社会を変えていくための道具」、つまり手段である。「〜で社会を変える」、「〜という手段を用いて、社会にアプローチする」というものである。これは実践者の個別の思い、興味関心、背景、経験などから生まれてくる。

　アメリカ・フィラデルフィアに有機無農薬、環境保護、地元コミュニティへの貢献などをミッションに掲げるレストランとして有名な「White Dog Cafe」がある。創業者であり、社会起業家として数々の表彰を受けてきたジュディ・ウィックスは当初マフィンとコーヒーをテイクアウトで販売する小さな店からスタートした。最初から明確な社会的ミッションやビジネスの展望をもっていたわけではないと語っている（Wicks & Klause, 1998, pp.19-24）。しかしその後20年かけて日々のアイデアや問題意識、選択と決定の積み重ねによってこのレストランの経営理念は成長してきた。ウィックスのツールは「レストラン」である。

　同志社大学大学院ソーシャル・イノベーションコースでユニークなツールを生み出してきた修了生たちを紹介しよう。小林清美のツールは「美術鑑賞」である。自営で行ってきた内外の美術館やアートギャラリーへの美術鑑賞ツアーが、次第に参加者による勉強会や交流会が重ねられるなかで主宰者主導から参加者主導へと変化し、さらにこうした「ファンサークル」が地域社会へソー

シャル・キャピタル形成の貢献を果たすという実践研究であった（小林，2008）。

　本書の執筆者のひとりでもある西村和代のツールは「食農体験」である。小学生とその家族が力を合わせて畑作りから植え付け、世話、収穫から料理、サービスまでを行う通年の活動を行って、「食育コミュニティ」を創造するとともに、その理論的・実践的条件を提示した（西村，2008）。

　清水文絵のツールは「抗加齢（アンチエイジング）活動」である（⇒6）。地域の診療所に勤務する清水が、高齢の通院者に呼びかけて結成した「びゅーてぃふる・ばーちゃん倶楽部」が、当初は「認知症の予防活動」からスタートし、小学生対象の「掃除の達人教室」の開催、手作りグッズの制作販売にまで活動を広げ、高齢者の生きがいづくりや地域での仲間づくりをサポートしてきた（清水，2008）。

　大石尚子のツールは綿花の栽培から糸紡ぎ、手織りによる作品づくりまでの一連の実践で、大石はこれを「スロー・クローズ」と名付けている。現代社会における産業社会化の進展、グローバル経済の席捲による人間性の喪失、自然環境の悪化に対し、ひとりひとりが糸車を回すことで社会のあり方を考え、生き方を考えるソーシャル・イノベーションの可能性を示しているのである（大石，2009）。

　三田果菜のツールは他に例を見ないユニークなもので「美容術」である。商店街のイベントにおいて屋台形式で出店したネイルケアのコーナーが地域の女性たちからたいへん好評と支持を得たことをきっかけにこの活動を発案した。「ネイル講座」を開催してネイルケアの技術を講習し弟子を育て、次の商店街イベントでは弟子と共に出店している。だれもがこうした術を身につけることで地域の女性と関わり、元気にすることができるということを実証してみせた（三田，2009）。その後三田はさらにがん患者のための美容サポート業を起業し、個室美容室「Ccure」を経営している。

　これらの「ツール」は、これまでの行政や市民活動による既存の社会問題、公共問題解決の手段とはずいぶん趣を異にするユニークなものだ。しかしこのような「えっ、その手があったか」というツールは今後も次々と登場するはずである。というのも、一般の市民が社会との関わりを考えたときに、自らのも

つさまざまな経験や活動領域をもとにして、社会へのアプローチが多様に生まれてくるからだ。

　これと同じ傾向をもっているのが企業によるCSRである。CSRは文化や環境など本業とは直接関係のない領域への貢献が注目されていたこともあるが、本業を軸として社会との関わりについて考え、いかに社会をよくすることに貢献できるのかという議論も主流になってきている。つまり市民がその社会的責任（Citizen's Social Responsibility）を果たそうとしたときに、自らの本業や天職、得意分野を「社会を変えていくための道具」として社会をよくしていくというアプローチが、今後も多様に登場してくると考えられる。またその一方で多様な背景をもつ社会人、市民に対してソーシャル・イノベーションへの「そそのかし」を行っていくことの重要性を指摘しておきたい。

■ ソーシャル・イノベーションの「スキル」

　ソーシャル・イノベーションへの「マインド」にもとづいて「ツール」を用い、「かたち」や「うごき」として実際に具体化していく技法が「スキル」だ。本書で取り上げる3「企画とプロデュースの方法」、17「ワークショップとファシリテーション」、30「ファンドレイズと地域社会の資金循環」がこれに相当する。こうした個別のスキルは講座や研修会、講義等を通じて伝達や学習が可能である。そしてこれらのスキルはプロフェッショナルな職能でもあるわけだが、こうしたスキルを自分ひとりで身につけることは容易ではない。しかしだからといって悲観しなくてもよい。素人による「手作り」で進めたり、試行錯誤で学びながら進めていくプロセスや、ワーキングネットでこうしたスキルをもった方々と一緒に取り組みを進めていく方法もある。

【西村仁志】

3 企画とプロデュースの方法
METHOD OF PLANNING AND PRODUCING

■ 企画とは

　ソーシャル・イノベーションへの必須のマインドは「その問題の解決にむけて、他のだれでもない、私がなんとかしなければ」という思いだと述べた（⇒2）。しかし、この思いは心の中、あるいは頭の中にあるわけなので、これを他の人々にむけて表明していかないと、共感も、活動も、事業も生まれてはこない。こうした「『思い』をかたち、動きにする」のが「企画」である。

　また「ソーシャル・イノベーションとは、社会において発生する諸問題を見出し、自らの関心と思いにもとづいた解決策として独創的な事業手法を開発し、その具体的展開を通じて人と社会との関係へ働きかけ、新しい社会的価値を創造していくこと」だと定義した（⇒1）。この「独創的な事業手法」の開発にあたって必要なのが「企画」であり、その「具体的展開」が安定し、事業の継続運営が可能になるまでの一連のプロセスが「プロデュース」である。

　筆者はこの企画やプロデュース手法について藁谷豊（故人、1954-2003）から学び、それによって環境教育をテーマとした自営業を成り立たせてきた。彼は1991年に企画会社「ワークショップ・ミュー」を設立。環境教育や市民活動の分野で、イベント、講座、映像作品、出版物等多くの事業の足跡を残した人物だ。藁谷は常々、既存の商品企画やイベント企画によって「産業中心の社会」が支えられてきたとし、これからの持続可能な社会を創出するためには市民社会や環境社会を創出する企画が必要であると語っており「企画手法は公共財である」として、その企画のノウハウについて市民活動や環境教育、野外教育の指導者等を対象とした研修会において惜しむことなく伝授していた。

　藁谷は「企画の方程式」を「企画＝思い×アイデア（発想）×カタチにする

スキル（技術）×ネットワーキング（人脈）」であると示している（藁谷・青木，2000, p.59）。まず「思い＝マインド」から出発することは、これが「0＝ゼロ」であれば、いかにアイデアやカタチにするスキル、ネットワークがあってもこの方程式の解は0となってしまうということだ。何度も繰り返しになるが「その問題の解決にむけて、他のだれでもない、私がなんとかしなければ」、これが出発点である。

　次に、事業を構想するためのアイデアを豊かに生み出すことの大切さとその方法。そして広報媒体の編集制作、会場や舞台のデザイン設営、集会等での司会進行などといったものが「カタチにするスキル」であり、最後にブレーン（知恵袋）やスタッフ（実行部隊）、サポーター（協力者）、スポンサー（資金提供者）など事業の遂行に必要な人材を組織化していくというネットワーク形成術である。

　そして藁谷は「おでん型」（図1）と「ヒコーキ型」（図2）という2つの企画モデルを示すなかで、「思いをカタチにする」自主提案型である「ヒコーキ型」企画モデルにしたがった思考をしていくことの大切さを指摘している（藁谷，1999, pp.84-85）。実際の企画書もこのモデルにしたがって記述していく。最初に企画者の思いとその社会的背景が述べられ、この企画の対象となる人々（顧客）が誰で、どのような「ニーズ」や「ウォンツ」をもった人たちなのかという深い理解（マーケティング分析）と、企画者・機会提供者である「私・私たち」のもつ経営資源、強みや弱み、人的リソースなどを正しく認識すること（ポテンシャル分析）の両方をふまえたうえで、この企画がねらい、実現したいことがらをわかりやすく明確にすること（コンセプトの提示）という流れを示しているのである。

■　「マーケティング分析」と「ポテンシャル分析」

　マーケティング分析とは、社会全体の動向をとらえつつ対象者（顧客）がだれかを特定し、どのような特性をもった人々かを把握することである。それによって初めて、彼らにどのようなアプローチをとるのが良いかを考えることができる。例えば「食」をテーマにした実践活動を展開しようというときに、

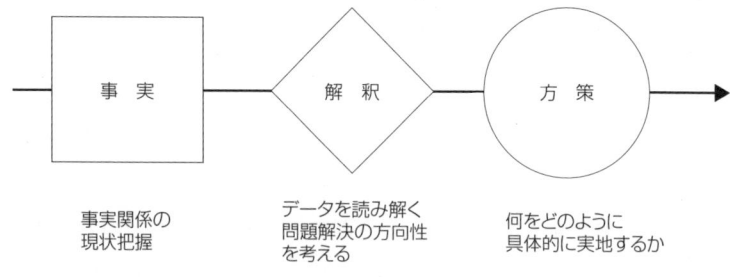

図1　問題解決型の企画フロー「おでん型」

事実関係の
現状把握

データを読み解く
問題解決の方向性
を考える

何をどのように
具体的に実地するか

（出所）藁谷，1999，p.84。

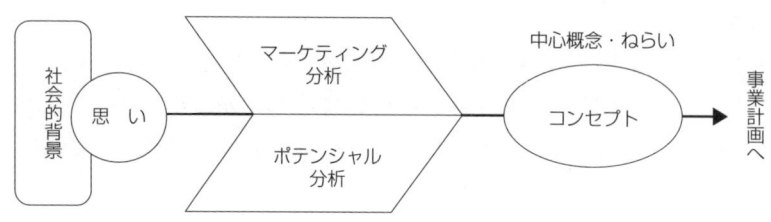

図2　自主提案型企画のフロー「ヒコーキ型」

（出所）藁谷，1999，p.84。

「小学生」、「大学生」、「子育中の人」、「高齢者」という対象者をそれぞれ設定するとすれば、いかがだろう。それぞれの興味や関心、どんな内容や呼びかけに反応するか、もっている（使える）お金はどれくらいか、日時や会場の設定はどうすれば来てもらいやすいだろうか……。こうした「ニーズ」や「ウォンツ」を把握することが必要なのである。「ニーズ」は何かが欠乏しており、必要とされているという状況、「ウォンツ」はそのなかでも特定の「もの」が求められているという状況だ。例えば「彼らはお腹を空かせている」というのは「ニーズ」であり、「彼らはカレーを食べたがってる」というのが「ウォンツ」である。こうした把握、分析をするためには公的機関や民間のシンクタンク等が行う調査統計を用いて定量的に把握する方法のほか、関係者や当事者に話を直接聞いてみたり、集団の行動観察などの定性的な把握の方法もある。

一方、こうした企画を立てて実施する主体、すなわち「自分自身」もしくは仲間を含めた「自分たち」の力量について把握し、その強みや弱みについて分析を行うのが「ポテンシャル分析」である。ここには自分（あるいは自分たち）のもつ活用可能な経営資源、社会的信用、経済力やネットワークなども含まれる。また強みや弱点を認識したうえで、それらを補強する可能性も明らかにできるだろう。

　マーケティング分析を誤ると社会や顧客からの共感や参加が得られない「独りよがり企画」や、ポテンシャル分析を誤ると大風呂敷を広げたような実現可能性に乏しい「思いつき企画」となってしまう。企画をつくるうえでは、こうしたマーケティングやポテンシャルを正しく把握することが必須だ。

■ コンセプトをつくる

　「コンセプト」はこのヒコーキが飛んでいく（この企画がねらっていく）方向性を示し、また企画者・機会提供者の「思い」と社会・顧客との橋渡しのキーワードともなる重要な位置づけにある。

　「海外旅行」を例に挙げて考えてみよう。例えば「1週間、海外旅行に行って過ごしたい」と思っているとする。しかし行き先は世界中であり、無限の可能性がある。旅行代理店に行っても窓口の社員は対応に困るだろう。どんな旅行がしたいのかを短い文章で表現してみるとどうだろう。「ルネサンス期の栄華に触れる美術館めぐり1週間の旅」、「雄大な大自然をたっぷり体感、野生児になる1週間の旅」、「エスニックなビーチリゾートで美女になる1週間の旅」……などである。ここには国名や都市名は明記していないが、こうした文章を通じて旅の中身のイメージを沸かせることができるだろう。旅のコンセプトが明確になると中身のイメージが沸き、旅行代理店の窓口の社員もきっと行き先や旅行商品について具体的な提案をしてくれるはずだ。

　こうしたコンセプトづくりは非常に創造性が要求される。わかりやすく想像力を刺激するような言葉を厳選していくわけだ。本書の執筆者のひとり、西村和代が企画・実施した親子向けの食育プロジェクト「食育ファーム in 大原」は畑作りから植え付け、間引きや草引き、収穫から料理、「子どもレストラ

図3　イベント企画の6W2H

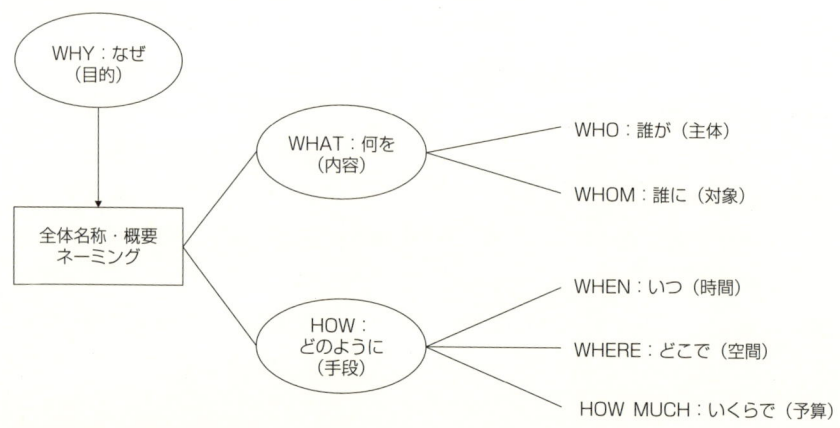

(出所) 中野, 1999, pp.86-87。

ン」でのサービスまで、一連の体験学習プログラムを行うものであった。農作業体験、調理体験などの個別の体験、また子どもだけに終わりがちな「食育」の実践を、体験の連続性や家族での共通体験を重視して行ったところがこの活動の特徴だ（西村，2008）。このプロジェクトの企画コンセプトは「畑から食卓まで、家族が力を合わせてまるごと体験。家族で囲む食卓から食育を考える」と提示されている（⇒2）。

■ 「6W2H＋ネーミング」に落とし込む

このコンセプトをもとにしながら、ようやく事業の細部である6W2H（WHY＝目的、WHAT＝内容、WHO＝事業主体、WHOM＝対象者、HOW＝手段、WHEN＝時間、WHERE＝空間、HOW MUCH＝予算）そしてネーミング（＝事業の全体名称）に落とし込んでいくことになる（図3）。

■ プロデュース

プロデュース（あるいはプロデューサー）とは企画・構想の段階から、その企

画を実現するための活動を開始し、事業が安定する、もしくは終了するところまでの一連の行為について責任をもって遂行すること（人）であり、とりわけ人（スタッフとブレーンの人事）、時間（スケジュールと工程管理）、金（収支予算策定、資金調達と適切な支出執行管理）、コンセプト（事業の全体を貫く基本理念、概念）の4つのマネジメントを一手に行うこと（人）である。考えられる最高の人材、十分な準備期間と資金とを調達し、最大限の成果をもたらすのがプロデューサーの役割といえる。

しかし実際にはある一定の制約条件のもとで活動しなければならないことも多く、「もっと人材がいれば、もっと時間をかければ、もっとお金があれば、このコンセプトがよりよく実現できるのに」という思いとの折り合いをつけることも求められる。さらに実際の事業実施にあたっても、コンセプトとのズレを生じていないか、常時検証することが必要だ。

こうしたプロデューサーの働きはまさに「縁の下の力持ち」である。ひとつの問題を片付けると次の問題が立ちはだかる。お金の問題が片付くと今度は広報の問題、それが片付くと今度は人の問題、それが片付くと今度は……という具合だ。やってもやっても仕事は終わらない。しかしこうして手塩にかけて現場を生み出すことはまさに「未来をつくる最先端」に居合わせることに他ならない。そんな醍醐味を味わえるのはプロデューサーの立場ならではだ。

【西村仁志】

4 めざす社会の未来
IDEAL SOCIETY

■ ソーシャル・イノベーションからどんな未来が？

　1「ソーシャル・イノベーションとは」のトピックで、「ソーシャル・イノベーション」には「社会的問題の解決や、よりよい社会をめざして活動し、イノベーションをもたらす」というミッションが内蔵されていると書いた。ソーシャル・イノベーションは社会的問題の解決や、よりよい社会をめざしていることは間違いない。しかし、ソーシャル・イノベーションによってどのような社会が導かれるべきなのかを考えてみたい。

　ソーシャル・イノベーションは、アントレプレナーによる社会問題の認知から始まる。そして、その「認知」には社会に対する「思い」がソーシャル・イノベーションの出発点となり、アントレプレナーの「マインド」が大きく関係している。もちろん個々人の「マインド」は異なるため、本書でも取り上げているとおり生物多様性の保全、気候変動（温暖化）、ごみの減量などの環境問題への対応、都市への人口集中、中山間地域の過疎化、貧困への対応、安全な食糧と水資源の確保、社会的弱者やマイノリティへのサポート、災害被災地への救援や復興支援、南北格差の解消など、実に多様な社会的関心事が示されている。

　まず、身近なトピックからは遠ざかってしまうが、国際社会での議論から考えてみることとしよう。「国連ミレニアム開発目標（MDGs）」は2000年9月にニューヨークで開催された「国連ミレニアム・サミット」で採択された「国連ミレニアム宣言」をもとにまとめられ、2015年までにこれらの目標を達成することに国連の全加盟国が合意したものだ。8つの目標を定め、その下に21のターゲットと60の指標を設けている。先進国と途上国の圧倒的な経済格差を背

表1　「国連ミレニアム開発目標」における8つの目標と主要なターゲット

目標1：	極度の貧困と飢餓の撲滅 ・1日1.25ドル未満で生活する人口の割合を半減させる ・飢餓に苦しむ人口の割合を半減させる
目標2：	初等教育の完全普及の達成 ・すべての子どもが男女の区別なく初等教育の全課程を修了できるようにする
目標3：	ジェンダー平等推進と女性の地位向上 ・すべての教育レベルにおける男女格差を解消する
目標4：	乳幼児死亡率の削減 ・5歳未満児の死亡率を3分の1に削減する
目標5：	妊産婦の健康の改善 ・妊産婦の死亡率を4分の1に削減する
目標6：	HIV/エイズ、マラリア、その他の疾病の蔓延の防止 ・HIV/エイズの蔓延を阻止し、その後減少させる
目標7：	環境の持続可能性確保 ・安全な飲料水と衛生施設を利用できない人口の割合を半減させる
目標8：	開発のためのグローバルなパートナーシップの推進 ・民間部門と協力し、情報・通信分野の新技術による利益が得られるようにする

(出所) 国連開発計画 (UNDP)「ミレニアム開発目標」(2012)。

景とした、望ましい社会開発の方向性が示されるものだ（表1）。

　このMDGsは2012年の「国連持続可能な開発に関する会議（リオ＋20）」において2015年以降の「ポストMDGs」の議論、すなわち先進国を含めたすべての国に焦点をあてた「持続可能な開発目標（SDGs）」として策定することが合意されている。環境政策を専門とする蟹江憲史らのグループはこのSDGsのあり方について研究し、学術雑誌「ネイチャー」誌上で発表した（Griggs et al., 2013）。彼らの研究によれば、環境や資源の持続的利用といったことを含む健全な地球システムの保全は、人間開発や社会経済の発展のための基本的な前提条件であるとし、すでに地球の環境はいくつかの領域で限界を超えていることを勘案すると、持続可能な開発を経済、社会、環境の3つの柱で構成されると考えるのではなく、それらを重層構造として重なり合う状態であると統合的にとらえる必要があると指摘している。つまり地球環境の持続性こそがその基本的な必要（前提）条件と考える必要があるということだ。そして具体的な目標として、①生命や生活の豊かさ、②持続的な食料の確保、③持続的な水資源

表2　6つのSDGsの具体的仮目標

	目標	内容
1	生命や生活の豊かさ	貧困をなくし、教育、雇用と情報へのアクセスを改善、健康状態や居住状況の改善、不平等の改善により福祉を向上する一方で、持続可能な消費や生産活動の実現を目指す。
2	持続可能な食料の確保	飢餓をなくし、持続可能な生産、配分、消費システムを通じ、栄養源の確保を含む長期的な食料確保を達成する。
3	持続可能な水資源の確保	水資源の統合管理により効率的に配分することで、きれいな水や基本的な衛生状態を誰もが手にできるようにする。
4	クリーンなエネルギーの普及	全世界でクリーンエネルギーを安価で身近なものとすることで、環境汚染や健康被害を最小限に抑えると同時に気候変動を緩和する。
5	健全で生産的な生態系	適正な管理、評価、測定、保全、修復により生物多様性と生態系を維持する。
6	持続可能な社会のためのガバナンス	上記5つのSDGsを実現するため、社会のあらゆるレベルにおいてガバナンスと制度を変革する。

(出所) 蟹江・宮澤, 2013。

の確保、④クリーンなエネルギーの普及、⑤健全で生産的な生態系、そしてこれらを可能にする条件としての、⑥持続可能な社会のためのガバナンスだとしている（表2）。

■ 世界の市民セクターからのねがい

　環境思想を専門とする井上有一は未来の社会にむけた人類全体の課題を整理している。1992年の「地球サミット」に並行して、世界中から市民セクターの代表者がブラジル・リオデジャネイロに集まった「グローバル・フォーラム」では、市民セクターの主張や価値観を示す「NGOオルタナティブ条約」と呼ばれる46もの合意文書がまとめられ、地球社会の市民セクターの広範な関心を示している（井上, 2009, p.72）。井上は、このなかで特徴的なことがらとして、「社会の根底からの構造的変革に向けた展望」が示されていることと、「持続可能」と並んで「公正」という言葉が繰り返し現れることだと指摘している（前掲書p.73）。

そして、これらの文書で共有される究極的な目標は「地球に住むひとりひとりの人間すべてが、生活を破壊されることなく、満足して幸福に生きていけることの達成」であるとし、「まず守られるものとして人間の生活があり、これを支える社会が持続可能であること。そしてこれを支える環境が持続可能であることが求められている」、またこの「環境持続性」と並んで、「社会における公正」が不可欠であるとした。これは特に発展途上国の市民セクター代表者からの主張であり、社会正義や政治的自由、そして分配の衡平といった必要にもとづくものである（前掲書p.73）。

　さらに井上は市民セクターの代表者が話し合いを重ねて作成した合意文書から読み取れる理念として、①環境持続性の保持、②社会的公正の保障、③存在の豊かさの実現、という3つを示しているのである。③存在の豊かさの実現について井上は「個々の人間が、満足感や生き甲斐をもって生きていくなかに得られるもの」とし、「ものの豊かさ（所有・支配の豊かさ）」に依存するものではなく「関係の豊かさ（つながり・共生の豊かさ）に結びつくもの」であることが重要であること（前掲書p.75）、そして①②が、③を実現するための前提条件ともなる。この「あるべき姿」を実現しようとする取り組みを支える2つの要素として「民主的な手続きのもとに、科学的な裏付けのある合理的選択を現実のものにしていこうとする広い意味での政治的取り組み」と「共生や連帯といった対等の関係をささえる感性や心情を取り組みの基盤にしていこうという姿勢」が重要であると指摘している（前掲書p.79）。

　つまり、ソーシャル・イノベーションによって実現すべき社会における普遍的な価値、あるいはソーシャル・イノベーションによって拓かれる未来への価値として「持続可能な世界に向かうということ」が市民社会からの要請であり、そこで実現すべきものとして①環境持続性の保持、②社会的公正の保障、③存在の豊かさ、の3つが不可欠なのである。

■　「存在の豊かさ」へ

　井上が重要視する「存在の豊かさ」をイメージするのに芥川賞作家の池澤夏樹の著作『神々の食』を紹介しよう。池澤は1993年から2005年にかけて沖縄に

住み文筆活動を行っている。彼はこの本のなかで沖縄独特の精神を理解する概念として「世果報（ゆがふ）」という言葉を紹介している。ゆがふとは「共同体の幸福という意味で、内地でいう豊年に近い、近いが違う。ゆがふには物質的な豊穣だけではなく、精神的な幸福感が加わっている。作物がたくさん獲れて、人々が仲よく、子どもがすくすくと育って、年寄りが長生きする。そういう集落の状態がゆがふであり、祭りにおいて人々が祈りを通じて願うのがゆがふだ」（池澤, 2003, pp.152-153）。こうした風景は沖縄に限らず、かつてより日本の各地に存在し、そして2011年3月11日以前の福島県内の各地にも見られたものだ。こうした豊かな関係性を阻害し、人々の〈いのち〉を疎外するのが現代の科学技術文明、産業文明とグローバル経済、システム社会ではないだろうか。

　生命哲学者の森岡正博は、私たちの内部にこっそりと潜む「生命の欲望」が現代の危機を引き起こした最大の原因だとする。その「生命の欲望」に近代科学技術と産業社会が結びつき、自然環境をコントロールする自然支配が立ち上がり、環境破壊を生み出したのだと述べている（森岡, 1994, pp.190-191）。

　つまりソーシャル・イノベーションは私たちひとりひとりの「存在の豊かさ」にむけて科学技術文明、産業文明とグローバル経済、システム社会、そして私たちの内部に潜む「生命の欲望」と闘っていくものであるべきだと結論づけたい。

　こうして示された未来の社会への課題はこれまでもさまざまに展開されたソーシャル・イノベーションの取り組みの多くについて包含するものであると考えられ、また今後も市民社会を起点としてさらなるイノベーションが触発されていく要素でもあると考えられる。ソーシャル・イノベーションをとらえる際に、こうした世界的状況と市民社会の根底からの要請、さらなる共感の広がりという視点をもって見ていくことの重要性が指摘されるのである。

【西村仁志】

5 実践型研究の意義
SIGNIFICANCE OF PRACTICAL STUDIES

■ ソーシャル・イノベーションの実践型研究の意義

　日本におけるソーシャル・イノベーション研究の潮流は、①米欧のノンプロフィットビジネスに関する研究、②日本において進展が著しい「社会起業家」や「ソーシャル・ビジネス」の事例研究、③「社会起業家」育成の中間支援に関する研究が主流を占める。一方で実際の社会起業の実践にもとづく研究はまだまだ数少ない。「誰もやったことがない取り組み、その結末やプロセスを内部から見つめることによって、新しい知見を得ることができる」。またそのこと自体が社会的に尊い実践であり、学問的にも新しい。

　そこでソーシャル・イノベーションの実践を「研究」として成り立たせるためには、社会実践プロジェクトにおいて成果を挙げ、それを記述することはもちろんのこと、実践からどのような社会的価値、学術的価値が創出されたのかということを明らかにしていく必要がある。こうしたソーシャル・イノベーションの実践型研究については、社会的プロジェクトの構想、立ち上げから運営、そして現場の記録、記述、論理構築から研究発表や論文執筆に至るまでの方法論を確立させる必要があり、本書がそうした手助けとなればと願っている。

■ 論文としての構成

　ソーシャル・イノベーションの実践を研究論文として書く典型として、以下のような構成を提示しよう。

〔第1章〕
① 問題の所在の明確化
② 筆者がそこに着目し、問いを立て、解決のために取り組んでいく背景や必然性の明確化
③ 研究の対象や方法、論文の構成などの明記

〔第2章〕
④ 問題となる社会状況や歴史的背景

〔第3章〕
⑤ 参考となる先行研究や実践事例
⑥ 実践のための理論的枠組みの検討

〔第4章〕
⑦ 実践現場の記述
⑧ 実践現場からの考察

〔第5章〕
⑨ 結論・まとめ
⑩ 本研究の課題と展望

のような構成だ。
　なかでも重要なのは⑦「実践現場の記述」である。コース料理にたとえればこれがメインディッシュであることは間違いない。実践プロジェクトを自ら実施運営しつつ現場の記録を行い（参与観察）、最終的に論文中にはエスノグラフィーとして記述している。そしてこうした実践から何が言えるのか、どのような社会的意義、学術的意義があるのかを明らかにする必要があるのだが、その論理の構築にも独創性の発揮が重要である。
　このように実践の前後の⑤、⑥、⑧、⑨では理論と実践の架橋を行いながら、実践の意義がより際立つように論理展開をはかっていくことが求められるのである。こうした意義づけを行っていくうえで、社会科学、人間科学における諸理論、議論からの援用は欠かせない。

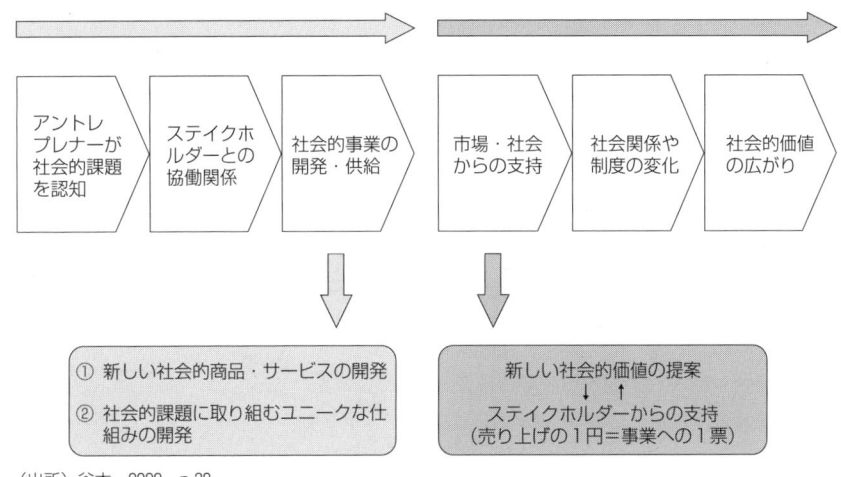

図1　ソーシャル・イノベーションの創出プロセス

```
[アントレ          [ステイクホ       [社会的事業の      [市場・社会       [社会関係や       [社会的価値
 プレナーが   →   ルダーとの    →  開発・供給]   →  からの支持]  →  制度の変化]  →  の広がり]
 社会的課題        協働関係]
 を認知]
                                    ↓                ↓
        ① 新しい社会的商品・サービスの開発       新しい社会的価値の提案
        ② 社会的課題に取り組むユニークな仕         ↑↓
          組みの開発                        ステイクホルダーからの支持
                                       (売り上げの1円＝事業への1票)
```

(出所) 谷本, 2009, p.38。

■ ソーシャル・イノベーションの創出プロセスを描き出す

　そして論文では単に実践現場を記述すればよいのではなく、「ソーシャル・イノベーションの創出プロセス」(図1) を描き出す必要があるということだ。ソーシャル・イノベーションの創出プロセスとは、まず自分自身の社会への思いからスタートする。続いて、ステイクホルダーとの協働関係の創出。この協働関係がクラスター (図2) になる。これは政策ネットワークとも言える。このクラスターあるいはネットワークを活用した独創的な社会サービスの開発を行うまでが谷本の「ソーシャル・イノベーションの創出プロセス」の前半部分だ。

　この社会サービスを社会のなかで実際に運用してみる。そして実際に社会サービス事業を運営してみると、①想定どおりのよい結果が得られる、②想定外のよい結果が得られる、③想定どおりにはうまくいかない、④予想外にまったくダメ、などいろんなことが起こる (理科実験のように仮説どおりの結果が出る、出ないというような単純なものではない)。そうして、特に②に注目して、偶然を必然に変えていく。そうして、社会からの支持 (お役にたつこと) がわかってくる。

図2　ソーシャル・イノベーションのクラスターの一例

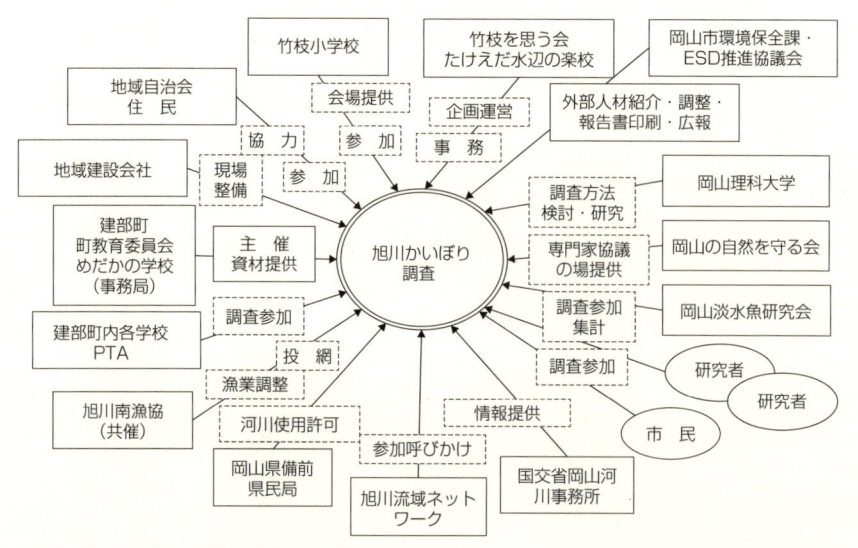

(出所)「第1回旭川かいぼり調査協働関係図」(友延, 2010)。

　そして、ここで終わってはいけないのだ。自分の社会実践の成功だけに終わったら、ソーシャル・イノベーションはそこでストップしてしまう。ここから次の「希望への戦略」を描く必要がある。自分の実践はどのようにモデルとなり、同様のサービスが求められるところで、適用できるようになるか。そういう「戦略」を描く必要があるのだ。つまりソーシャル・イノベーションの実践研究論文では、こうしたプロセス全体を描き出す必要がある。つまり演劇にたとえれば「舞台の上」だけ、あるいは「お客さんからの反応」だけを書けばよいのではない。演劇の興行主、つまりプロデューサーの観点で、芝居小屋探し、スポンサー探し、演出家や脚本家選び、役者のオーディション、稽古、その一方で美術や道具、広報宣伝、チケット売り……などなどである。さらには、この演劇作品が他の地域で上演されていくための戦略を考えることである。これには小劇場運動のような方法も、劇団四季のような方法もあるだろう(⇒ 3)。

■ 「実践の目的」と「研究の目的」

　実践型研究では、社会的なプロジェクトの実践を通じて研究し論文を書いていくことになる。混同しやすいのが「実践の目的」と「研究の目的」である。
　実践の目的は例えば「持続可能で、すべての人間が公平公正な社会を実現する」なんてこともある。しかし研究で明らかにできることはもっと小さなことがらだ。筆者が研究指導にあたった院生たちが設定した「研究の目的」を示そう。

　　本研究の目的は、生物多様性の保全、とりわけ身近な生きものの保全を行う活動を対象に、新たな展開を生み出すパートナーシップのあり方と、そのパートナーシップを生み出すコーディネートの役割を、実践を通して明らかにすることである。(友延, 2010)

　　本研究の目的は、今日の日本社会が内包する月経をめぐる問題に対し、布ナプキンという選択肢が必要であり、月経を語り合うことの意義を一連の実践を通じて明らかにし、問題解決にむけたプロセスを提示することである。(小野, 2010)

　　本研究の目的は、過疎高齢化が進行する農村集落において、志縁型コミュニティの形成条件と可能性を考察し、それが地縁組織や地域内協働のガバナンスに及ぼす影響を明らかにすることである。(堀江, 2011)

　　本研究の目的は、稲作を通じて伝統行事や芸能がリバイバルされていく過程で、地域住民の誇りを再醸成し、その後地域に生まれた「意識」を住民自治や地域教育へと喚起させる政策モデルを示すことである。(内山, 2011)

　研究として明らかにできることはこれくらい。高望みせず、着実に一歩一歩、研究成果を出すことが肝要だ。
　同様に「この実践の課題や展望」と「この研究の今後の課題」も混同してはいけない。「今回は京都市中京区での実験的取り組みだったが、今後は市内全域でのサービスインをめざしたい。その後は全国展開をめざす」などというのは実践上の課題で、「この研究の今後の課題」は次項にあるように研究の目的で達成できなかった残り数パーセントの部分ということになる。

■ 論文での「研究の目的」の設定

　研究の目的で「京都から富士山の頂上まで行く」と書いてあるのに、結論では「今回の論文では名古屋までしか行けなかった」という状況では、論文を書いてはいけない。それは「本研究（論文）の目的」の設定が誤っている。京都から名古屋まで行けたのだから、「この論文では名古屋まで行くことが目的」という設定にならないといけない。つまり「研究者が人生をかけて追い求めるテーマ」みたいなものを「この論文の目的」に書いてはいけない。実践や論文執筆が終盤になって結論が見え始めてから、論文の「研究の目的」を書き換えることもできる。当初の「研究の目的」の文章は微調整できるからだ。
　「本研究の目的」で書いたことを100としよう。そして研究の成果（結論）が100だったとする。研究の目的は100％達成されたことになる。いいことのように思える。しかし、実際にはそんなパーフェクトはありえない。目的が100なら、実際に行き着けるのは90とか95。あるいはそのように目的を設定し直す。そうすると残り5とか10という部分が出てくる。あと5とか10ができれば100にたどり着けるわけだ。それが「本研究の課題」（「本研究に残された課題」）ということになる。そして研究の結果100が見えてくると、130や200、300が射程に入ってくる。これが「この研究の展望」ということになる。まあ、こんなところが、「研究の目的」と結論、研究の課題と展望の関係だろう。

　実は諸学会での発表や学会誌への論文投稿では、こうしたソーシャル・イノベーション実践研究の意義を理解してもらえることは容易ではない。こうしたプロジェクトに関わる人々の変化や社会の変化について量的、客観的なデータを用いて示すというよりも、質的な変化についての言及や記述が中心になるからだ。こうした学術的な意義は、実践の社会的意義と共にしつこく報告、発信していくしかない。そうしてアカデミックな世界においても「イノベーション」を起こしていく必要性があるということだ。

【西村仁志】

[Ⅱ]
ソーシャル・イノベーションが求められる分野

6   ウエルネス
WELLNESS

■ ウエルネスとは

「病気にならず、健やかに人生を全うする」というのは万人の願いであろう。そして、かつて「健康」はひとりひとりの個人的な問題であるとされてきた。しかし近年、高齢化、生活習慣病や認知症、寝たきりなどの要介護対象者の増加は社会全体の共通の問題、そして社会全体の費用に影響を及ぼすものとしてとらえられている。国民全体の医療費は約38兆5,800億円にも上り、また国内総生産（GDP）に対する割合は8.15％を占めるなど、大きな負担となっている（厚生労働省，2011）。つまり「健康」は個人の責任であるとともに社会の責任でもあるということが認識されるようになってきているのである。

また医療の進歩によって平均寿命は延びたものの、一方で検査や医薬品漬け、また多くの管や装置につながれての終末期医療など、人が「よりよい人生を生ききり、よく死ぬ」ということについては多くの問題があることが指摘されている。

このようななかでウエルネス概念が注目されてきた。その基本的な考え方は「自分の人生には自分で責任を持つことを自覚し、より幸福でより充実した人生を送るために、自分の生活習慣（ライフスタイル）を点検し、自分で変えなければならないことに気づき、これを変革していく過程」（野崎，2006）である。このウエルネス概念はアメリカの公衆衛生医で医学博士のハルバート・ダン（1896-1975）が1961年に出版した著書 "*High-Level Wellness*" によって提唱したものである。従来、健康を意味する言葉であったヘルス（Health）から、より総合的で新しい意味をもつ健康概念として論じられたものである。

ダンは内科医としての臨床経験を経て医療統計の仕事に転じ、国立人口統計

局、また国立保健局において公衆衛生医として勤務し、統計分析や政策立案等にも関わってきた。彼が活動した1930年代から60年代にかけて、これはアメリカに限らず先進国に共通するものであるが、国民の主たる死亡原因が細菌やウイルスによる感染症から、食生活や運動など生活習慣に起因する疾患、いわゆる「生活習慣病」へと変化していく時代であった。ダンはまさにその世界的兆候をいち早くとらえ、この対策のための理念の構築を試みたものと考えられる。ダンは世界保健機構（WHO）がその憲章において健康について定義した"Health is a state of complete physical, mental, and social well-being and not merely the absence of disease and infirmity"（健康とは、身体的、精神的、社会的に完全に良好な状態であり、単に病気や虚弱でないだけではない）の"complete well-being"すなわち「完全に良好な状態」について積極的（positive）な解釈を行って、よりよい人生を送るための新しい「健康」の姿を提唱したのが「ウエルネス」である。

　ダンはこの概念を発案する社会的背景として、1960年代当時の社会のあり方、つまり産業革命と科学技術の進歩による生活の劇的な変化が人々の日常生活のあらゆる部分に緊張と社会問題をもたらすようになったことを挙げ、社会のありようとひとりひとりの健康とが密接な関係にあることを指摘している。「高度に文明化が進み続ける社会」と「〈いのち〉ある存在としての人間」との関係は決してよい進展を見せないことを予言したとも言えるだろう。そして「ウエルネス」を個人の健康への関心にとどめることなく、「ウエルネスな社会」への道を着実に歩む社会的な取り組みが求められることを示している。

　日本においてウエルネス概念の普及にあたってきた野崎康明（同志社女子大学名誉教授）はダンによるウエルネス概念の提唱の経緯について「医療の発展は一方で病気を治すことばかりに心を向け、これに集中していくあまりに、病気との闘いが主となって、トータルな人間に対する視野が狭くなっていることにダン博士は気づいていた」、そして「20世紀後半の人々をとりまく医療の状況と社会的状況の中で人間がより良好な状態を保ち、生き生きと生活するためには何が必要であるかを考えた末にウエルネスの概念に辿り着いたのではないか」（野崎，2006，p.50）と述べている。

　これは私たちの日常の暮らし方、ライフスタイルを見つめ、病気になりにく

図1　ウエルネス学習のモデル

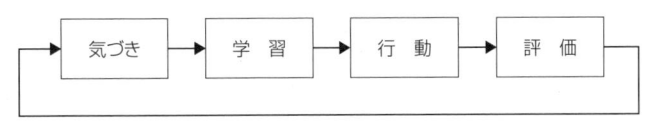

気づき → 学習 → 行動 → 評価

（出所）野崎, 2006。

図2　ハイレベルウエルネスへの過程

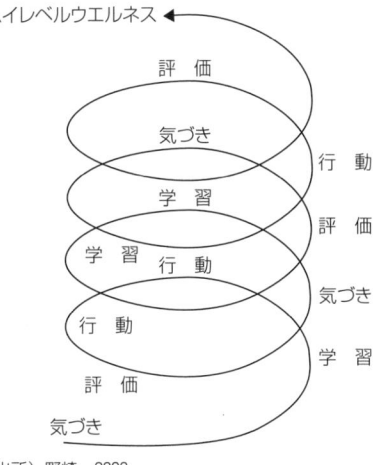

（出所）野崎, 2006。

い生活習慣を身につけるところにとどまらず、より楽しく、より充実した人生を送るために日常的に「気づき、学習、行動、評価」を繰り返し（図1）、「ハイレベルウエルネス」（より高いレベル）をめざして自己変革していくプロセスである（図2、図3）。なかでも特徴的なのは「前向きな積極性＝プラス思考」を大切にするということである。

また、野崎はウエルネスなライフスタイルを考える際の「情緒」、「環境」、「身体」、「精神」、「価値」という5つの領域を示している（表1）。なかでも「価値」の領域は他の4つの領域の中心となり（図4）、それぞれに影響を及ぼしていると考えられる。よりウエルネスな生き方にむけて行動を変容していく、つまりライフスタイルを変えていくためには「価値」の置き方、変え方についても気づき、学びが重要であることを示している。

■ 行政による取り組みとソーシャル・イノベーション

日本において、国が積極的な健康づくり政策を始めるのは昭和53年（1978年）「第1次国民健康づくり対策」からである。感染症から生活習慣病への疾病構造への変化の対策、また来るべき本格的な高齢社会に備え、健診体制の充実やバランスのとれた食生活への改善指導を中心とした対策が本格的に進められた。

図3　医療・ウエルネスモデル

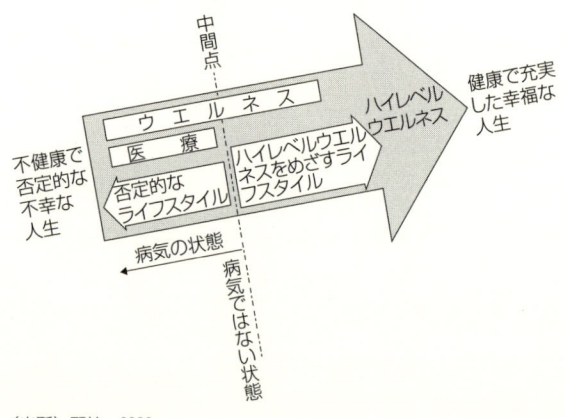

中間点

ウエルネス
医　療
ハイレベルウエルネス

不健康で否定的な不幸な人生
否定的なライフスタイル
ハイレベルウエルネスをめざすライフスタイル
健康で充実した幸福な人生

病気の状態
病気ではない状態

（出所）野崎，2006。

図4　ウエルネスモデル

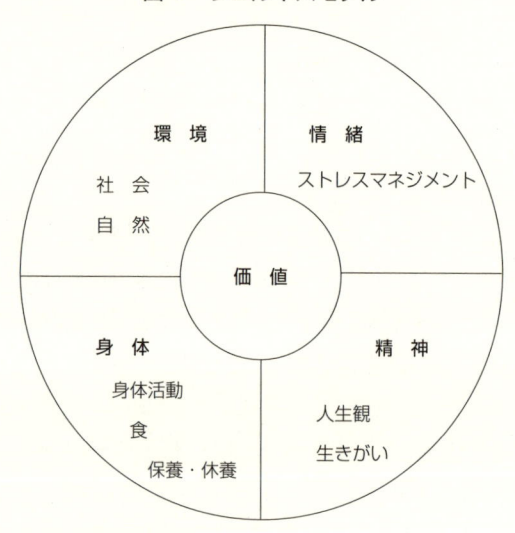

- 環境
  - 社　会
  - 自　然
- 情緒
  - ストレスマネジメント
- 価　値
- 身　体
  - 身体活動
  - 食
  - 保養・休養
- 精　神
  - 人生観
  - 生きがい

（出所）野崎，1994。

　その後運動不足の問題がクローズアップされるなかで、昭和63年（1988年）からは、運動面からの健康づくり施策に重点を置いた「第2次国民健康づくり対策（アクティブ80ヘルスプラン）」が実施されてきた。ここでは初めて民間の事

表1　ウエルネスモデルの5つの領域

「情緒」の領域	怒り、悲しみ、喜びなどの自分の感情の表出方法や感情的な行動に対して認識し、そのマネジメントの仕方について学ぶこと。また自分に対して過剰になっているストレスを認識し、適切な対応方法を学びストレスマネジメントを実行すること。
「精神」の領域	人生観や生きがいについて考える。人間存在の意味について考えたり、生きることの意味や意義・目的について考えることや死について考えることも含まれる。人生に対する哲学的探求や宗教的な探求、どのように生き、どのように死を迎えるかについて考え、これらについての認識と知識を深める。
「身体」の領域	身体の各部分の機能に関する知識、身体活動の必要性やその方法について知ること。自分の現在の身体能力を知ること。身体の生理に関する知識や生活習慣病や他の疾病に関する知識、喫煙や薬物の害に関する知識について知ること。／また栄養や食事のとり方、食材や調理方法等の食全般に関することがらや、心身の疲労回復につながる休養や保養に関しての具体的方法について知ることも含まれる。
「環境」の領域	社会的環境と自然環境の2つの部分がある。社会的環境では家庭、地域、学校、職場における行動、人間関係や社会的位置と存在について考えること。現在の自分が社会的な環境にあって、どのようなよりよい人間関係をもっていくかを考えることである。／また自然環境は、自分と身の周りの自然との関わり方、生きものとの関わり方、さらに地球環境問題への認識と関心を深めていくことである。
「価値」の領域	人がある行動をとるときには自分の価値観をもとにして行動する。自分が何に価値を見出しているかを考え、認識することである。またライフスタイルを変えていこうとするときには、価値観の変化が必須であり、あわせてものの見方や考え方を変える必要がある。

（出所）野崎，2006をもとに筆者作成。

業の位置づけを行っている。また、働く人のトータル・ヘルス・プロモーション・プランが策定され、働く人の健康の保持増進のための諸措置が実施されることとなった。

　そして平成12年（2000年）には第3次国民健康づくり対策（「21世紀における国民健康づくり運動（健康日本21）」）が策定されている。また平成14年（2002年）には「健康増進法」が施行され、都道府県・市町村においてもそれぞれ「健康増進計画」の策定が義務づけられるようになったのである。しかし、こうした行政主導の「健康づくり」によって国民の健康づくりが推進され、ひとりひとりの健康が実現したとは言いがたい。

　当然のことながら自らの健康や地域におけるウエルネスライフを実現してい

く主体は市民自らである。それは個人のみならず周囲をも巻き込んで、市民が発案した営みを市民活動的手法、また事業的手法をとって推進していく可能性をもっている。つまり人々の健康の問題、地域の環境問題、あるいは医療の問題に思いや関心をもち、その解決にむけての社会的な取り組みが展開されていくことが期待されるのである。

■ ウエルネスな社会を導くソーシャル・イノベーション

　兵庫県尼崎市において地域住民を対象に健康づくりに取り組んできた野之上操は、尼崎市内の三和本通商店街の協力を得て、毎週土曜日に各店の閉店後、シャッターが下りた商店街アーケードの下での太極拳の集いを開催するというユニークな活動を行ってきた。野之上は単に太極拳の技術指導を行うにとどまらず、ウエルネスのコンセプト「よりよく生きる」を参加者のみなさんに伝えることを目的として設定し、この実践を行ってきた。参加者のひとりの女性は「ここに来て、からだを動かすと気持ちが良く、終わった後からだと心がとても軽くなった気がする。日々のからだと心の気づきの大切さを学ばせていただいている」（野之上・野崎，2008，p.21）との感想を寄せており、地域におけるこうした取り組みが地域住民のウエルネスライフの実践に効果をあげることを示している。そしてこの実践は「個人の健康づくり」にとどまらない「ソーシャルな関係性のなかで育まれる健康」を導いているのである。

　清水文絵は京都市伏見区において地域医療施設に通院する高齢女性たちのサークル活動「びゅーてぃふるばーちゃん倶楽部（BBC）」を主宰してきた。「高齢者にとって診療所の待合室を一種の公共空間として位置づけ活用することが、閉じこもりがちになる高齢者にとっては他者との出会いやコミュニケーションを楽しむ場となり、社会との接点の場となるのではないか。そこで得る情報は生活を豊かに楽しいものにし、生きがいの創出につながるのではないか」という仮説のもとに、認知症予防の活動である「脳トレカフェ」や手作り品の製作販売、小学生へ掃除の指導など地域とのふれあい活動に取り組んできた。清水は「身体になんらかの疾病があって診療所に通院しているが、ひとりでは不可能なことでも仲間と知恵や力を合わせて活動し、老いや病気に負けず

にワクワクとした気持ちを持ち、自宅や住み慣れた地域でいつまでも自立した生活『ウエルネスライフ』を楽しんで欲しい」(清水, 2009, p.22) とし、運動指導や食事指導にとどまらない、生きがいの創出にむけた活動の重要性を示唆しているのである (⇒2)。

本書の執筆者のひとり、西村和代は「畑から食卓までまるごと体験」をコンセプトに京都市左京区において食育プロジェクト「食育ファーム in 大原」を立ち上げた (西村, 2011)。このプロジェクトに参加した人々は、土に触れ、身体を動かして農作物を育てること、収穫したものを美味しく味わうこと、さらにこうした生産物を人々と分かち合うことが、ウエルネスなライフスタイル変化への契機となっている。食を通じて「身体」の領域からアプローチが始まり、農村での作業体験から「環境」の領域をも意識することになり、仲間との共同作業の楽しみや収穫の喜びからは「情緒」領域に関わっていく。そしてライフスタイルのなかにこうした農的な時間が位置づけられるということは「精神」の領域、ひいては「価値」の領域へと変化をもたらしていくと考えられる。自然や環境といった「場」の力を借り、食べものが〈いのち〉であること、その〈いのち〉に支えられて生きているという実感をもつことが、ウエルネスライフの実践へとつながっているのである (⇒10、19)。

これらの事例は市民自らがそれぞれひとりひとりの、また地域におけるウエルネスライフを実現していく主体であり、それは個人のみならず周囲をも巻き込んで、市民が発案した営みを市民活動的手法、また事業的手法をとって推進していくことの意義や効果を明らかにしてきた。これらソーシャル・イノベーションの実践活動それ自体がウエルネス活動でもあるとともにウエルネスな個人と社会を導き、それらのプロセス全体がソーシャル・イノベーションなのである。つまり「ウエルネスの理論と実践」と「ソーシャル・イノベーションの理論と実践」とは相互補完的、相互触発的に作用しているのである。

ソーシャル・イノベーションにおいて「生き生きとした人生の実現」や「いのち」に関連するテーマはこの「ウエルネス」概念が実践を導いていく大きな可能性をもっていると言えるだろう (⇒11)。

【西村仁志】

7 中山間地域・離島
SEMI-MOUNTAINOUS AREA／ISOLATED ISLANDS

■ 大都市への一極集中、疲弊する地方

　東京をはじめとする首都圏では、高度経済成長期より多くの人口が地方から流入するようになる。東京、埼玉、千葉、神奈川の1都3県においては毎年数十万人のペースで人口が増え続け、バブル崩壊後の1990年前後にはいったん沈静化するものの、その後も増え続けている。国勢調査の行われた2005年から2010年の間で人口増があったのは、東京都（+585,140）、神奈川県（+257,913）、千葉県（+160,657）、愛知県（+153,795）、埼玉県（+140,575）、大阪府（+45,730）、沖縄県（+30,909）、滋賀県（+29,911）、福岡県（+22,896）の9都府県だけである。なかでも先述の1都3県の増加数合計を見ると1,144,285にも上り、一極集中の様相を示していると言えるだろう。一方その他の都道府県は人口減であり、北海道（-120,281）、青森県（-63,493）、福島県（-62,567）、秋田県（-59,623）、新潟県（-56,537）、岩手県（-54,511）、長崎県（-52,038）が5万人以上人口減となった道県だ。当然のことながらこうした人口移動は若い世代から起こっていく。大都市にのみ若者が集中し、地方では高齢化が進み人口が減少するという傾向だ。高校を卒業し高等教育を受けようとするにも、就職するにも、その選択肢は都会と地方では圧倒的な格差がある。

　所得の格差も大きい。県民1人あたり年間所得は上位から東京都（430.6万円）、滋賀県（326.9万円）、静岡県（310.0万円）、愛知県（303.5万円）、茨城県（297.8万円）、神奈川県（291.0万円）である一方で、下位県は沖縄県（202.5万円）、高知県（217.8万円）、宮崎県（221.1万円）、岩手県（223.4万円）、鳥取県（226.0万円）、秋田県（229.1万円）で、突出した東京都を例外としても1.3～1.6倍もの開きがある。親の世代も子どもに対して大都市への進学や就職を良しとする傾向が強

く、このことが「ふるさとを捨てさせる」ことになっていたとの指摘もある。

　工業化と経済成長にともなって、薪炭や木材生産をはじめとした中山間地域の経済基盤は崩壊し、多くの山林は放置された。米の生産を中心としてきた農業は価格維持と減反の推進、そして「補助金漬け」によって自立への志向と希望を失ってきたと言える。

　過疎化・高齢化の進む地域では、小・中学校、公共サービスの移転統廃合が進み、また地域の自治、自主防災、住民の冠婚葬祭、生活道路や墓地の管理など共同体の維持が困難になっていく。国土交通省が過疎地域を抱える全国の775市町村に対し、62,273集落の状況を尋ねた調査（2006年）によれば65歳以上の高齢者が半数以上を占める集落が7,878（12.7%）あり、機能維持が困難となっている集落が2,917（4.7%）、そして10年以内に消滅する可能性のある集落が423、「いずれ消滅」する可能性のある集落が2,220、あわせて2,643にも上ると指摘している。

　また日本は6,852もの「島」で構成される島国だ。このうち「本土」とされる5つの島を除くと6,847、このうち人が居住する島は418である（平成22年国勢調査）。そしてそのうち半分は人口が500人以下だ。中山間地域と同様に、島での雇用、高齢化、医療や教育といった生活への不安から、限界集落化が進む離島も多い。県内に約600もの島々を抱える長崎県では離島の人口減少に歯止めがかからず、五島市、新上五島町、壱岐市、対馬市の3市1町合計では2000年から2010年の10年間で22,907人も減少している。市町村統合、小・中学校の統廃合、医療の再編成が行われ、島と本土を結ぶ空路や航路も廃止が相次いでいる。

　日本は他国に比べても温暖で降雨にも恵まれ、山林や海洋など豊かで多様な環境資源をもっていると言える。これらを活かした持続可能な地域づくりの方策をソーシャル・イノベーションによって拓いていかねばならない。

■　「自然学校」による中山間地域のイノベーション

　「自然学校」とは、「自然体験活動・学習のための場、指導者や教材などを計画的・組織的に提供する施設・団体」である。こうした自然学校は1980年代以

降、子どもたちへの教育のあり方の問い直し、悪化しつつある地球環境をはじめとする人類社会の持続可能性への危機感、地方の過疎化と都会への人口集中などを背景として日本各地に成立してきた。その数は着実に増え続け、現在、約3,700存在すると推計されている。宿泊しながら広大な自然のなかでさまざまな体験ができる大規模な施設から個人が主宰する小規模な自然体験のつどいまで、規模や内容はさまざまであるが、教育のオルタナティブの提示、環境教育、地域活性化など創業者のさまざまな思いを具現化するかたちで営まれ、またその社会的関与領域を広げてきた。中山間地域、もしくは過疎の村で新しい事業所として立ち上がった自然学校は、地域において「新しい仕事」、「新しい産業」を創出してきている（西村，2013）。

　こうした自然学校によるソーシャル・イノベーションの事例として長野県南部、天竜川の右岸に位置する泰阜村で25年にわたる教育実践を行ってきたNPO法人グリーンウッド自然体験教育センター（以下、グリーンウッド）を紹介しよう。泰阜村は人口わずか約1,900人の山村で、村の総面積64.54km^{2}のうち、山林が9割近くを占める。当然のことながらここにも過疎化、高齢化の波が押し寄せている。グリーンウッドの発祥は1985年、当時20代の若者たちがここ泰阜村で1か月のこども長期キャンプを開催したことに始まる。この経験から発案された民間の山村留学「暮らしの学校だいだらぼっち」（写1）が村民たちの厳しい反対意見に揉まれながらも次第に受け入れられ定着していく。そしてひと夏に1,000人もの子どもたちが参加する「信州子ども山賊キャンプ」、続いて地元の子どもたちを対象とした「泰阜村立あんじゃね自然学校」（「あんじゃね」とは伊那地方の方言で「気にしなくても大丈夫だよ」の意味）、そして村民たちが地域教育にむけて大きな動きを始めていくこととなる「あんじゃね支援学校」など多様な展開へとつながっていく。

　グリーンウッドは、子どもたちを村の猟師、養蚕農家、炭焼き職人、中国東北部からの帰国者など多様な村民と出会わせる。それは村民たちの生業、暮らし、村の歴史とつなぎ、「時空を超えた関係性」から村の暮らしを学ばせることにつながっている。こうした展開は泰阜村の方針である「住民にとって社会参画や自己実現の契機となる『共助』を豊かに形成し、新自由主義に対抗する地域づくりを実現すること」、「コミュニティレベルの自己決定権の保障」を課

題として認識した独自の地域づくりと歩調をあわせてきたのである。

このようにして当初は村民たちから「招かれざるヨソモノ」や「遊んでいる人」と見られていた若者たちが村のなかに徐々に根を下ろし、村民たちとの交流と子どもたちの体験活動を通じて事業基盤を確立していく。

写1　暮らしの学校だいだらぼっち

(出所) 2008年4月17日筆者撮影。

グリーンウッドはいまや20名近い常勤スタッフの雇用をこの山村において創出し、若い世代を村に定住させてきた。これは村内で3番目の事業所規模にもなり、これによってIターンや若者定住の実現、村の学校の教育環境整備にもつながり、また地域自治組織役員を担うこともできる住民としての評価もされつつある。そして村民たちの意識は「この村にいては将来がない」から「この村で自立したい」にまで変化してきているのである。

探検家でNPO法人ECOPLUSの代表でもある高野孝子は出身地の新潟県南魚沼市で、地元の農山村集落とNPOとの協働による「TAPPO南魚沼やまとくらしの学校」事業を2007年から始めている。この事業の舞台となっている栃窪集落は約60世帯210名が暮らしているが高齢者が36.8%、地域の小学校は児童数が10名前後で統廃合の話がもち上がっている。小学校は地域のシンボルでもあり、「学校存続対策委員会」が結成される。以前から高野は子どものキャンプ事業を集落内で実施していたこともあり、相談をもちかけられたのがきっかけだ。

高野はこうした農山村にエネルギーや安全な水や食、空気といった生命の基盤に加えて「文化や精神面、経済の仕組み、課題解決の方法など、平和で豊かな、持続可能な社会を構築するヒントが、何百年にもわたって存在し続けてきた農山漁村に詰まっている」(岩崎・高野, 2010) と考え、こうした地域や農山漁村を現代社会全体の資産と再設定して、都市住民と共に地域づくりに取り組むという構想を考案した。集落内に設けた事務局のほかは自前の施設はなく、

公民館や小学校、個人宅、田畑や山や森が活動フィールドだ。そして活動の内容はナメコのコマ打ち、水路の清掃作業、棚田での稲作の諸作業など村において昔から続いてきた暮らしの日常的な行為にそのまま関わる。いわば村全体が自然学校であり、また一方通行の参加者ではなく、どれもがそれぞれの立場で貢献し合う仲間として存在する。

こうした自然学校の取り組みは「都市住民との交流の中で新たな自立をめざす」、そして「集落にある伝統的な暮らしの作業が都市住民には大きな価値がある」（前掲書）というように地域住民、参加した都市住民の両方の意識を変えてきたのである。

自然学校の創業者にはIターンで自分の人生を新たな土地で切り拓いた例も多い。岩手県の北部、葛巻町で廃校となった校舎を利用した自然学校「くずまき森と風のがっこう」を経営する吉成信夫は、宮沢賢治の生き方に憧れて東京からIターンをした移住者だ。「くずまき森と風のがっこう」は過疎と高齢化の進む地区にあって、町の内外から、子どもから大人まで年間のべ1,500名もの来訪者、利用者を迎えている。近隣のお年寄りたちが伝統食づくり等の先生役として登場するなど、廃校によって一度は「灯火の消えた」地区に再び活力が戻りつつあるのである。

■ ローマ法王に米を献上

斬新なアイデアと実行力で限界集落の活性化に取り組んだスーパー公務員がいる。石川県羽咋市役所の高野誠鮮だ。高野は過疎高齢化の進む羽咋市神子原地区の活性化を任される。

高野は神子原の地名を"the highlands where the son of God dwells"（神の子の住まう高原）と翻訳し、バチカンのローマ法王に「この地域のお米を召し上がってほしい」と手紙を書く。これを契機に神子原地区で栽培されるコシヒカリ米が日本大使館を通じて正式な教皇献上品として届けられることになったのである。このことから1俵通常14,000円のコシヒカリ米に42,000円の値段を付け700俵を売ることにつながり「神子原米」ブランド戦略を成功に導いたのである。これを契機に地元農家で出資した株式会社神子の里が設立され、農産物

直売所は年間8,000万円を売り上げるようになったのである。そのほかにも若い移住者を迎えるために空き農家の活用策である「空き農家農地情報バンク制度」をつくり県外から30代の若い移住者を迎えている。これによって12家族35人が移り住み、18年間も子どもが生まれなかった集落に、赤ん坊が誕生したのである。またこうした移住者によって農家カフェ「神音カフェ」もオープンした。

■ 島の未来を拓く

　離島で未来を拓く新しい動きを始めた2人の移住者を紹介しよう。高砂樹史は人口減少や少子高齢化の進む長崎県の離島、小値賀島（おぢかじま）に自給生活をめざして大阪から移住する。そして「高校を卒業しても家業を継いで島に残りたい」、島を出た若者の「いつかは島に帰りたい」という声に応えるべく、「観光を産業にして外貨を稼ぎ、若者の雇用をつくり出す」をミッションとしたNPO法人おぢかアイランドツーリズム協会の設立に参加。日本の各地だけではなく世界から青少年を迎え、民泊体験や自然体験、修学旅行の受け入れ、国際交流などの活動を展開してきた。こうした「島ぐるみによる観光まちづくり」の取り組みが注目され、「エコツーリズム大賞特別賞」をはじめ数々の賞を受賞する。また2010年からは着地型旅行会社である株式会社小値賀観光まちづくり公社も立ち上げ、古民家ステイ・古民家レストラン・体験プログラムを核とした観光まちづくり事業「新しい島旅」事業もスタートさせている。これらの取り組みを通じて小値賀の魅力を発信することと、島の文化・自然・景観などを未来に残し伝えること、そして新たな雇用を創出し、町全体が活性化することをめざしている。

　阿部裕志は田舎暮らしや自給生活に興味をもち、勤務していた大手自動車メーカーを退職して島根県の隠岐ノ島海士町に移住した。そして仲間と共に「これからの新しい生き方」を学ぶ学校づくりをめざす会社「巡の環」を設立する。当初は農家や漁師、役所の手伝いをしながら島のニーズを探り、そして島の産品の販路をつくる仕事「海士webデパート」という通販事業をスタートさせる。巡の環では地域からの頼まれごとは何でもやろうという「地域づ

り事業」、「海士五感塾」や「島流地域インターンプログラム」など教育・研修プログラムを行う「教育事業」、海士の物産をインターネット販売する「海士webデパート」のほか冊子やCDを制作する「メディア事業」、スタッフが出向いて東京などで海士の食を提供し、対話の場を作る「ＡＭＡカフェ」の開催も行っている。

■ 自立先進社会へ

　地域のブランド力を高め、特産品、そして観光、体験・交流活動で外貨を獲得して雇用を創出すること。それを通じて若い世代の移住、定住を促進させること。ソーシャルメディア等を通じて情報発信をし、コアなファンを獲得することなど地域の内・外のつながりや縁をつないでいくことが重要だ。一方で生活に必要な水、食料、エネルギーの地域内自給を進めることと、「共助」や「コミュニティレベルの自己決定権」の形成によって、中山間地域や離島が「自立先進社会」へと変身し、持続可能な社会のモデルとなりうる大きな可能性をもっている。

【西村仁志】

8 環　境
ENVIRONMENT

■　「環境問題」の時代

　「人類は自らの手で自らの存在を危うくしている」という強い危機感が国際会議で初めて表明されたのは、1972年にスウェーデンのストックホルムで開催された国連人間環境会議である。先進国では近代工業化を背景とした健康被害、生活環境の悪化、自然破壊が進行していた時代だ。アメリカではレイチェル・カーソンが『沈黙の春』(1962年)によって農薬散布を原因とした環境汚染について指摘したことが発端となり、米政府の政策転換、1970年の環境保護局の設立へとつながってきた。
　日本においては1950年代後半から60年代にかけ、工場からの排水、排煙が原因となって住民の健康を害する深刻な被害が社会問題となった。いわゆる「公害」である。代表的なものは四大公害病と呼ばれた、熊本県の水俣湾でメチル水銀が原因で発生した「水俣病」、同じく新潟県の阿賀野川流域での「新潟水俣病」、三重県四日市市で工場からの煤煙が原因で発生した「四日市ぜんそく」、岐阜県の神岡鉱山からのカドミウムが富山県神通川流域を汚染して発生した「イタイイタイ病」である。これらは裁判によって加害者としての企業の法的責任、そして行政の監督責任が明確になるにともなって、企業の活動は公害対策基本法 (1967年) 等の法整備によって厳しく規制されることとなった。一方で国からの支援として公害防止技術の開発支援、設備投資の助成なども行われ、公害問題は改善にむかっていくが、この時期の環境問題への企業の対応は法令遵守、つまり「受け身」の環境対策であったと言え、また企業が加害者、市民が被害者という単純な対立構造であった。そしてこの時期には学校教員の自発的な動きとして「環境権」の学習を市民や子どもたちにすすめていこ

うとする「公害教育」の取り組みが萌芽的に見られている。

またこの時代は工業用地や宅地の造成、海岸線の埋め立て、ダムや道路建設などの大規模な国土開発が行われた。これに対抗する自然保護の運動が各地で展開されるようになった。こうした運動ではより多くの市民に自然の営みの大切さを知ってもらうために自然観察会が開催されるようになる。この「自然保護教育」と先述した公害教育の取り組みが、現在の日本の「環境教育」につながる2つのルーツである。

ところが1980年代から90年代にかけては、オゾン層の破壊、地球温暖化、砂漠化、資源の枯渇、廃棄物問題など地球規模の環境問題が顕在化するようになる。これらは産業活動だけではなく、物質的豊かさ・便利さを追求してきた市民生活にも起因するもので、この相互関係が「大量生産・大量消費・大量廃棄」型の社会経済システムを生み出したのである。従来の公害問題とは違い、あらゆる主体に原因があり、また被害を受けるおそれもあるという、複雑に絡み合った問題となってきた。つまりこれまでの「公害反対運動」では環境問題の解決にはつながらず、市民が自らのライフスタイルを見直し、持続可能な社会づくりの主体者になっていくことが重要だとの認識に変わってきたのである。

1997年12月に京都において地球温暖化防止についての国際会議であるCOP3（気候変動枠組条約第3回締約国会議）が開催され、「京都議定書」が採択された。環境問題をめぐる世論も高まりを見せるようになり、環境活動は行政や市民によるものだけではなく、企業も積極的に取り組む時代がようやく到来したのである。

■ 環境分野におけるソーシャル・イノベーション

現在、日本国内には環境保全を活動目的に掲げている民間のNGO／NPO、グループは22,000以上に上る。こうしたNGO／NPOやグループは実践活動、調査研究、他団体の活動支援、普及啓発、政策提言、ネットワーク形成などのさまざまな活動形態をもち、またその活動分野もたいへん幅広い（**表1**）。

表1　環境活動の分野

・森林の保全、緑化	・リサイクル、廃棄物	・地球温暖化防止
・自然保護	・消費、生活	・有害化学物質
・大気環境保全	・環境教育	・騒音、振動、悪臭対策
・水、土壌の保全	・まちづくり	・環境全般
・砂漠化防止	・美化清掃	
・その他（環境保全型農業、省エネルギー、財政支援、自然体験活動、都市農村交流、人材育成など）		

（出所）独立行政法人環境再生保全機構「環境NGO総覧」。

　規模や運営形態についても専従スタッフを抱え専門性の高い活動を行っているNGO／NPOから、ボランティアのみで運営されるグループまでさまざまであるが、環境分野におけるソーシャル・イノベーションを導いてきた例について取り上げよう。例えば、筆者が理事を務める環境NGO「環境市民」では会員組織をもち会費によって支えられる一方で、各種講座・イベントの運営、環境ガイドブックや教材の作成、自治体や企業等との事業受託をはじめとするパートナーシップ業務などの独自の収入源の道を拓いてきた。またラジオ番組の制作、月刊のニュースレターの制作、WEBサイトの制作まで、経験豊富な事務局スタッフと、多彩な市民のボランティアの組み合わせで、高い専門性と参加の裾野の広がりの両立を可能にしてきた。

■ 環境まちづくりの水準を大きく上げる

　「環境首都コンテスト」は環境市民がイニシアティブをとり進めてきた取り組みのひとつである。ドイツで行われていた「自然・環境保護の連邦首都」を選出するコンテストにヒントを得て、2001年から10年間、日本国内の市区町村を対象に開催してきたものだ。持続可能な地域社会をつくるために自治体が取り組むべきと考える独自の質問・指標（15分野約80問）を示して、応募する自治体が回答を作成したものを市民からの視点で採点し、上位自治体を公表する。環境首都の条件を満たす自治体は第9回まで現れなかったが、最終回となる第10回、初めて熊本県水俣市がすべての条件を満たし「日本の環境首都」の称号を贈ることができたのである。このコンテストの継続的な開催によって全国の多数の自治体と信頼関係を構築し、先進事例の発信や自治体間の交流、自

治体とNGOとの協働プロジェクトを多数生み出すなど、10年かけて地方自治体による環境まちづくりの水準を大きく上げてきたと考えられる。

■ 生物多様性保全に地域の力を結集

また地域の生物多様性の保全に、市民、学校、事業者、研究者、行政など多様なステイクホルダーの力を結集して取り組んできた事例を紹介しよう。岡山市内を流れる旭川の上流に竹枝という地区がある。ここでは地域の有志による「竹枝を思う会」が中心となって「旭川かいぼり調査」が行われてきた（写1）。大型建設機械を使って一時的に川をせき止め、川の水位を下げたところに地域住民や子どもたち、大学生ボランティア、研究者あわせて数百名が入って、川に生息する魚たちを一斉に捕まえ、種類と生息数をカウントするという取り組みだ（写2）。開会の挨拶と調査方法の説明の後、川に入った参加者たちの歓声があちこちからあがる。自分たちで捕まえた魚たちのいきいきとしたいのちに触れる喜びは幸福感にあふれる。

参加者たちは調査の後、「川を耕す」と称して河床の石を動かす。これは河川の底の堆積物をいったん洗い流すことで水生昆虫や淡水魚の生息環境を良好に保つことをねらっている。これは参加者が川の環境改善に直接関与できる活動だ。2006年から始まったこの住民参加型の調査活動は毎年続けられ、川の清らかさと豊かさの指標となる淡水魚の「てっきり（和名：アカザ）」というナマズ目の魚は毎年その生息数の増加を確認している。このことは生物多様性の保全と同時に、川に対する地域住民の愛着を高めることにもつながっている。

■ 「かかわり・つながり」を結び直す

環境分野におけるソーシャル・イノベーションは自然・人間・そして社会における「かかわり・つながり」について考えることが大切だ。こうした「かかわり・つながり」が途切れたときに環境問題が発生するのだ。いままで見えていなかったり、途切れていたり、拒否していたりしてきた「関係」をひとつひとつ新しく結び直して「いい関係」をつくっていく営みとも言えるだろう。

写1　「旭川かいぼり調査」の様子　　写2　魚の種類と生息数をカウント

（出所）2012年11月4日筆者撮影。　　　（出所）写1と同じ。

　こうして私たち自身の暮らしや地域を見つめ、そして社会的なアクションへとつないでいきたい。子どもたちが川の掃除をし、校庭にトンボの池をつくり、田植えや稲刈りなど米作りに挑戦する。過疎の山村と都市のあいだで住民同士の交流をする。漁師が山に木を植える。「かかわり・つながり」を考え、こうした「結び直し」の行動へつなげていくことがこの分野のソーシャル・イノベーションの第一歩なのである。

【西村仁志】

9 災害救援
DISASTER RELIEF

■ 災害救援とは

「災害は潜在的な社会変化を顕在化し加速する」(大矢根・渥美, 2007, p.259) という。つまり、災害は発生前の「潜在的な」問題の「顕在化」をもたらすと同時に「社会変化」すなわちソーシャル・イノベーションが「加速する」機会である。言うまでもなく、この言説は予見でも予断でもなく、観念的な理解でも希望的な提案でもない。災害研究という実践に現場で取り組んできた経験知である。

災害救援を考えるうえでは、災害サイクルの理解が欠かせない。災害サイクルとは、災害の発生（発災）の後、直後の「救急救命期」、避難所から応急仮設住宅へと住まいが移る「復旧期」、住まいの再建や街並みなどが再生する「復興期」と「時系列で表示される」もので、「復興期からは、特定の時間は指定できないが、将来の災害に向けて防災活動が展開されることが想定」されたものだ（矢守・渥美, 2011）。災害に対しては、明治の時代の物理学者である寺田寅彦の言葉とされる「天災は忘れた頃にやってくる」という教えがよく知られている。災害サイクルは、災害の悲しみの後にまた災害による新たな悲しみを迎えるまでのあいだ、多くの人々の奮闘が求められることを気づかせてくれる。

1995年の阪神・淡路大震災以降、災害および災害救援に関する知見が盛んにまとめられていったものの、2011年の東日本大震災では、それらが逆に災害への救援を妨げたのではないかとする議論がある。例えば、被災地NGO恊働センターの村井（2011）は、「被災地に迷惑がかからないようにボランティアを管理しなくてはいけない、現地で活動する際の規範をマニュアル化して守らせ

表1 災害救援を通じてもたらされるソーシャル・イノベーションの構図

	災害救援を通じたソーシャル・イノベーション（日常→非日常の後で）	災害救援からのソーシャル・イノベーション（非日常→新しい日常の後で）	災害救援からのソーシャル・イノベーション（新しい日常→非日常の後で）
変革の対象（関心をむける）	ツール（関係を取り持つ道具）	ルール（支援する主体）	ロール（支援する対象）
随伴する変化（関係性を変える鍵）	繋ぎ手（支援するコミュニティ）	担い手（支援する主体）	受け手（支援する対象）
変化の要因（顕在化する矛盾）	関係不全（援助・被援助の膠着）	制度疲労（前例踏襲の拒絶）	世代間格差（新たな潮流との混交）
活動の方向（顕在化する変化）	制度設計（リーダーシップへの期待）	組織化（フォロワーがリーダーに）	協働の進展（ネットとリアルの併存）
社会の動向（マクロな展開）	法制化（NPO法の制定など）	資格の活用（専門家集団の活躍など）	住民の参画（居住地や遺構化の決定など）
現場の事例（ミクロな展開）	円滑な管理運営（受付システムの進化）	多様な協働推進（実践的研究やネットワーク化）	直接の資金調達（クラウドファンディング利用）

（出所）筆者作成。

ないといけないという方程式が、いつの頃からかできてしまった」（p.27）と述べる。実はこうした傾向は東日本大震災以前からも指摘されており、被災者抜きの救援が進む現場を「秩序化のドライブ」（渥美公秀）と警鐘が鳴らされている。突然の災害で多くの方が悲しみにくれるなか、支えたいという思いが第三者によって抑えられてしまうという構図である。

そこで本トピックでは、未曾有の大災害と言われる東日本大震災を経た今、あらためて災害救援はどのようなソーシャル・イノベーションをもたらすのかに関心をむけていく。ただ、冒頭の言葉のとおり、災害は多くの社会変化をもたらしてきたが、それには生命や文化の喪失をともなっている。そこで、本トピックでは筆者が災害の悲しみと、そこからのソーシャル・イノベーションについて実感をもって執筆できる範囲を取り扱うことにする。つまり、学生時代に立命館大学ボランティア情報交流センターに参加してから、今なお困難をともなう生活を余儀なくされた方が多い東日本大震災での支援までの経験を回顧的にまとめるものである（表1）。

■ 災害救援とソーシャル・イノベーション

　災害とは、個人的な災難ではなく集合的な災厄だ。よって、その原因をひとつの事象に帰結することができたとしても、ある現象によってもたらされる結果はきわめて多様なものとなる。ゆえに、被災結果の多様性が、災害後の世界に多層的かつ重複的な課題や展望をもたらす。つまり、被害の程度は段階的に分散し、ある地域のある被害は良しも悪しきも別の環境に影響を及ぼしていく。

　事実、ボランティア元年と呼ばれた1995年の阪神・淡路大震災では、災害救援を通して多彩な制度が社会的に生み出された。法制度では1998年の特定非営利活動促進法（いわゆるNPO法）の成立、自衛隊による救援のための自主派遣に関する基準の明確化、現場での活動においては全国社会福祉協議会によるボランティアコーディネーター新任研修プログラムの整備、日本ボランティアコーディネーター協会の設立と「ボランティアコーディネーション力検定」の展開などが挙げられる。これら4点はいずれも災害がなくても生み出された可能性もある。NPO法は阪神・淡路大震災以前に「市民活動支援法」として議論が進んでいたし、PKO活動などの展開とあわせて自衛隊派遣の範囲や条件の整備が求められ、政府主導の規制緩和や構造改革は何らかのかたちで市町村合併を含む地方行政の変革を促し、それが民間の活動において競争ないしは共創関係の構築を必然としたであろう。

　ちなみにユーリア・エンゲストロームによる「活動理論」では、社会的な制度の創出は「道具」（ツール）の生産としてとらえられる（⇒**25**）。そして、その生産活動は、行為者とその対象者とのあいだの関係に一定の矛盾が顕在化したことで始まるとされる。加えて、活動理論では主体と対象の二者関係は活動は完結しないととらえることから、それらの社会的制度の生産のためには行為者と対象者との橋渡しをする支援者の存在が欠かせない。その際、支援の方法は多様であると同時に時々刻々と現場の性質が流転するため、他の場所での事例を紹介する、別の時代の教訓を紐解く、特定の主張に固執する人々同士の対話を促す、さらには行為者と対象者との壮絶な格闘をただ静観しておくなど、支援者の立ち居振るまい方は枚挙にいとまがない。

ここから、災害救援におけるソーシャル・イノベーターは、行為者と対象者と支援者、そのいずれの立場も担いながら、状況の変化に対して既存の価値観では対応しきれない支援活動の構図を変える存在であることが明らかとなる。つまり、ソーシャル・イノベーターは「変えること」に躍起となって行為者になるより、何らかの行為が困難とされている状況に対して、その行為者が対象者との関係を適切に構築できるよう、支援者の位置に回ることが重要ではないかということだ。その好例として、1995年1月23日、大阪ボランティア協会などによって組織された「阪神・淡路大震災被災地の人々を応援する市民の会」が、殺到するボランティアを「待たせない」ために、「引率」の概念にもとづく「ノート方式」から「管理的手続きを必要最低限に抑え」るための「ポストイット方式」へと受付システムを変更したことを挙げておきたい（阪神・淡路大震災被災地の人々を応援する市民の会, 1996, p.40）。なお、このように現場で生まれた実践知を紐解き、次の災害へと活かしていくべく、「全国災害救援ネットワーク」（J-Net）や「震災がつなぐ全国ネットワーク」（震つな）が設立されたことも、災害救援を通じた制度の生成として位置づけることができよう。

■ 災害救援へのソーシャル・イノベーション

　ここまで災害救援とソーシャル・イノベーションについて、非常時の活動ゆえに支援に駆けつける人と受け入れる人との適切な関係づくりが一層重要になるという視点から、支援者支援のありようについて着目して述べてきた。ただし「ボランティア元年」には人だけでなく、（例えば、立命館大学では松本引越センターの協力を得て、神戸元気村とのあいだでASKULやカウネットのような）物資のコーディネートについても多くの課題と新たなシステムづくりがもたらされた。こうした非日常へのアクションに対するリアクションとして日常に新たな道具が生み出された結果、再び日常から非日常への、すなわち、次の災害へのアクションがもたらされるのだ。例えば、上掲の「震つな」の事務局を務める愛知県名古屋市のレスキューストックヤードは、阪神・淡路大震災の際に神戸でボランティア活動したメンバーが不定期の学習会を重ねるなかで、2000年の東海豪雨災害の折に行政や他の民間団体とのコラボレーションを経て、団体の

法人化に至った組織である。

　このように「被災」という支援の現場においては、支援「する」担い手は固定されない。ある現場の担い手や、そうした担い手を支援する支援者支援の担い手が別の機会にもその立場であり続けるのではなく、誰もが支援の担い手になりうるのだ。それは鷲田清一が阪神・淡路大震災の際に発揮されたチーム医療の例から「ただ傍にいる」存在こそが支援になると示したように、支援したい人の意向を完遂するよりも、被災された方の立場に寄り添う必要があるためである。その一方で、支援という行為に注目した研究者が「ボランティア元年」を契機に都合のよい学説で論理を展開したことで、ボランティア論が複雑なものになったとする議論もある（菅，2008）。

　研究者の都合のよい論理の押しつけのように思われるかもしれないが、災害救援へのソーシャル・イノベーションの展開は、活動理論で言うところの「担い手」を基点としたコミュニティに対する「ルール」づくりの実践である。実際、阪神・淡路大震災以降、防災は行政機関を中心にした公助に加えて自助と共助が並列されるようになった。そうした多角的な担い手の参入により、PTSDなどの新たな観点を取り扱っていった。ここに災害サイクルを重ねるなら、いつか訪れる災害救援のときのために、日常の活動として「わがまち」の防災など日常の活動に携わる、また「あるまち」の災害救援活動に備える担い手として、組織化がなされ続けるのだ。

　ちなみに災害救援をテーマにアクションリサーチを行う研究者によるソーシャル・イノベーションがなされている。例えば、日本災害復興学会のチームは、新潟県中越地震で被害を受けた地域に継続的に関わり続けるなかで、通常は研究の対象として一線が引かれてきた当事者らに対し、「復興曲線」という実践的研究の道具を用いる。それにより、「被災者自身が自分たちの暮らしや地域のあり方を省みて、主体的に自らの課題を認識したり、それを乗り越えていくための自分自身がもつ潜在的な可能性に目覚めるよう」（宮本，2012）駆り立ててきている。こうした多様な主体の協働によって、災害プロセスの各段階の移行がもたらされるととらえられる。

■ 災害救援からのソーシャル・イノベーション

　こうして災害からの復旧・復興というプロセスを複数経験することで、災害救援から「災害ボランティア文化」（栗田ら，2010）が生まれたとされている。栗田ら（2010）はそれを「丁寧さ」、「一人ひとり」、「創造しあう」、「関わり続ける」ことなどを挙げ、次の災害救援の現場へのメッセージとして綴っている。「被災地のリレー」（渥美，2012）という表現にも象徴されるとおり、これらはいずれも阪神・淡路大震災（1995年）以降、ナホトカ号重油流出事故（1997年）、東海豪雨（2000年）、新潟県中越地震（2004年）、能登半島沖地震（2007年）、新潟県中越沖地震（2007年）など、多くの被災地に駆けつけていった人々によってリレーされていった、目に見えない襷（たすき）である。
　ところが、冒頭に示したとおり、東日本大震災では、大規模（マグニチュード9.0、震源の深さ24km、最大震度7）、広域（岩手・宮城・福島を中心に周辺県域にも被害多数）、複合（地震・津波・原子力）という3つの要素が関係し合い、外部からの支援と内部での支援の双方のあいだに大きな矛盾をもたらした。矛盾は時としてエネルギーになるのだが、残念ながら今回は駆けつける側もあまりの広域さに圧倒され、受け入れる側もあまりの大規模さに途方に暮れ、担い手と受け手をつないで支える側も被害の多重化によって打つ手に窮した。ボランティアのコーディネートにあたり、「正しく活動しなければならない」と思い、「何をすべきか」を考えた結果、災害救援の現場で醸成されてきた文化に「逆生産性」（イリイチ，2005，p.163）が帯びたのだ。
　早々の活動終息が困難である東日本大震災に対して、活動理論を援用して災害救援とソーシャル・イノベーションを考えてみると、「受け手」における「役割」（ロール）の改定が求められていると言えよう。それは、阪神・淡路大震災がツール（ボランティアに関連する多様な制度）を生み、その間の災害ボランティア文化によってルール（支援する側・される側の双方における多様性の担保）がよい方向へと変えられていったのだが、それが逆に日常（災害の経験をふまえた防災モード）と非日常（防災モードから災害救援モードへの移行）との不連続を生んだと見たためである。要するに、被災したとしてもできることは多々あるに

もかかわらず、支援の担い手と受け手との関係は繋ぎ手が適切に取りもつべし、というルールの進化が、被災した方は支援の受け手として「される」側に追いやられてきてはいなかったか。

とはいえ、東日本大震災では、災害救援にまつわるコミュニティ以外からの災害救援コミュニティへの参入が随所で見られる。例えば、ツイッターの活用やクラウドファンディングの多面的な展開など、インターネットが普及しているからこそ、いわゆるブリコラージュの発想で「ないものねだり」ではなく「あるものさがし」が重ねられた。人々の「善意」が「善行」となるよう、阪神・淡路大震災において問われた「想像力とバランス感覚」（被災地の人々を応援する市民の会, 1996, p.8）の問い直しが切に求められている（⇒23）。

【山口洋典】

10 食と農
FOOD AND AGRICULTURE

■ はじめに

　私たちは、毎日何かを食べて生きている。「たべごと」と書く「食事」の意味は、生命を維持するために毎日習慣的に食べることと解説される。そして、人は頭で食べていると言われ、情報依存の連鎖から逃れることができない。さらに近年の健康志向の広まりとともに、この食事は何カロリーなのか、野菜を何グラム摂取しなければなど、栄養バランスのとれた食事に関心が集まる時代である。裏を返して考えると、多くの人が病気や体調不良の要因のひとつに、毎日の食事が関連していることに気づいていると言える。しかし、「健康」＝（イコール）「病気ではない」という図式は、あまりにも個人の問題としてのみとらえたもので、一面的ではないか。そもそも食の問題を個人的な健康面のみで見てしまうと、何をどれだけ食べるかということにとどまってしまうだろう。健康の概念は、6「ウエルネス」でも述べられているが、いかに、何を、どのようにして食べたかが「よりよく生きる」ことにもつながっていく。現代は、病気になっていない状態でも、健康とは言えない食べ方が蔓延していると言ってよい。健康の概念を広げ、社会の健康までを見定めていかないと、私たち人類は食べることをこの先続けていけないということになる。そこで重要となるのが、食の問題は、飽食の背後にある飢餓の現状、地球規模での環境破壊、遺伝子組み換え作物やフードマイレージ、バーチャルウォーター問題、世界的な農地減少など、グローバル・イシュー（地球規模問題）として認識しておかなければならないという点である。
　漢字では、「人に良い事」と表されている「食事」が、なぜ人に良いのかを学び、生きる基本であることを理解し、行動につなげていくことが、生きるた

めに食べ続けていく鍵となる。私たちは食事をするために、食材を準備し、料理をする。食事を並べる食卓が必要だし、誰と食べるのかによっては、味の感じ方や身体への吸収も違ってくる。口に運ぶ食べ物がどこでどうやって作られたのかを知ることは、自分の身体が何によって作られていくかに関心をもつことであるし、外の世界へも目をむけ、環境を考え、生きることを自分の手に取り戻していくきっかけになる。

■ いのちを育む食──食はすべての基本

　食も農も範囲が広い。食は栄養学、料理学、食育などの教育分野、文化、生活、関連する産業を包含する。農もまた同様に、農学、農業、農業政策などに加えて、農地、後継者、販売と消費、輸入作物への対応、そして畜産や種子の問題も含め広範囲に及んでいる。食に関連した分野は、広い範囲にイノベーションが求められており、いのちに直結しているという点で優先順位を上げて取り組まなければならない。特に、いのちを育む食は、どのような問題にも絡み合うことになる。

　また、自給能力が低くなってきて起こる問題も無視できない。日本のカロリーベースの自給率は、1965年（昭和40年）には73％であったが、近年は40％前後を推移し、2012年（平成24年）には39％にまで落ち込んでいる（表1）。これが、今の状況でも、先進国のなかでは最低の水準であるのに、TPP（環太平洋戦略的経済連携協定）への加入で13％にまで下がるという試算を農水省が出している。

　自給率には、肉食が増え、穀物を食べなくなっていることや、食の欧米化などが大きく影響している。畜産物は、国産であっても輸入飼料で育てている場合、国産に算入されない。国内で畜産物の飼料は2012年（平成24年）で26％しか賄われていないのだ。かなりの量を輸入飼料に頼る状況での肉食がこのまま持続していくのか。世界的に見ても、世界中で人口が増加し、食料や水の不足が懸念されていくなか、平等に食料にアクセスできる持続可能な食料生産が可能なのか。

　いのちを扱う畜産物の生産では、ファクトリー・ファーミングと呼ばれる工

表1　日本の食糧自給率

(単位：%)

	1965年 (昭和40)	1975年 (昭和50)	1985年 (昭和60)	2008年 (平成20)	2009年 (平成21)	2010年 (平成22)	2011年 (平成23)	2012年 (平成24)
カロリーベース	73	54	53	41	40	39	39	39
生産額ベース	86	83	82	65	70	69	67	68

(出所) 食糧需給表 (農林水産省)。

業式畜産が問題になっている。FAO（国際連合食糧農業機関）によるとファクトリー・ファーミングから排出されるメタンガスは37％、亜酸化窒素は65％に達しているという。世界の温暖化ガス排出量から見ても18％を占めており、これは自動車、航空機などの交通機関からの排出よりも大きいのである。さらには、ファクトリー・ファーミングから排出されるメタンガスは、同じ量の二酸化炭素より70倍も有害とされる。そして、多くの土地を使い、大量の石油などの燃料や水が必要であり、環境破壊につながっている。いのちを育てているということを忘れたかのような、効率の良さや利益を追い求める食肉生産のための工場となっているのだ。牧草地で放牧され、牧草を食べて育つ牛の姿を想像していた人は、現実を知ろう。いのちをいただくことで、自分のいのちをつないでいけるのだということを真剣に考えていかないと、自らのいのちを守り育んでいけないのである。そして、食を守るためには、知力と体力が必要で、その力を身につけるためには、より食に対して意識的にならなければならないことも重要なポイントになる。だが、自分は農業をしていないし、家畜ももっていないとしたら、目の前の食べ物がどのようにして生産されているのかのプロセスが見えてこない。社会構造やグローバル化していく巨大資本による食の支配も同様である。「真に安心できる農産物は信頼できる生産者のみが提供できるし、その信頼は人と人の交流の蓄積からしか生まれない」（今里, 2005, p.57）ということを実感でき、見えないプロセスを見えるものに変えていく「意識」が重要なのである。つい、安いものを選ぶ消費行動や、欲望のままに貪ることを「意識」して無くしていく。そして、食事をさまざまな問題の入口としてとらえ直すことで、イノベーションのきっかけを掴んでいくことができる。

■ 実践からの学び

　前述してきたように、「食」という営みを考える際には、食事という行為に限定せず、食と農に関心を広げ、課題に向き合っていく必要がある。まずは、自らが選び取る力をイノベーションしていくため、食と農をとらえ直すことを目的に、実践者の紹介をしていこう。

　　場所で待つ　佐藤初女――いのちのおむすび
　佐藤初女（さとうはつめ）は1921年に青森で生まれ、小学校教員、短期大学での家庭科講師、弘前で染色工房を主宰した後、現在の「森のイスキア」を岩木山の麓に開設する。彼女は、自らの病を食事療法で克服してきた経験をもっていることから、自宅を開放して心に病を抱える人たちを受け入れてきた。その後に開設された「森のイスキア」は、悩みや問題を抱え込んだ人たちを受け入れ、痛みを分かち合う癒しの場として、多世代から支持されている。1995年に公開された映画『地球交響曲〜ガイアシンフォニー第二番』でも紹介され、今でも多くの人が彼女に会うために「森のイスキア」を訪ねている。
　彼女は、「森のイスキア」を訪ねてきた人たちに、同じことをする。料理をつくり、一緒に食べるのだ。そして、話したくなった人の傍らで、その人の話に耳を傾ける。ただ、それだけだ。生きていくことに疲れた人に、おむすびをつくり、一緒に食事をする。深く悩み、いのちを絶とうと考えている人までもが、彼女のおむすびを食べて心を開いていく。そして立ち直り、生きることを取り戻していく。食事の力は、どんな言葉がけよりも強い。いのちをいただくということを通じて、自分のいのちに向き合い、生きるエネルギーに変えていくというシンプルでいて、魂をゆさぶる尊い行いが食べるということなのである。

　　消費と商売　高島千晶――豆料理で社会とつながる
　高島千晶（たかしまちあき）は、消費をあおる文化や企業に疑問をもち、衣料品販売業を営んでいた山口市から、フェアトレードで豆類や雑貨を扱う店舗「楽天堂」を京都市

で始めた。彼女は、社会に貢献する商売とはどのようなものか考え、消費をあおるような物販ではなく、人の役に立つ持続可能な物販を実現させている。前職では、働く場と家庭が離れており、仕事の忙しさを消費で埋めていたという。子育てをしながら仕事をしていくことで、さらに多くの矛盾を抱えてきたのだ。そのようななかで、経済格差を解消したり消費を抑制するような商売はないかと考え、思い切った異分野への転身となった。京都では、町家に住まいを移し、同じ場所で開業した。職住一体の生活に、地域とも関わり、子どもと向き合う時間をもつことができた。食に関わる仕事は、台所仕事に充実感を覚え、願っていた消費を抑制する商売になっている。実は、豆の販売は奥が深い。まず世界中で栽培されている穀物は、家畜飼育での消費が莫大であることを知らなくてはならない。肉食は大量の穀物を消費し食糧不足を引き起こすのだ。一方、豆の栽培は、どんな痩せた土地でも栽培でき、世界中で豆が栽培されている。5分の1肉食を減らして、豆を食べることで、飢餓の解消にもつながると言われている。さらに、チッソ固定をする豆には、動物がとり込める栄養素に変える力がある。保存が利き、栄養価の高い豆を食べる人を増やすことで、土地が守れる。そして、世界中で伝統の豆料理があることを紹介し、豆を買って消費してくれる人がいることが重要だと考えた商売である。彼女は、「楽天堂」で豆料理クラブを主宰し、日常食としての豆料理を紹介する商品をレシピとセットで販売する。スパイスがセットになっていて誰にでも作りやすい。1回分の豆料理キットとして全国に卸し一般にも販売している。他にも、調理方法の提案、知恵を出し合い、一緒にご飯を食べる豆ランチパーティーを開催している。ゲストにお話をしてもらい、ご飯とお話を分かち合う。1品持ち寄りとしていることで、他の家の台所の知恵も分かち合うという仕掛けになっている。彼女は、食べ方と販売をセットで行うことで、豆料理を身近で手軽なものにしていきたいと考えている。さらには、会員制にすることで生産の「約束」ができる仕組みを確立している。定期的に購入する仕組みは、消費者が生産者を支えることができるのである。サービスを受けるだけではない、社会を変えていくための消費を考えた商売となっている。

食と農をつなぐ　長澤源一——有機栽培で成り立つ農業を

　長澤源一は、京都・太秦の地で400年の農業の歴史をもつ長澤農園の17代目だ。約20年前から有機農業に従事し、現在は数少ない京都の有機JAS認定農家として活躍、多くの塾生たちも育て、化学合成された農薬や肥料を使わない有機野菜作りの第一人者である。有機農業とは、環境を守り、安全で質の良い食べ物の生産をすることを第一義に、その地域の資源を活かし、自然本来が有する生産力を尊重した方法で生産することである。収穫した作物は、化学肥料や農薬などの合成化学物質を使用せずに生産されていることで、有機農産物と呼ばれている。土作りを大切に考え、輪作をし、緑肥、堆肥などを使用する。雑草、害虫、病気を回避するさまざまな工夫を行い、環境にも人にもやさしい農業の方法である。有機農法、有機栽培、オーガニック農法などとも呼ばれることもある。なかでも、有機JAS認定は、原則として化学合成農薬、化学肥料や化学合成資材を使わないで3年以上経過した土地で、堆肥などによる土づくりを行った圃場で行う農業をいう。生産物は、有機農産物のJAS規格に適合するものであるかどうかについて検査を受け、JASマークの貼付されたものでなければ、「有機野菜」等の表示をしてはならないとされ、厳しい基準が設けられている。彼は、慣行農法での農薬使用による健康被害を体験し、有機農業への転換をはかった。農業者の健康が守れずに、安心な農産物ができるはずがないことを身をもって体験したのがきっかけだ。有機農業で収穫量を確保し、生活していくことは容易な道のりではなかったという。しかし、いち早く2001年に有機JAS認定を取得し、農業で生計を維持していくための付加価値をつけてきた。さらに、有機農業を発展、普及させていくため、同志社大学での教鞭もとっている。後進の指導にも熱心に取り組んでおり、有機農業塾を開講し、自らの独自の手法を惜しげ無く開示している。就農者支援をすることで、農業の未来を提案し続けているのである。

■ 食べることは生きること

　ここまで、事例を示しながら、食と農の分野にイノベーションが必要とされる現状を見てきた。当たり前のこととして、人が生きていくうえで、食べなけ

ればならないことは誰もがわかっている。しかし、その食べ物がどうやって作られているのかを知ること、「いのち」をいただく実感を得ることなどが重要であり、それは現代社会の抱える問題解決の糸口ともなるだろう。そこでは自給する意味を考え、さまざまな「いのち」によって自分自身の「いのち」が支えられていることに関心をむけていかなければならない。無関心にならず、食に対する意識を変えていくことが期待される。食と農の分野は、誰もが無視できず、個人の生活で一番大きな転機になりうる可能性がある。なぜならば、農村と都市を含めた私たちの住まい方、あるいは生活のスタイルに対する大きな問題提起であり、まさに文明史的な課題として認識していかねばならないからである。

　再度確認しておくと、食べ物を摂取するとカロリー源となり生きていけるのだが、それだけで機械的に生きるのではない。食べ方がそれぞれの生き方につながっていく。生産の現場と消費が乖離していることで効率が優先され、生産者側では食べる人のことなど考えていないかのような生産方法がとられることが起こり、消費者側では作る人のことなど考えていないかのような消費行動となってしまう。そのようなことがあると、農産物の価格への理解が得られなかったり、工業製品のような美しい形状を求めたりといった事態が起こる。輸入して遠くから運んでくる農産物が、安く売られることもあるし、環境を破壊するような生産方法に気づくことができず、購入することで環境破壊に加担してしまうことも起こる。今里の言う「双方が自滅する」(今里, 2005, p.57) 事態に陥らないために、食への信頼は食と農を乖離させずに考えていきたい。食の選択は、社会的な視点をもつ意味においてリベラル（革新的）であり、ラディカル（根源的）だ。いのちをつないでいくための食と農にはイノベーションの種が多く含まれており、それを育てる人がいま求められている。生きる本質に迫るイノベーションの分野では、最先端を牽引していくと言えるだろう。

【西村和代】

11 高齢者
SENIOR CITIZEN

■ はじめに

　日本は2005年に世界一の高齢国家となった。65歳以上の人口は、2012年で24.1％に達し、平均寿命も男性が79.4歳、女性が85.9歳に達している。これは本来は大変喜ばしいことで、何千年もかけてようやく人類が到達した状態であると言ってよい。もっとも平均寿命の伸長は、医学の発展によって、長寿化とともに子どもの死亡率が劇的に減ったことに起因するものでもある。

　しかしこの高齢化は、人類がこれまで経験したことの無い事態だけに、大きな社会問題をもたらす可能性も高い。高齢人口が若年層より増えることにより、社会や経済の停滞、医療・介護・年金など社会保障の制度破綻が起きる可能性がある。また高齢者自身も、高齢期をどのように生きるべきかの指針がないままに長生きすることで、うつや自殺率の増加につながる危険性がある。高齢化率が7％になると高齢化社会、14％で高齢社会、21％で超高齢社会と呼ばれる。この7から14までの期間は、フランスでは126年、スウェーデンで85年かかっており、時間をかけて高齢社会に対応することが可能であった。だが日本は世界最速で、そのおよそ4分の1の24年で到達してしまった。14から21へも、たった13年である。急速な高齢化に、社会のインフラや行政施策のみならず、個々人の人生設計など、あらゆる意識改革が追いついていない状態である（図1）。

　このような状態をどうすれば乗り越えられるか。それを学際的に研究する学問が、ジェロントロジー（Gerontology）である。日本語では高齢学、加齢学などと訳されることもある。高齢社会におけるさまざまな問題を、老年医学、社会学、栄養学、社会政策学、家族学、法律学、死生学、ジェロンテクノロジー

図1　世界と各地域の高齢化

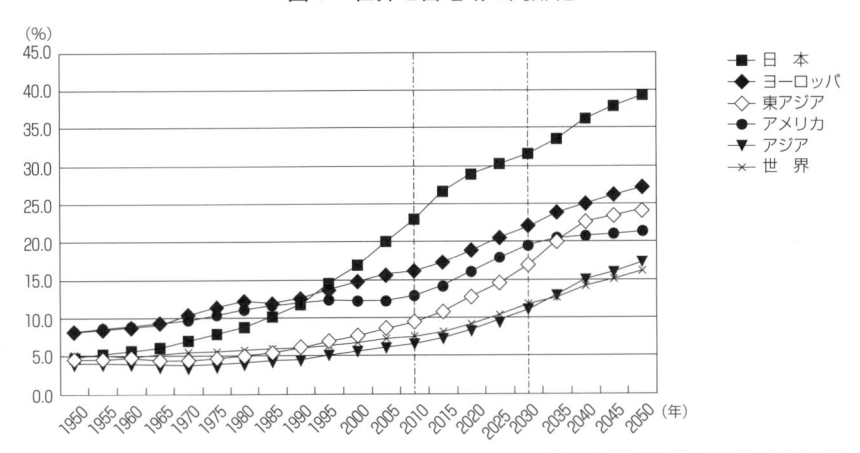

(出所) UN, World Population Prospects: The 2010 Revision より。ただし日本は、2010年までは総務省「国勢調査」、2015年以降は国立社会保障・人口問題研究所「日本の将来推計人口（平成24年1月推計）」の出生中位・死亡中位仮定による推計結果。

などの理系文系を超えた連携で解決し、制度設計や当事者参加による政策提言を行っていくという、ソーシャル・イノベーション的な学問領域である。欧米では100年以上前からある学問で、どこの大学でも普通に教えられており、ミシガン大学など専門の研究所をもつ大学も多い。だが、世界一の高齢国家である日本では、不思議なことにジェロントロジーを教えている大学は、桜美林大学、東京大学など、ごくわずかである。同志社大学では、筆者が2012年に赴任してから、「政策トピックス」という授業のなかでジェロントロジーを教えるようになった。だがこれも、本来は総合大学のなかで関連する専門家が連携し合って体系化すべきものであり、ひとりで全領域をカバーできるものではない。

　日本では、欧米のようにジェロントロジーが確立した学問領域となっていないため、問題が山積しているにもかかわらず、現実の課題に取り組むための人材育成も、実際の政策課題への提言も、社会に多く存在する問題解決を行う方法論も、体系立っては存在していないのが現実である。大学関係者は、18歳から24歳くらいまでを主要顧客と考えているため、それ以外の年代の抱える問題には関心が低い。社会保障や老年医学など、個々の学問領域は存在するが、欧米のように連携して社会問題にあたるという環境にはなりえていない。大学の

なかで学ぶ25歳以上の割合が、日本は欧米各国の約20分の１、隣の韓国の10分の１という環境であるといういびつな人口構成も、大学がこの問題解決に寄与できない原因となっている。

　同志社大学大学院総合政策科学研究科ソーシャル・イノベーションコースでは、この高齢社会における問題も、重要なものとして研究を行っている。特に、高齢者自身による、高齢問題の解決をめざすさまざまなNPOと連携しながら、政府だけでは解決できない問題、企業だけでは提供できないサービスなどを開発する事例を研究し、行政へ提言を行ったり市民組織にノウハウの提供を行ったりしている。

　今回は、非常に多岐に渡る高齢社会の問題のなかでも、主に、定年後のアクティブシニアの社会参加に重点を置いて、事例を紹介する。高齢者自身のネットワーキングにより、定年後の20年、30年をどのように生きるべきか、自らを変え、社会を変えた人々である。なお、本トピック中では、生物学的な65歳以上を指す場合は「高齢者」、能動的に活動する人々を指す場合は年齢にかかわらず「シニア」と、呼称を使い分けるものとする。

■ 高齢社会の問題とその解決事例

　前述したように、高齢社会の問題は複雑で多岐に渡り、個々人の状況も全員が異なると考えられるため、一律に解決することは難しいと思われてきた。例えば高齢社会における最大の問題のひとつに、「高齢者が、自分自身の存在意義や価値を信じられなくなる」ことがある。だがその困難な事態に、自分たちで解決策を提案し、実行していったソーシャル・イノベーション的な事例も多数存在する。引退後に地域社会に目をむけ、企業や行政で培った経営ノウハウやネットワークを活かし、高齢社会の問題解決に取り組むソーシャル・イノベーターたちを紹介したい。

シニアSOHO普及サロン・三鷹

　東京都の西側、武蔵野地区にある三鷹市は、もともと市民活動の大変盛んな町である。市長の清原慶子も、長くこの地域での市民活動に関わってきた人で

ある。この街を起点に生まれた「シニア SOHO 普及サロン・三鷹」は、元・日立のエンジニアであった堀池喜一郎が立ち上げたものである。地域のシニアに、シニア自身が ICT（Information Communication Technology：情報通信技術）を教えるというところから事業を始めている。日本では、学校や職場では ICT を学ぶ機会もあるが、地域では学ぶ機会や場所は多くない。比較的若い主婦層は携帯でのメールやネット利用が中心だが、高齢の主婦層、および企業の引退者が、ICT を学ぶ場所は大変少なく、ネット弱者になってしまうことも多い。インターネットを使えない高齢者をねらって、高額の海外不動産物件を売りつけたり、海外の投資ファンドに年金をつぎこませるという手口をとる詐欺グループが増え、社会問題になっている。ネットが使えないことで同窓会に行きにくくなったり、高い旅行代金を払うことになったりと、不利益を被ることもある。

　シニア SOHO 普及サロン・三鷹では、シニアが最低限の ICT リテラシーをもつことで不利益を被ることを避け、社会とのつながりをもち続けることができるようにと、設立された。三鷹市のインキュベーションオフィスの中に、パソコン教室や会議室をもち、シニアが学び、そして学んだ先には教えるというミッションをもって行動する場となっている。

　地域の学校をシニアが ICT も活用して見守ったり、地域のためにコミュニティビジネスを立ち上げたり、さまざまな自治体や企業のコンサルを引き受けることで、シニア SOHO 普及サロン・三鷹は、年商 1 億円を超える売り上げを誇る NPO である。コミュニティビジネスとソーシャルビジネスの両方を兼ねることで、ソーシャル・イノベーションを起こした事例である。もちろん ICT は、手始めの道具である。これを用いて、地域の問題発見や解決を行っている。例えば子どもたちがナイフを使えないと聞くと、竹とんぼの手作り教室を企画する。シニアが子どもにナイフの使い方を教え、学校の校庭で竹とんぼの大会を開いたりする。地域における世代間交流や知恵の継承の場ともなっている。シニアの起業も支援しており、地域活性化にも貢献している。

富山インターネット市民塾

　富山のインターネット市民塾も、地域に根ざした活動から、高齢社会の問題

にも一石を投じている事例である。もともとは、市民がITを学ぶ場として地元企業のソーシャル・イノベーション活動の一環として始まったが、中心人物の柵富雄の献身的な活動により、次第に行政や大学を巻き込み、地域や市民の知恵を循環させる組織体となっていった。2013年秋より富山大学の中に事務局を移転し、大学を地域社会に開く拠点となっている。引退後、やることがない、居場所がない、生きがいが見つからないと、深刻な自己喪失感に悩む人がいるが、ここでは、自分の経験を無理なく他者に伝えることで、生きる力を見つける人もいるのである。

　市民塾では、オンラインとオフラインの学習を何度か行うなかで、授業をつくる方法を覚え、いくつか受講したあとは、自分で講座を開講することが条件となっている。ここでも学びが教えに転換する。自分がつくれる郷土料理を若い人に教える講座を開いた80代の女性もいる。引退後、やることがなくて悩んでいた男性は、市民塾で学ぶうちに健康法を教えることに生きがいを見出し、70歳で起業した。75歳を過ぎてから、東京の大学院に進学し、通信教育で修士論文を書いている。卒業したら80歳で新たなビジネスを起業する予定である。他にも、富山の薬に関する歴史を学ぶうちに市民が自発的に地域のことを学ぶ場となったり、地元の星の観察会を開くうちに新しい発見をする中学生が出てきたりと、地域のさまざまな人々が、学び合い、教え合う場として機能している。この方式は、今では富山だけでなく、和歌山、横浜、熊本などに広がってきている。

　シニアのチームも盛んに活動している。新しいタブレットに挑戦したり、SNSに取り組んでみたり、アクティブに活動することで、地域全体の活性化にも貢献している。早めに市民塾での活動を開始することで、定年後を楽しみにする傾向も見られ、その後の人生を活力あるものにし、かつ、地域のなかで同じ趣味や目的をもつ仲間づくりに成功する例も多数出てきている。

Village Model

　米国ボストンに本拠を置くBeacon Hill Villageは、死ぬまで自分たちの街で暮らしたいという、Aging in Placeを実現する方法を編み出したNPOである。このVillage ModelはSusan McWhinney-Morseが2002年に始めたもの

で、2013年までに全米で100以上に広がっている。リタイアメントコミュニティに移るという選択肢もアメリカ人にとっては夢のひとつではあるが、なじんだ街で生きていきたい人もいる。だが、行政の提供するシニアサービスは、どうも弱者対策で嬉しくない。自分たちの街で、自分たちの力で、必要なサービスを届け合う仕組みはできないのか？ そんな思いに駆られたシニアたちが、自分で立ち上げた会員制組織である。地域のなかで、行政では抜け落ちるようなきめの細かい支援を、自分たちのネットワークで行う。会員自体がもともと地域に長く住んでいる場合も多く、病院、介護、支援サービス、家事援助、法律相談など、信頼できるプロのネットワークを相互に紹介することが可能である。ニーズの把握や相談などはNPOのスタッフが行い、個々のサービスは有償でプロが提供するが、フォローアップやイベント開催など多くの作業は、実は会員自身のボランティアによって支えられている。いつかは自分もお世話になるので、若いうちにできることは何でも経験しておくという態度で臨んでいる。いわば、かなり高額な年会費を払い、地域のため、自分の未来のためにボランティアで働くことを、アイデンティティとする組織なのである。

　もともと、欧米のリタイアメントコミュニティとは、日本の介護施設とはまったく概念が異なり、あくまで住民たちが自らつくり上げていく「コミュニティ」である。従業員の選定からイベントの企画まで、住民であるシニア自身が行う場合が多い。Village Modelは、この考えを地域のなかに応用したもので、住み慣れた街を動かずに、高齢者に必要なサービスを自分たちで自給自足するというものである。これも、高齢者をエンパワメントしつつ、今後訪れる年代への備えをし、かつ地域の問題解決に貢献する、ソーシャル・イノベーションの事例である。

■ 考　察

　高齢社会を考えるとき、つい私たちは、寝たきりの高齢者をイメージしてしまう傾向がある。しかし、少しでもジェロントロジーを学ぶと、80代半ばでも高齢者の8割は自立して生活しているということを理解する。定年後、20年から30年間、地域で生きている高齢者、特に元気なアクティブシニアは、地域の

問題解決の重要な担い手である。時間もお金も知恵も経験もある。そして、若い人の力になりたいと思っている。今後、増え続けていく膨大な高齢者層が、自らを地域の重要な資源と認識して、その知恵や経験やネットワークを、若年層を支援するために活かしていくという選択をすれば、彼ら・彼女らは、世の中をよりよく変えていくソーシャル・イノベーターになるのである。

　そのために、上記3つの事例は、いくつかの示唆を与えている。ソーシャル・イノベーターとしての、やむにやまれぬ思いである「マインド」も、ICTやネットワークなどの「ツール」も、企画力やプロデュース力などの「スキル」も兼ね備えている。さらに、これまでのソーシャル・イノベーターには少し欠けていた、しかし持続性のためには不可欠であるいくつかの力を備えていることだ。それは、「営業力」や「経営力」である。自分たちの能力と、顧客や社会に対して提供できる結果品質の価値を正確に見積もり、きちんとした営業提案ができることは、組織が続くための最低ラインである。また、従業員の幸福のためにも、正当な利益をあげ、品質向上や新たなサービス提供のために投資することも重要である。これらのことをNPOはややもすると軽視しがちであるが、シニアが起こす社会的企業は、経営や営業の重要性を熟知している。また、「学びを教えに転化する」ことや、「お金を払ってでも教える、支援する」側に回りたいというシニアの意識を、組織の発展に活用している点も見習うべきだろう。

　高齢者層を、未来への負担としてとらえるか、それとも無尽蔵の資源としてとらえるかによって、これからの社会のあり方は大きく変わる。シニアの、シニアによる、シニアのためのソーシャル・イノベーションが、各地で起きてくることを期待するものである。

【関根千佳】

12 障害のある人
PERSONS WITH DISABILITIES

■ はじめに

　日本と他のOECD各国とを比較したとき、残念ながらまだ平等ではないと感じることが最も多いのは、障害のある人々である。教育、就労、結婚をはじめ、社会のあらゆる場で、まだ統合（Integrate）されていない環境は、多数存在する。

　たしかに、2000年の交通バリアフリー法、2005年のユニバーサルデザイン政策大綱、それを受けて建築と交通を融合した2006年のバリアフリー新法などにより、街のなかのアクセシビリティは、公的機関の建物や3,000人以上の乗降客のいる駅では、ようやく整備されてきた。車いすやベビーカーで移動できる環境や、「誰でもトイレ」なども、徐々に広がりつつある。しかし、その適用は公的な一部に限られており、民間の施設や、学校、オフィス、工場においては、2013年現在でも適合義務はなく、特定建築物としての努力義務対象でしかない。学ぶことにより社会で生きていく力をつけ、就労し、税金を払い、家庭をもち、次世代を育てるという、あたりまえの人生を送ることは、障害のある人にとって、日本ではあたりまえとは思われていないかのようだ。

　文部科学省が長く分離政策をとってきたため、高校までに障害学生と日常的に接してきた、障害のない学生は少ない。また大学へ進学する障害学生の数は0.37％であり、米国の10.8％と比較すると100分の3でしかない。このことは、自分や家族がいつか必ず歳をとり障害をもつことに対し、理解と耐性のない多くの日本人を量産する結果になっている。教育機関とは、本来、学生に「君たちはどう生きるか」を考えさせる場であるはずなのに、自分の人生の流れ、生病老死を見つめることさえ、今の教育体制では難しくなっているのである。

人間はいつか歳をとる。そして高齢者の8割が何らかの障害をもつ。それはあたりまえのことなのだ。だから、高齢者は若者の先輩であり、障害者は、高齢者を含むすべての人の大先輩である。先に障害をもって生きてくれている。だから、その意見を聞き、その経験の力を活かして社会をつくり変えていくユニバーサルデザインのような手法をとることで、私たちは、これから生きていく人生を、より明るいものにすることができるのである。この、障害のある人々の経験の力を、筆者は「障害力」と呼ぶ。障害があるからこそ、その切実なニーズから、世界を変えることができる。私たちは、すべてそのイノベーションの恩恵にあずかっている。

本トピックでは、そのような「障害力」を発揮して、社会をよりよいほうへと変えていった、ソーシャル・イノベーションの実践者たちについて、当事者を中心に紹介したい。

■ 社会を動かした人々

米国における支援技術の先駆者たち

障害のある人を支援する技術（Assistive Technology：支援技術）の分野では、この「障害力」は、世界を大きく変え、誰もがいま、喜んでそれを使っているものも多い。グラハム・ベルが電話を研究したのは、耳の聞こえない妻に「音を届ける」道具を作るのが夢だったからだ。インターネット創成期のリーダーであるビントン・サーフは、本人も恋人も耳が聞こえなかったため、研究中だったAPARNETの中に、テキストを入れて送ることを思いついた。これが、いま私たちが使っているメールの原型である。音声認識（Voice Recognition）は、頸髄損傷者が、声でパソコンを操作するために開発された技術だ。スポーツ事故などで首から下が動かなくなっても、話せて聞けて見えるのだから、それで学業や仕事を続けたい。そのようなニーズから、キーボードからでなく、声で入力する仕組みが生まれた。今では普通のスマートフォンにも標準装備されている。パソコンの画面を読み上げる機能（Text to Speech）は、目の見えない人が画面上の情報を把握するために開発された。今ではウェブサイト閲覧やPDFの読み上げ、電子ブックの読み上げなど、高齢者を含む

多くのユーザーに、重宝されている。これらはすべて、当事者の「障害力」が生み出した技術的なイノベーションである。さらにそれを、実際に当事者ユーザーの手に届け、そのもつ本来の力を発揮できるよう、具現化していくためには、多くのソーシャル・イノベーションが必要だった。研究開発の成果は、人々が普通に使える技術として、当事者の手元に届いてこそ意味がある。

　その意味で、やはり米国における障害のある人たちの運動を抜きにしては語れない。1973年の職業リハビリテーション法504条での公的機関による差別禁止、1975年の全障害児教育法に始まる統合教育の推進など、社会制度、教育、技術など、あらゆる分野で、障害のある人の教育や就労を、統合する試みが続けられた。1986年のリハビリテーション法508条は、連邦政府が購入するICT機器やソフトを、アクセシブルなものに限るというものであるが、これも、全盲の技術者であり、大統領への政策助言者でもあるローレンス・スキャッデンがいなければ、成立しなかっただろう。

　1990年に制定されたADA（Americans with Disabilities Act：障害をもつアメリカ人法）には、ジャスティン・ダートをはじめ、多くの当事者が関わった。障害のある人を福祉の対象としてではなく、教育と技術を与えることで、納税者にしていこうという方針がつくられたが、これも、当事者が自らをエンパワメントしていった結果である。なお、前述した学校やオフィスのアクセシビリティに関しては、ADAでは、公的機関だけでなく、民間でもすべて適合義務があるとされている。

　この結果、高等教育を受け、技術や法律を学んで社会で活躍する、障害のあるエンジニアや弁護士、医師や大学教授、国家公務員は、欧米ではごくあたりまえの存在となっている。彼ら・彼女らを社会にインクルードすることそのものがソーシャル・イノベーションだったが、その彼ら・彼女ら自身が、自らソーシャル・イノベーターとして、社会をよりよく変える仕組みをつくる側となっているのである。

日本のソーシャル・イノベーターたちの苦闘

　残念ながら、日本がこの環境に至るまでにはあと50年はかかると思われる。国連から何度も是正勧告を受けていた分離教育方針を、文部科学省が渋々見直

し始めたのが2012年なので、1975年の米国の全障害児教育法成立から考えると、実に40年以上の差がある。教育制度改革が実際に着手され、人々の意識改革にまで進む期間を考えると、本当に道は遠い。

　だが、このような困難な状況下においても、あきらめないで社会を変えていった日本人は存在する。全盲の望月優は、同じく全盲の静岡県立大学の石川准と共に、視覚障害者が日本語環境でICTにアクセスする技術を開発し、1989年に株式会社アメディアを創立した。それ以来、多くの支援技術を世に送り出している。当事者だからこそ、日本人だからこそ欲しい技術をきめ細かく追加し、多くのユーザーの支持を得ている。

　企業内にもソーシャル・イノベーションを起こした人は多い。浅川智恵子は、日本アイ・ビー・エムで3人目の最高技術職、IBMフェローとなったが、全盲者としてはもちろん世界初である。点訳ソフト、画面読み上げソフト、ホームページリーダー、ウェブアクセシビリティ評価ツールなど、世界で通用する製品を世に送り出し、日本の障害者のエンパワメントに大きく貢献してきた。また、NECの製品群のなかに、誰もが使いやすいものを作るというユニバーサルデザインが、ごく自然に浸透するようになったのは、NECデザインに全盲の川嶋一広が入社したことも大きい。ここで開発されたATMなどは、視覚障害者や高齢者にとって、大変アクセシブルなものになっている。なお、彼は盲導犬ユーザーでもある。賢く大人しい盲導犬サニーと共に仕事をする姿を顧客にも常に見せることにより、補助犬に理解の薄い日本の意識を変える役割も担っている。サニーも、立派なソーシャル・イノベーターである。

　日本では、残念ながら米国のリハビリテーション法508条のような、ICT機器やサービスに関するアクセシビリティを義務化する法律は存在しないため、上記のような当事者たちの努力やその「障害力」は、まだ正当に評価されているとは言い難い。30年以上遅れている日本においても、いつかこのような努力が報われることを信じたい。

移動における制約を最小限に

　日本では障害者用駐車場に、障害のない人が、近いから、空いているからと、気軽に停めてしまうことがある。扉を大きく開く必要のある人の乗り降り

の場合、障害者用駐車場が空いていないことは、移動に大きな制約を与えることになる。

　実は海外では、ほとんどの国で、障害者用駐車場には、許可証をもっている人しか停められない。違反すると高額の罰金が科される。米国の場合、ハワイ州では500ドル（約5万円）である。イギリスの場合、許可証の不正利用には、15万円近い罰金が科される。人道上の罪だからである。しかし日本では何の制約もないため、移動に困難のある人は、ただでさえ少ない駐車場がたまたま空いていることを願うばかりだった。この状態を変えたのが、佐賀県で開始されたパーキングパーミット制度である。そしてその提案を行ったのが、車いすユーザーの山崎泰広だ。隣の熊本県がユニバーサルデザインを推進していることに感動した古川康知事は、あらゆる県の施策をユニバーサルデザインで見直すことを進めた。筆者も参加していたユニバーサルデザインの推進会議のなかで、委員の山崎から提案されたのが、パーキングパーミット制度であった。車いす利用者など、移動に制約のある人々に対し、県が許可証を発行することで、不正利用を減らし、ニーズのある人が停めやすくするという制度である。障害のある人や高齢者など状況が変化しない人には最長5年の緑のプレート、妊産婦やけが人など短期の利用が見込まれる人には1年程度のオレンジのプレートを配布することで、必要性のある人を明確に識別できるようになった。地道な広報宣伝も功を奏して、佐賀県では、制度の認知度が上がり、不正な駐車が激減している。利用者アンケートによると、最初は利用者層を広げることにためらいのあった車いすユーザーも、実際に運用が開始されると、以前より停めやすくなったという感想をもつに至った。

　この制度は、2013年時点で21都道府県4都市に広がり、許可証の相互利用も進んできている。だが、自治体によっては、まだまだ認知度が低く、効果があがっていないところもある。京都府でも、全国知事会のトップを務める山田啓二知事が熱心にこの制度を広めているが、駐車場自体が少ないという地理的問題のため、なかなか浸透していない。筆者は、同志社大学政策学部の「アカデミックスキル」という授業のなかで、学生たちにこの問題の解決法を考えてもらっている。SNSを使う、広報宣伝の映画を作る、イベントを行うなど多くの提言がなされたが、2013年春には、府民むけのパンフレットを府庁と共に作

成した。身重の妻とその夫が、車いすユーザーの方に制度を教えてもらい、ニーズのある人に伝えていくというほほえましい話である。

なお、このパーキングパーミット制度を佐賀県に提言した山崎泰広は、米国で受傷した脊髄損傷者であるが、彼こそ「障害力」の大変高い人である。脊損になったときの病院のエピソードが面白い。医師は、彼の意識が戻ると、「君はこれから一生車いすだけど、いろんなことができるから」と言って、枕元に大量の障害者スポーツ雑誌を山積みにしていったそうである。そして、車いすバスケ、スキー、テニスなど多くの記事を見るうちに、結構面白そうだと思い、結局、かなり楽に障害受容ができてしまった。できないことを嘆くのではなく、できることを見つける。その姿勢が、彼を起業に駆り立てた。車いす用のシートやクッション、補助具などを輸入販売するアクセスインターナショナルの社長として、超多忙な日々を送っている。

■ 考　察

障害があるからこそ、切実なニーズが理解できる。それを解決する方法を見つけることができれば、自分と同じ、もしくは近いニーズの人々を幸せにできるかもしれない。それが、「障害力」の本質であり、障害のある人ならではの、ソーシャル・イノベーションである。

たしかに、日本は欧米諸国からすれば、50年近く遅れている制度もある。だが、見方を変えれば、他国でも、50年前は、大変な状況だったということだ。それを変えていった、多くの当事者がいたということだ。日本も、この巨大な壁を乗り越えるために、やはり同じ苦労をすべきなのかもしれない。そのための技術開発が、教育の変革が、そしてソーシャル・イノベーションが必要なのである。

障害者権利条約の批准をめざし、懸案だった障害者差別解消法も、2013年の6月にやっと成立した。ADAに遅れること、約四半世紀である。欧米各国のように民間企業を含むサービスが障害ゆえに受けられないことは差別であり、それを禁止するという趣旨にはまだまだ遠いが、それでも、一歩前進したことは喜ぶべきなのである。

本来は、まず教育を変えるべきだ。長年の旧弊である分離政策をやめ、インクルージョンを進める必要がある。そのうえで、私たちのすべてが、障害のある人を可哀そうだと思う気持ちを、切り替える必要がある。たしかに現時点では、不都合なこともたくさん起きるだろう。でもそれは、彼ら・彼女らが無力だからではない。環境が対応していないからなのだ。障害とは、英語で、Disability という。Non ability ではない。能力がないのではなく、能力の発揮を阻害されている状態なのである。私たちは、ホーキング博士を見て「あ、車いすの人だ」とは思わない。次にはどんな新説を出すのだろうと興味津々だ。人を、その障害ではなく、能力で評価する世の中になったら、社会はどれほど生きていきやすくなるだろう。「障害力」で、評価される社会に切り替えていく。そんな当事者のソーシャル・イノベーターこそが、日本で最も切望されているのだ。

【関根千佳】

13 多文化社会
MULTICULTURAL SOCIETY

■「消えた20万人」と外国人受け入れの模索

　日本は、人口減少時代の先頭を走っている。そのなか、経済活動を維持するため、労働力を海外から受け入れる議論が盛んになっている。しかしながら、長らく日本は外国人の受け入れに関してきわめて排他的な態度をとり続けてきた。また政策だけではなく、近年のヘイトスピーチに代表されるように、他者の居場所を許さない風潮も一部に見られる。本トピックでは、将来的に外国人が増え、多様な文化的背景をもった人たちと生きる社会、すなわち多文化社会の加速は不可避なものととらえる。そして、そこに求められる態度を考察することを目的とする。手がかりは、日本で暮らす難民が始めた取り組みである。
　はじめに、総務省統計局が公表した人口推計を見てみよう。2013年10月現在、日本の人口は1億2729万8000人で前年比21万7000人の減少となっている（出生と死亡による自然増減が23万2000の減少、移転などによる社会増減が1万4000の増加）。1年間で21万人が「消えた」とも言える。例えば、人口20万人の都市を挙げると、茨城県つくば市が約21万人。東京都港区や、文京区、渋谷区、三重県鈴鹿市が約20万人、「だんじり」で有名な大阪府岸和田市は約19万人である（2014年2月現在）。1年間でこうした都市で暮らしていた人が忽然と消えたと考えればわかりやすいだろうか。また働き手という観点で見ると、15歳から64歳までの生産年齢人口は前年比で実に116万人の減少となっている。
　こうした状況を前にして、労働力を海外に求める動きが活発化している。例えば、2004年には経団連が「外国人受け入れ問題に関する提言」をまとめた。2008年には、自由民主党の外国人材交流推進議員連盟が、「今後50年間に高度人材を中心として1000万人の移民受け入れが必要」だと発表した。最近では

2014年2月、内閣府が経済財政諮問会議の専門調査会「選択する未来委員会」において、外国からの移民を毎年20万人受け入れ、出生率も回復すれば、将来的にも人口1億人を維持できるという試算を提示した。また全国26都市で構成する外国人集住都市会議は、受け入れに際し、労働者としてだけでなく生活者としての視点が必要であることや、出入国管理政策が多文化共生政策と連動して考えるべきであることを法務省などに申し入れた。さらに同年4月に開催された、経済財政諮問会議および産業競争力会議合同会議では、東京五輪にむけ、建設業における外国人労働者受け入れ拡大の方針が打ち出されている。人口減少を背景に、多様な文化的背景をもつ人々と共に生きる社会が議論され、それはますます現実味を帯びている。次に日本社会が、多様な文化的背景をもつ人々とどのように関わろうとしてきたのかを見ていきたい。

■ 多文化と共生

　2013年末現在における在留外国人数は、206万6445人となっている。中国が全体の約30パーセント強を占める。以下、韓国・朝鮮、フィリピン、ブラジル、ベトナム、米国、ペルーと続いている。このことを見ても日本が単一民族の社会でないことは明らかである。歴史をさかのぼると、日本は日清・日露戦争と第一次世界大戦を経て植民地主義をとりはじめ、1910年には朝鮮を併合した。こうした過程のなかで多くの朝鮮人が、日本へ安い労働力として「輸入」された。そして第二次世界大戦終結時には、220万人近い朝鮮人、台湾人が存在していた。戦後、さまざまな事情で出身国に帰国しなかった（できなかった）人々が今日では「オールドカマー」と呼ばれることがある。1970年代までの日本は外国人の約9割がこうした人々だった。しかし1970年代以降は、「ニューカマー」と呼ばれる中国人が増え、1990年以降は、入国管理法の改正によって、3世までの日系人なら誰でも日本で就業できるようになったことから、日系ブラジル人、日系ペルー人が急増していくことになる。

　では、いつ頃から「共生」という言葉が使われるようになったのか。例えば岩渕功一が指摘するように、それは1990年代初頭、神奈川県川崎市で増加する定住外国籍市民への政策や、阪神・淡路大震災後の復興の過程で用いられるよ

うになったという（岩渕，2010，p.15）。2001年には、先述の外国人集住都市会議が設立され、「私たち13都市は、今後とも連携を密にして、日本人住民と外国人住民が、互いの文化や価値観に対する理解と尊重を深めるなかで、健全な都市生活に欠かせない権利の尊重と義務の遂行を基本とした真の共生社会の形成を、すべての住民の参加と協働により進めていく」と宣言した（浜松宣言）。政府関係では、総務省が2006年に「地域における多文化共生推進プラン」を策定し、多文化共生を「国籍や民族などの異なる人々が、互いのちがいを認め合い、対等な関係を築こうとしながら、地域社会の構成員として共に生きていくこと」と定義した。

　しかしながら、多文化共生という言葉は自明視できるものではない。そもそも「共生」という言葉は、民族的な少数者が差別をなくし、権利を回復しようとするため、多数派である日本人と対話のできる人間関係を築こうとして生まれてきた言葉であるとされる。だが多文化共生には、例えば「共生という言葉が醸し出す心地いい調和的な響きが、多文化社会における不平等や差別といった負の側面を覆い隠してしまう」（岩渕）、「どんな人を対象とするかをぼやかし、先住民族（アイヌなど）、植民地出身者（在日コリアン）を対象から外していることは明らか」（宮島喬）などという言葉にもあるように、圧倒的にマジョリティである日本人にとって都合のいい使われ方をしてきたという指摘がある。また長年、大阪市生野区にある御幸森商店街（通称：生野コリアタウン）でまちづくりに取り組んできた宋悟は、「共生」という言葉は、国・地方自治体、経済界の立場から、外国人の定住化にともなって発生する問題をいかに解決し、日本の社会の安定化と経済の活性化につなげるか、という自国中心主義の視点からの問題意識を前提としており、国際人権基準にもとづく外国人・民族的マイノリティの「最善の利益」の保障という視点が著しく弱いと評価している（宋，2009，p.92）。

　このような状況下での「多文化」は、不平等や差別が覆い隠されたうえで形成される、マジョリティの日常生活とは遠くにある、ぼんやりとした「イメージ」のようなものだったのではないだろうか。例えば梶田孝道らが日系ブラジル人について、労働力としてのみ受け入れ、社会生活のない状況に放置したゆえに、社会から認知されない存在になることを「顔の見えない定住化」と指摘

したように。

　多文化を「顔の見えるもの」とし、本当の意味での共生に近づくためには、在日コリアンやアイヌなど差別され、周縁化されてきた人々と出会い、その声から、これからの社会を構想していくのが重要であることは言うまでもない。加えて多文化共生におけるソーシャル・イノベーションの鍵は、マジョリティの側が共生の青写真を、最も困難な立場にある人と共に描くことができるかどうかにあると言えるだろう。ここではそのヒントを、日本で暮らす難民からの問いかけに求める。

■ 難民の取り組みから学ぶ

　はじめに、難民とは何かについて見ておきたい。そもそも難民とは、「人種、宗教、国籍、政治的意見などが理由で、自国にいると迫害を受けるか、あるいは迫害を受ける恐れがあるため他国へ逃れた人」を指す（難民条約）。

　日本は、1970年代のインドシナ難民、1981年の難民条約批准による条約難民、2010年からアジア諸国に先駆けて開始した第三国定住難民と難民を受け入れてきた。日本で暮らす難民は、いずれも日本語教育の機会を十分に保障されないまま社会に投げ出され、その後の人生は理解のある職場や支援者と出会うかどうかに左右されるという不安定な状況に置かれ続けてきた。また、難民への理解が醸成されてこなかったため、あくまで保護を受ける状態にある人かどうかを線引きする言葉であるにもかかわらず、まるで「難民」という生き物でもいるかのように、難民という言葉のうちにひとりひとりの生が混同されてきた。しかも、東日本大震災当時、「難民になってまで生きていたくない」という声が東北の人たちのなかから聞かれたように、「難民」という言葉には差別的な意味合いが込められたまま放置されてきたと言える。

　しかし、日本での暮らしが20年を超える難民が、支援を受ける立場に固定され続けるのではなく、顔の見えるひとりひとりとして声をあげ始めた。その成果のひとつが2010年に設立された難民連携委員会（Refugee Coordination Committee Japan: RCCJ）である。

　RCCJは、難民自身が難民を支援すること、日本社会がより寛容な社会にな

写1 難民オンライン・ライブトークショー

(出所) 筆者撮影。

ること、難民自身が社会に貢献すること、を目的とした互助組織である。

UNHCRやNGOと連携し、円卓会議を開催するなど、多様な国籍や背景をもつ難民が、自らの現状に対する問題提起と政策提案を行っている。2011年には、難民条約発効60周年および日本の難民条約締結30周年を記念してまとめられた「日本政府の難民政策に関する誓約」に対して、RCCJの見解を集約して提出している。そうした動きと連動して、難民支援の現場では、当事者の声に耳を傾けようという人々の輪が少しずつ広がり、対話というかたちで大きく実を結んだ。それが2012年4月、上智大学（東京都）を会場に、難民が自分たちの声を自分たちで届けようと実施した、RCCJによる難民オンライン・ライブトークショー「Refugee's View」である。

当日は、外務副大臣（当時）と、長年、難民支援に携わってきたNGOの代表がゲストとして招かれた。進行役は、難民として日本で暮らすダバン・セン・ヘイン氏が務めた。難民の地域社会での統合について意見が交換され、政策決定のプロセスに難民も参加することが難民の側から求められた。このように、多様なアイデアがもち寄られることこそ、多文化社会の恵みである。そして、多様な文化的背景をもつ人々にパートナーとしての居場所を用意する社会は、自分自身にも居場所が用意される社会であるという点において豊かなのである。当事者が自ら声を出し、政治家と対談する難民オンライン・ライブトークショーは、2012年6月20日の「世界難民の日」には東京大学で開催され（写1）、2014年にも子どもの教育をテーマに開催される予定となっている。最も困難な位置に固定され続けてきた難民と、それを取り巻く人々の応答は、難民のぼんやりとしたイメージを打ち破り、共生にむけて踏み出された大きな一歩だと言えるだろう。

■ 身近なところから考える

　最も困難な立場にある人々が、「イメージとしての」ではなく、顔の見える多文化社会のあり方への問いを投げかけている。マジョリティの側は、「難民」という言葉に向き合い、差別的な意味合いを払拭するために努力できるだろうか。国政レベルでも地域社会のレベルでも、難民が政策決定のプロセスに参加するため、言語の壁にも配慮した議論の場を準備し、当事者として発言することを支持できるだろうか。

　「対等な関係」は、口で言うほど容易いものではない。マジョリティの側は、知らない間に自分たちが享受していた既得権を投げ出す必要に迫られるかもしれない。しかし、おそらくそれはより豊かな社会への投資なのだ。

　最後に確認しておきたい。こうした問いかけは、市民社会、というような大きな枠組みだけを対象にするものではない。それを構成するひとりひとりが問われているのである。だから、身近なところから考えることが何よりも重要になる。そのためには人に出会っていくことが大切である。

　旅先で道を尋ねたら思いがけず親切にしてもらい、そこが自分にとって特別な国になることがある。東日本大震災のボランティアに行き、現地での経験からその地を第二の故郷と想うようになった人もいるだろう。人の出会いは地域、国といった大きな枠組みを越える。出会いを通した考察があれば、メディアによって固定化されたイメージに振り回されることも少なくなるだろう。何より、いろんな場所に友人や大切な場所をもつのは幸せなことである。多文化社会という大きな言葉も、ひとりひとりの出会いが重なって生まれてくる。平田オリザが指摘するように、「わかりあえない人間同士が、どうにかして共有できる部分を見つけて、それを広げていくこと」（平田, 2012, p.208）に目をむけたい。ヘイトスピーチが生まれてくるような狭小な世界観を乗り越えるには、そうした地道な努力が必要なのである。

【宗田勝也】

14　生と死
LIFE AND DEATH

■ 蔓延する死／死からの疎隔

　現在、そして未来の日本社会は「多死社会」である。2005年以降、死者数が出生数を上回っており、高齢化が進むなかで、その数は大きく伸び続けることとなる。また、毎年3万人程度の方々が自死を選択せざるをえない状況が続いており、多くの死のなかには、「避けられない死」のみならず、自死や事故死といった「避けられるかもしれない死」や「避けられる死」(古田, 2002) も少なくない。私たちの社会は「死」が蔓延しているのである。こうした時代背景のもと、人生の終末期をひとりひとりがどのように迎えるのかという「エンディング」への関心も近年高まってきている。エンディングノートの販売や関連するセミナーの開催も活況を呈しており、また、尊厳死の法制化に関する議論も盛り上がりを見せている。

　しかし、私たちの多くは暮らしのなかで、死の蔓延を日常的に実感することは珍しい。「未来の自らの死」を論じ考えることには雄弁であっても、身近な暮らしのなかに「現在の(具体的な)他者の死」が横たわっていないからである。当然ながら、私たちは自らの死を体験することはない。死の体験は、鷲田(2008) が指摘するように「現在の他者の死」を通じてのみなされる。その「他者の死」の体験は元々「点」的なものではない。自然死の場合で言えば、在宅での介護や医療看護、看取りという死の近づきが感じられる事前過程への参与、そして、長年にわたる供養という故人を想起する事後過程への参与があり、時間軸上に「線」的なものである。また、地域共同体での「面」的な弔いが行われるなかで、交わる「他者」も近親者に限られず、多くの他者の葬送儀礼に臨むこととなる。ところが、戦後社会の歩みのなかで、「死のタブー化」

（デーケン，1996）は進み、在宅死や在宅介護よりも病院死や施設介護が増えていき、加えて葬送儀礼の「自由化／多様化／個人化」（碑文谷，2003）の流れのもと、家族葬の形態も一般に広まることで、「他者の死」の体験は「点」的なものへと変容している。

　死は社会に蔓延し、多くのことが語られているのにもかかわらず、暮らしとの親近さは低く、疎隔なものとなっていることが少なくない。死からの疎隔は、今後増え続ける自他の死と直面に際して、私たちにいくつかの戸惑いをもたらすこととなる。他者の死にどのように向き合っていくのか。自らの悲嘆（grief）とどのようにつきあっていくのか。遺族や近親者、友人等の悲嘆にどう関わるのか。自らの死をどのように受け入れ、どう迎えるのか。もちろん、こうした戸惑いは、避けられるものではないし、避けるべきものでもない。戸惑いの繰り返しのなかで、私たちは死に臨む態度や死生観を成熟させていくからである。しかし、問題はその戸惑いによって、身動きがまったくとれなくなり、自他の生や死の関わりに大きな悔いを残してしまうことである。

■ 死とのつながりの回復

　グリーフワークをサポートする
　大切な人と死に別れれば、感情／身体／認知／行動の各側面で悲嘆行動が起こりうる（ウォーデン，2011）。ここで注意したいのは、悲嘆は定式化された段階過程が受動的に訪れるものではないということである。悲嘆には個別性があり、そのケアのためには当事者が能動的に「喪の課題（tasks of mourning）」と向き合っていくことが求められるものである。ウォーデンは「喪の課題」として、「喪失の現実を受け入れる」「悲嘆の痛みを消化していく」「故人のいない世界に適応する」「新たな人生を歩み始める途上において、故人との永続的なつながりを見出す」の4つを示している。

　「喪の課題」に取り組むグリーフワークにひとりで取り組むのは容易ではない。そこで、日常生活のなかで周囲の人々との交わりを通じて悲嘆を和らげていくこととなる。しかし、悲嘆のなかには生活そのものを大きく変化させてしまう「和らげられない悲嘆」がある（バック，1973）。特に「公認されない悲嘆

(disenfranchised grief)」の場合、オープンにその経験を語ることが難しく、グリーフワークが困難となる。「公認されない悲嘆」には、社会的に容認されていない関係性での喪失（例えば過去の愛人や離婚された相手など）や、社会的に無視された喪失（例えば流産や人工妊娠中絶）、社会的に話すことが難しい喪失（例えば自死やエイズによる死別）にともなう悲嘆が挙げられる。

　そこで、「和らげられない悲嘆」や「公認されない悲嘆」を抱えた当事者が自発的に集い、助け合いながら共に課題に取り組んでいくセルフヘルプグループが立ち上がってくる。代表的なものは、遺族がその悲嘆を分かち合う語らいの場である。しかし、そうした場は自ずと年齢層の高い集まりとなりやすく、若者遺族の居場所は限られている（尾角，2014a）。そこで、一般社団法人リヴオン（http://www.live-on.me）では、主に遺児となった若者が集い、悲嘆経験を聴き合ったり、現在抱えている問題や実現したいことを分かち合い、必要なサポートを検討する「つどいば」を定期的に設けている。また、リヴオンは大切な人を亡くした人や、その周りにいてグリーフサポートへの関心がある人々を対象にした連続講座「いのちの学校」も開講している。上田（1989）は「癒し」の本質を関係性の回復に見出しているが、「つどいば」や「いのちの学校」は孤立した悲嘆に対する「癒し」を提供することとなる。

　グリーフワークの実践でめざされることは、悲しみを打ち克って乗り越えることではない。悲しみとのつきあい方を見出し、共に生きていく「融和」である。そして、自らの人生に新たな意味と方向性を見出していく手助けを行うのである（アティック，1998）。

死生観を鍛える学びの場をつくる
　グリーフワークへの備えとして、デス・エデュケーション（死への準備教育）がある。ベッカー（2008）は、デニス・クラスの説にもとづいて、デス・エデュケーションの目標を知識的／感情・情緒的／行動的／価値的側面の4種類に分けて説明し、価値的側面が最も後回しにされているとしている。知識的側面とは、死の要因や「避けられるかもしれない死」の回避に関する知識習得を指している。感情・情緒的側面とは、死にまつわる感情を理解し、その扱いの習得を指している。行動的側面とは、死を意識し、保険や医療、葬儀等に関し

て、死の事前にとるべき行動の習得を指している。価値観側面とは、死生観や生命倫理観の涵養を指している。

シチズンシップ共育企画（http://active-citizen.jp）では、この価値的側面にアプローチする「生と死の共育ワークショップ」を開催している（写1）。デス・エデュケーションは、人生のなかで変容していく価値観を扱うため、学校教育のみならず、生涯を通じた学びが求められる（デーケン，2001）。しかし、社会教育の現場の多くは当事者性の高い集まりとなりやすく、弱い関心の人々は参加をためらいやすい。そこで、「生と死の共育ワークショップ」では、看取りやグリーフケア、葬儀や宗教、老化、自死といった主題を毎回設け、当該テーマに関心をもった人々が世代を超えて「未熟な語り」を行いながら、共に学ぶ場と位置づけている。

写1　生と死の共育ワークショップ

（出所）生と死の共育ワークショップvol.1「『もう死にたい』という友人にどう接するか？」（2007年）にてボランティアスタッフ撮影。

この学びの場で目指されることは「問いの解消」ではない。むしろ、さまざまな人の声に耳を傾けることは、わかった気になっていた自らの考えを「かき乱す」ことになる。ICT（Information Communication Technology）の発達により、情報とコミュニケーションが量的に膨らみ、高速化していく日常を少し離れ、減速したコミュニケーション空間において、他の参加者やグリーフサポートの専門家等とのやりとりを味わいながら、問いを温め、学びを熟していくのである。

生と死に関する問いのすべてについて、一生涯のなかで答えを出し切るのは難しい。しかし、デス・エデュケーションの場を通じて、「精神的な成長（spiritual grow）」を遂げることで、部分的に自らの答えを獲得し、充実した生き方の指針を得ることは可能である（ロス・ケスラー，2001）。

共に死を弔う地域づくり

　グリーフワークの活動以外にも、共に弔う地域をつくる動きもある。NPO法人スマイルひろばは、兵庫県尼崎市の神崎地域において、新たな「コミュニティ葬」の実現にむけた活動に取り組んでいる。多様化した葬送儀礼を一括りにはできないが、その運営の担い手は地域から会社、そして家族へと移行したと概観できる。しかし、すでに日本社会では単身世帯が最も多く、孤独死が地域社会の主たる問題のひとつに挙げられる。経済的理由も相まって、いまや葬式を行うことなく火葬へ直行する「直葬」まで現れてきている。そこで、スマイルひろばでは、地域活動を通じて生活体験を共有し、共に弔える関係性を再構築したうえで、医療機関等とも連携しながらエンディングサポートや葬式をソーシャルビジネスとして担おうとしている。

　このような本節で取り上げた死に関わるソーシャル・イノベーションの動きは、死とのつながりを回復し、多死社会に適した「死の文化」を耕していくこととなる。

■ 生と死から構想する新しい社会

　「よく死ぬことはよく生きることだ」と言われる（千葉，1987）。死に直面したときに自らの人生は満足いくものだったと言えるかどうか。そのように死から生を逆向きにとらえ直すことで、私たちは自らの生き方を深層から省みるようになる。死に関わるソーシャル・イノベーションの動きは、結果として自他の生への問いを内包している。自らの生き方を描くに際しては、自己・他者・社会との関係をどのように認識するのかが問われる（吉野，1982）。私にどのようなタレントが備えられ、どのように用いているのか。どのような他者と共に生きており、どのように関わっているのか。そして、私たちの関係や行動を規定している社会構造はどのようなものであるか。こうした認識の先に意志が生じる。その意志と実際のありようを照らし合わせるなかで、自らの生のなかで変化させていくべきことが浮かび上がってくる。

　この過程において、社会認識が位置づけられていることは、意外なことのように思われるかもしれない。しかし、社会を離れた生はない。自他の「生の可

能性の拡大」を阻む社会は、「よく生きる」ためにも変革が求められる。私たちのあいだで、どのような人々の生の可能性が制限されているのか。その制限をどのように除去していくか。こうした問いは、新しい社会を構想していく手がかりとなる。死に関わるソーシャル・イノベーションは、前節で触れた死生観に関わる活動に終始しない。死生観から社会観を問い直し、「よい社会」の実現にむけて、批判／構想していく営みにまで広がるものである。

　この営みには、当然ながら死を起点とするものもある。例えば、尊厳死や安楽死を巡る議論を参照したい。尊厳死や安楽死は、ひとりひとりに異なる死生観にもとづいた意志（living will）を尊重する「死の自己決定」という考え方から支持されることが多い。しかし、「死の自己決定」が論じられる背景には、回避すべき「悪い生」が想定されている（安藤, 2008）。生きる価値のない「いのち」を想定することは、その先に「いのち」の質を評価／選別する優生思想へと陥る危険性を孕んでいる。その時代社会のマジョリティが想定する「悪い生」を生きるマイノリティにとって生きづらい社会となる。市井（1971）に倣って、社会の進歩を快の増大ではなく「不条理な苦痛」の低減に見出すのであれば、これは社会の後退に他ならない。私たちにまず求められていることは、尊厳死や安楽死を選択しやすい社会にすることではない。「いのち」の値踏みが推進される社会を成り立たせている構造に問題を見出し、その解決にあたることである。このように、生と死の両側面から社会を認識／変革していくことは、結果として「よく死ぬ／よく生きる」の実現につながっていくこととなる。今後こうした動きの一層の展開が求められよう（⇒ 6）。

■ 死を覚える生活へ

　中世末期ヨーロッパでは、「メメント・モリ」というラテン語の宗教用語が人口に膾炙した（藤原, 1990）。その意味は「死を覚えよ」である。死が蔓延するからこそ、逆説的に生に関心が注がれ、死を覚え続けることは容易なことではなくなってくる。それゆえに、日々声にして、心に留めおくことが求められる。死を忌避し、疎隔なものとするのではなく、日常の暮らしとのつながりを回復させ、死生観と一体となった「生き方の哲学」を創り出し、そこから社会

を見つめ直す。このような死に関わるソーシャル・イノベーションの働きは、私たちが目先の経済的利益ではなく、ひとりひとりの「いのち」を大切にする、新しい社会の礎を据えるものとなる。

　この動きへの参与としては、本トピックで取り上げた実践の場へ踏み入れることもあるが、ハードルが低いとは言い難い。まずは、生と死にまつわる手記や文学作品などを読んだり、講演会に参加してはどうだろうか。その読書や聴講の体験を通じた気づきに耳を澄まし、死を覚えることから、スピリチュアル・グロウが始まる。

【川中大輔】

15 スピリチュアリティ
SPIRITUALITY

■ ほんとうのさいわい

宮澤賢治の『銀河鉄道の夜』に、こんな一節がある。

「ほんとうにみんなの幸いのためならば僕のからだなんか、百ぺん焼いてもかわまない。」
「うん、僕だってそうだ。」カムパネルラの目にはきれいな涙がうかんでいました。
「けれどもほんとうのさいわいはいったい何だろう。」ジョバンニが言いました。
「僕わからない。」カムパネルラがぼんやり言いました。
「僕たちしっかりやろうねえ。」ジョバンニが胸いっぱい新しい力がわくように、ふうと息をしながら言いました。

「ほんとうのさいわい」とは何だろう？　そう簡単にはわからない。カムパネルラの「僕わからない」という率直な返事。でもわからないからこそ一緒に「しっかりやろうねえ」と決意を語るジョバンニ。心惹かれる場面だ。

価値観が大きく転換しつつある現在、ソーシャル・イノベーションに関わる私たちもまた「ほんとうのさいわい」について模索せざるをえない。このような根源的な問い、人間にとっての本当の幸せや生きる意味など、心や精神世界に取り組むとき、欠かせないのが「スピリチュアリティ」と呼ばれる世界だ。

■ スピリチュアリティとは

「スピリチュアリティ（spirituality）」は、「霊性」とか「精神性」と訳されてきたが定訳はなく、最近はカタカナのまま用いられることが多い。スピリチュアリティは「宗教」ではない。あらゆる宗教の根底に宗教を超えてある何か

だ。それは例えば、私たちがより大きなものの一部であり、個を超えたつながりのなかで存在していることを教えてくれる。また、お金よりも大事なことがあること、大切なことは見えないこと、人生は試練に満ちているが試練こそ人を育てること、誰もがいつか死ぬがだからこそ今この瞬間がかけがえのないことなど、人生の意味や自分の使命を探求していくときにヒントになる何かだ。

本トピックでは、このような多義性のある「スピリチュアリティ」について定義することよりも、今の時代にスピリチュアリティを求めるとはどういうことか、そしてその意義について明確にしておきたい。

それは「自分や人間の根源的な拠りどころやありようを探求すること」であり、その意義は、「私たちがより大きなものの一部であることを知り、深いやすらぎや勇気を得ること」だとまずは答えておきたい。

■ 「宗教的なもの」とのつきあい方

「宗教的なもの」への警戒感が強い日本では、万人の精神的な拠りどころとなる体系としてのスピリチュアリティは共有されていない。特定の教えに凝り固まるのは恐いが、まったく拠りどころがないのも人や社会を不安にする。

宗教アレルギーが強い理由はいくつもある。例えば1995年のサリン事件に象徴されるオウム真理教などカルトの教訓。また、明治以降、神道が政治的に利用されて国家神道となり、太平洋戦争に至る軍国主義や悲惨な特攻や玉砕を支えた日本精神を鼓舞してきたことへの反省もある。また、周りの人々と違って特別と思われるのは避けたいという心性も強い。日本人が「宗教的なもの」に警戒感を抱くのは健全なことなのだ。

しかし、いつの時代も、特に不安の多い時代には、現実の生活の奥にある、目に見えない世界への関心が高まる。最近も、占い、パワースポット、チャネリングなどがブームになり、多くの人々が合理性を超えた世界への関心をもっている。この関心が、テレビの影響などで、「前世」や「守護霊」への興味に特化しすぎて日常の現実を疎かにしたり、いまだにカルト的な集団にだまされたりしてしまうのは残念なことだ。自分の感覚より、強い教えや周囲に流されがちな日本人が、危ないものに捕まらないためには、自分の身心でしかと確認

できないことは、「そうかもしれないがそうでないかもしれない」と健全な批判精神をもって冷静に対処しよう。現実の生活を大事にしながら極端を離れ、中庸にバランスよくつきあう作法を身につけたい。

■ さまざまな世界での展開

「健康」の重要な一部

本書の 6「ウエルネス」に、「健康」について世界保健機構（WHO）の定義が出ている。「健康とは、身体的（physical）、精神的（mental）、社会的（social）に完全に良好な状態であり、単に病気や虚弱でないだけではない」と。

一時期、この身体と心と社会の3つに加え「スピリチュアル（spiritual）」という言葉も追加しようという議論がなされて話題になった。結局、採用はされなかったのだが、人の「健康」な状態を考えるときに、スピリチュアルな面も欠かせないことの認識は、世界的に進んでいる。

健康や満足や幸せに関わるソーシャル・イノベーションを各分野で進めていくときにも、人の根っこに関わるスピリチュアリティの理解は欠かせない。

「霊性」という言葉をめぐって

「霊性」という言葉を「スピリチュアリティ」の訳語としても使った著名な例は、仏教を世界に広めた鈴木大拙だ。大拙は『日本的霊性』という本で、禅や浄土系仏教に代表される日本の「霊性」について、1945年という太平洋戦争末期に、「精神」や「物質」の奥にあってひとつに統合するものとして語った。

宗教学者の島薗進は、「宗教」と「近代合理主義」を超えた第3の精神文化の潮流として「新霊性運動」という言葉を提案している。最近の新宗教や、超越的なものとのつながりを探求したニューエイジ、1980年前後にインド精神世界の旅などの言葉と共に興隆した「精神世界」と呼ばれた動きなどをふまえたもので、スピリチュアリティの密かなブームに呼応したものだ。

スピリチュアリティとはまさに「霊性」のことなのだろうが、「霊」という文字がもたらす独特なニュアンスもあり、定訳にはなっていないのが現状だ。

アメリカ先住民の世界観
　アメリカ大陸に渡った白人が先住民を征服していった歴史のなかで、「シアトル首長のメッセージ」という話が伝えられている。白人から「土地を売れ」と迫られたある部族の首長が、興味深い返答をする。
　例えば、「空を、大地の温もりを、どうして売ったり買ったりできるのだろう？　そういう考えはわれわれにはなじめない」「われわれは知っている。大地が人間に属しているのではなく、人間が大地に属していることを。ひとつの家族が血でつながっているように、万物はつながっている」など。
　大地やそこに生きる生きとし生けるものと自分たちは一体であるという世界観を、アメリカ先住民は広く共有していた。
　一時期アメリカ・インディアン運動のリーダーを担ったデニス・バンクスは、スピリチュアリティについて、こう語る。「それは宗教的であることとは違い、人間と人間が、人間と自然が、人間と母なる大地が、ひとつの輪（サークル）となって互いの生命を敬いつつ生きること」だと。さらに「サークルは、地上に生きるすべての物が、互いに深くつながりあって生命を営んでいることの象徴である」「この生命の一部となって、他者を敬い、鳥を、木を、大地を敬うこと」が、スピリチュアリティの意味することだ、と言う。
　この定義は、筆者にはとてもしっくりくる。私たちは、人間も他の生き物も「みんな地球の子どもたち」なのだ。そしてまた、重要な決定は「７世代先を考える」という先住民の知恵も、環境危機の時代のスピリチュアリティの重要な側面であろう。

ティク・ナット・ハンのマインドフルネス
　ヴェトナム出身でフランスを拠点に欧米から世界中で活躍する仏教者のティク・ナット・ハンは、仏教のエッセンスを現代社会に生き返らせているひとりだ。忙しい毎日を送る私たちに大切なこととして彼が教えてくれることに「マインドフルネス（mindfulness）」がある。パーリ語の「サティ（sati）」が原語で「気づき」と訳されることが多い。漢字では「念」。「念」は上下に分けると「今（present）」の「心（mind）」である。今、今、今のこの瞬間に、心をしっかり置いて、気づいていること。

私たちは、今ここでしか生きられないのに、つい過去の出来事をくよくよ後悔したりする。あるいは未来のことで、今心配しても仕方がないのにあれこれ心配して心をすり減らせたりする。こうして過去や未来のことで心をいっぱいにして、今ここで起きている奇跡を味わうことを取り逃がしがちだ。
　ティク・ナット・ハンは、今ここの気づきであるマインドフルネスを育むために、さまざまな瞑想を教えてくれる。瞑想とは、いきなり無になって何も考えないなどということではなく、まずは自分のなかで、「今、ここで起こっていることをはっきりと知ること」だと言う。
　例えば、ただありのままの呼吸を意識することから始めてみる。出たり入ったりしている呼吸を、そのまま意識する。「吸ってる、吐いてる。吸ってる、吐いてる」とただ意識し耳を傾けてみる。これだけでも意識が集中し、落ち着いてくる。
　ただ、呼吸に意識を集中しようとしても、人の心はすぐ何かを考えたり、思い出したり、想像したりし始める。今度はそのこと自身に気づきの光をあててみる。つまり、「あ、自分は今こんなことを考えているな、思い出しているな、想像しているな」とそのまま認めてみる。一切裁いたり評価したりせず、ありのままを認識し、そして手放し、今ここ自分の呼吸に戻ってくる。
　このように心のなかの雑念とつきあい今ここの自覚を深めるマインドフルネスは、今やGoogleなどの企業のリーダシップ研修にも取り入れられている。

サティシュ・クマールの3S
　イギリスで雑誌編集やユニークな学校経営で活躍するサティシュ・クマールも、今の時代に合ったスピリチュアリティを提唱・実践している。
　インドの精神的な伝統から出てきた彼は、本当の豊かさを取り戻すために、3つの「S」、"Soil"（土、大地）、"Soul"（魂、心）、"Society"（社会）を大切にしようと呼びかける。彼が創設したシューマッハ・カレッジでは、世界中からの学生が共に畑を耕し料理し生活しながら学ぶ。立派な禅堂のような瞑想室があり心を耕すことも欠かさない。足元をしっかり築きながら、広く社会の課題を最前線の叡智を通して学び、それぞれなりの社会的活動に応用していく。
　彼の講演を東京で聴いたことがある。実に生き生きとしていて存在そのもの

が多くを語っていた。最後の質疑応答で、「サティシュさんは、これから何をやっていく計画ですか？　未来のビジョンについて教えて下さい」という質問が出た。彼はきょとんとして「未来って本当にあるんですか？　私は今ここを幸せに生きています。死ぬときがきたら幸せに死ぬ。それだけです」と返した。お見事、本当に今ここを生きている人なのだなと感銘を受けた。

■　イノベーションの実践

　筆者は学生時代に自分で何を求めているのかよくわからないまま旅を繰り返した。次第に「より納得できる人生とより納得できる社会」を求めているのだと自覚してきた。インドやネパールで精神世界に出会い、宗教学科に進み般若心経のキー概念で旅をまとめて卒業した。会社員になってからも、ヨガや気功、トランスパーソナルなどの流れに触れた。休職してカリフォルニアに留学し、環境・平和・組織変革などをテーマに、ディープエコロジーや行動する仏教など、精神世界と社会運動を統合するような流れにも出会った。あいまいな「スピリチュアリティ」より「大地に根ざした叡智」という言葉を大事にしている人たちにも出会った。

　帰国して会社員を続ける一方、人と人・人と他者・人と自分自身をつなぎ直すさまざまなワークショップを展開し始めたが、日本では「自然」を拠りどころにするのが、伝わりやすいしアヤシイと思われにくいことに気づいた。しかも「自然」はエコロジーとスピリチュアリティを統合できる。そんな観点からいくつか自分なりの試みをしてきた。

　「自分という自然に出会う」という連続ワークショップを、Be-Nature Schoolで1999年から5年間続けた。海、森、瞑想、身体、心、天職の専門家6人と組んで毎月ワークショップを重ね、最後に屋久島を旅した。参加者には、外にある自然だけでなく、内なる自然や自分らしさに出会い直し、深いやすらぎや自分らしい人生への勇気が生まれた。講師同士も学び合えた。

　立教大学大学院21世紀社会デザイン研究科では、2005年度から「ライフサイクル論」という授業を兼任講師として担当している。ライフは「人生」であり「いのち」でもあるので、各自の人生をふりかえることと、自然の生命の循環

に学ぶことをテーマに、毎年屋久島の3日間の合宿で取り組んでいる。

最近は、羽黒修験道の山伏体験にも参加し、日本に元々あったスピリチュアリティ、神仏習合とその奥に自然信仰がある世界を体験している。言葉より体験を重視し野生を取り戻し身体知を養う世界だ。先達の星野尚文は「山伏は神や仏と人間をつなぐ存在だ。神というのは結局は自然だから、山伏は自然や山と人間をつなぐ。その自然との向き合い方を通して」と語る。筆者はほぼ毎朝、「鴨川一人修験道」と称して歩いたりヨガや勤行など楽しい修行を続けている。

世界に展開する社会起業家の拠点 Impact Hub の京都版、Impact Hub Kyoto の発足から関わり、社会（Social）はもちろん、自己（Self）や、人間と自然の関係（Environmental）、という3つのイノベーションを仲間と探求し始めてもいる。筆者の研究テーマにつながる「至福の追求とやさしい革命」という連続講座や「音楽と対話の夕べ」などを実践してきた。これらは、スピリチュアリティの現代的な姿を探るソーシャル・イノベーションとしての試みでもある。

この広大な宇宙のなかで、意識ある存在として人間が誕生したのは、宇宙が自らをふりかえって見てほしかったから、という説がある。私たちは、宇宙の展開、天地創造（Creation）の最前線そのものなのだ。超越的なものと現実的なものの両方を大事しつつ、クリエイティブかつユニークに生きたいものだ。

■ 現代版「楽しい修行」をめざして

最近、スピリチュアリティを養う現代的な修行方法が、筆者なりに2つの基本と8つの道として整理されてきたので、最後に触れておきたい。

全体を貫く2つの基本は、「自分の至福についていく」つまり身心が惹かれることについていくことと、「今ここをマインドフルに」丁寧に生きるということ。

8つの道とは、①身体と呼吸と心を調える、②食生活を正し農に触れる、③外と内の自然を体験する、④多様な人々と対話をする、⑤未知なる異世界を旅する、⑥目の前の仕事をやりきる、⑦もっと気楽にアートする、⑧祈ることと感謝すること、だ。これらをまとめ、現代人のための「みんなの楽しい修行」として整理を試みている。

【中野民夫】

16 商店街
SHOPPING STREET

■ 低迷する商店街、空洞化する中心市街地

　中小企業庁「平成24年度商店街実態調査」によれば、商店街の空き店舗率は7.31％（2003年）から14.62％（2012年）へと大幅に増加している。廃業や休業店舗が目立ち、シャッターが下りた商店や事務所が立ち並ぶ様子、衰退した商店街や町並みの状態を指して「シャッター通り」と呼ばれることもある。こうした現象は1990年頃から地方都市の中心市街地において顕著に見られるようになった（写1）。

　こうした事態は都市中心部の人口減少、都市郊外への大型複合商業施設（ショッピングモール）の出店や、中心市街地の百貨店の閉店、消費者の生活や買い物スタイルの変化、店舗形態やビジネススタイルの立ち後れ、商店経営者の高齢化、後継者難などさまざまな要因がある。またあわせて市役所、病院等の公共施設や学校等が中心市街地から都市郊外に移転、拡散したことで、中心市街地としての魅力や求心力が著しく低下したことも大きな要因であろう。

　中心市街地空洞化の問題は都市計画・まちづくり政策の観点から認識され議論と課題設定がされてきた。一方、商店街低迷の問題は経済政策・中小企業政策の観点から取り上げられてきている。こうした問題の構造的な把握や解決にはこの双方からの観点が欠かせない。

■ 「買い物難民」・「フードデザート」問題も

　マイカーをもつ消費者は、多少遠方でも郊外の大型複合商業施設等に足を伸ばす傾向が強い。これは景気の低迷など他の要素とも相まって近隣の個人商店

の閉店や中小スーパーの撤退の要因となる。こうして身近にアクセスできる範囲で日常の買い物、とりわけ生鮮食料品の入手に困難をきたすケースも増えてきた。これらは食事の栄養バランスを欠き、健康への被害にまで及ぶことから「フードデザート（食の砂漠）」問題とも呼ばれる新しい社会問題である。買い物の後、野菜や果物、肉や鮮魚、日用品

写1　シャッターの下りた店が連なる商店街

（出所）筆者撮影。なお、写真の一部を加工している。

など重くかさばるものを手にもち帰宅するのはたいへん辛いものだ。そしてマイカーのない世帯や、体力のない人、高齢者、年金のみに頼る低所得者など、社会的弱者からしわ寄せが及ぶのである。こうした問題は中山間地域に限らず、地方の中核都市や年月を経たニュータウン、大都市においても進行しつつある。

■ 商店街内部の諸要因

　こうした状況を招いた要因としてまず商店街内部の事情について挙げてみよう。商店街の個店の経営環境は脆弱で競争力が弱い。経営規模が零細で「家業」として家族従業が長く維持されてきた。経営者の高齢化も進みつつあるものの、家族と商い、そして店舗と住居が分離しないため後継者を得ることも難しい。廃業した旧経営者が店舗を閉めた後も住居として住み続けるケースも多く、店舗部分をテナントとして貸し出すことが難しい。また中心市街地においては地価・賃貸相場が高いという状況も、新規テナントでの参入を難しくしている要因だ。これらは外部から若年層が商店街における新たな経営者として参入するには大きなハードルとなっている。また資金力のあるチェーン店舗であるファーストフードやドラッグストア等、「どこにでもあるお店」や風俗店の出店などは商店街の個性を失わせ、また治安悪化の要因ともなり、活性化につながらないケースも多い。

また商店街は本来、近隣の商店主たちの任意団体であるが、「商店街振興組合法」にもとづいて商店街振興組合を組織するケースも多い。アーケードやカラー舗道化、駐車場・駐輪場や休憩所などの環境整備、イベントや買い物ポイントカードやクーポン等の発行などの販促・企画事業などの共同事業を行っているが、「寄り合い所帯」の意思決定の難しさや、リーダーの高齢化など商店街組織の諸事情も商店街活性化への大きな足かせとなっている。

■ 商店街をとりまく「まちづくり三法」の行方

　商店街で軒をつらねる中小小売店と大型店とは常に対立、競合関係にある。大型店は戦前からの百貨店法（1937年）や、スーパーマーケットの登場による大規模小売店舗法（大店法、1974年）により開店時間や休日、店舗面積等が規制されてきた。また同時期から大手スーパーが大型店舗を全国へ出店、進出をはかるなかで、行政や商工会関係者も「中小小売店は保護されるべきもの」であり、「大型店は進出を食い止め、規制をかける」といった考えに立脚し、中小小売店サイドの経営努力に関心がむけられることが少なかった。

　地域商業集積の活性化にむけた大きな政策転換は、大店法に代わる「まちづくり三法」の制定である。まず中心市街地活性化法（1998年）は空洞化の進む中心市街地に対し、市街地の整備改善と商業等の活性化を推進するものだ。市町村が主導し、商店街等と連携して地域特性を活かしたまちづくり計画を策定し、これまでの点（個店）、線（商店街）への対策から、面（ゾーン）対策を進めるタウンマネジメントの導入をはかり、その推進組織機関として「TMO（Town Management Organization）」を設立し支援するといった政策を導入するものだ。

　次に改正都市計画法（1998年）は、市町村が地域ごとに土地利用規制をかけ、一定規模以上の店舗の出店を制限するとともに、適正な立地を誘導するものだ。市街化区域ではそれまで国が法律で規定していた特別用途地区の種類や目的を、地域の実情やニーズにあわせ、市町村が柔軟に設定できるように定められた。

　また大規模小売店舗立地法（2000年）では大型店（1,000㎡超）の立地に際して、「周辺の生活環境の保持」の観点から、交通渋滞や騒音、廃棄物処理等の

配慮を求めるものだ。そして新規出店や増設にあたっては都道府県・政令指定都市への届出、地元説明会の開催、地元市町村および住民の意見提出と縦覧、都道府県・政令指定都市からの意見公告と縦覧、出店者の自主対応策の提示、都道府県・政令指定都市からの勧告等、事前の協議と手続きが求められるようになったのである。これらは中小小売業保護を目的とした大型店への経済的規制から、「地域社会との共生」という社会的規制への転換だったと言える。この背景は90年代の「日米構造協議」で、アメリカ側から参入規制だとする大店法撤廃の圧力、つまり自由競争の市場原理の経済的規制の撤廃、自己責任原則が明確化されたものだ。

さて、これら「まちづくり三法」にもとづく政策が展開されたわけだが、これらによっても商店街の低迷や中心市街地の空洞化に大きく歯止めをかけることはできなかった。中心市街地活性化法、都市計画法の二法は相次いで2006年に改正されている。大規模小売店舗立地法の改正はなかったが、同法の指針が見直されている。

■ 商店街と中心市街地に求められるイノベーション

さて、こうした商店街の低迷、中心市街地の空洞化を乗り越える、持続可能で活力のあるまちづくりへのイノベーションが求められている。すぐれた事例として、伝統的な建築群をガラス工房やギャラリー、飲食店として再生し「シャッター通り」の状態から、来街者の数を飛躍的に高めた「黒壁スクエア」（滋賀県長浜市）や、早稲田大学に隣接し、夏には閑散としていた商店街を蘇らせた地域や学生の参加による環境・リサイクル、そして地域通貨「アトム通貨」への取り組み（早稲田大学周辺商店連合会、東京都新宿区）、違法風俗店舗が立ち並び環境悪化が問題となってきた地区で現代アートを活かした新しいまちづくりに取り組むNPO法人黄金町エリアマネジメントセンター（神奈川県横浜市中区）などが挙げられる（⇒26）。いずれも旧来の商店街の事業運営手法とは異なるやり方で、活性化に取り組んだものだ。

その他全国各地の商店街でも新規参入者の意欲を高め、活力を発揮する仕組みや、学びの場や就業の場としての取り組み、「買い物難民」・「フードデザー

写2　天満天神繁昌亭

(出所) 2009年2月8日筆者撮影。

ト」問題の解消にむけ、移動商店や朝市、配達、買い物送迎などの取り組みなどが行われている。

■ 変わらない「街あきんど」の役割

　大阪・天神橋筋商店街で長く役員を務めてきた土居年樹は「街あきんど」としての使命に生きている。土居の言う「街あきんど」とは「その地に住み、そこで商いをし、地域の安全・安心を保つ街の見張り番。そして次世代につなぐ役割、しかも商いのプロ」だ（土居, 2011）。

　土居は商店街とその周辺地域がもつ特有の文化を認識し、地域と商店街が手を携えて文化資源の再生に努力することが大切と考え、空き店舗を利用し「商店街立カルチャーセンター」として「天三おかげ館」を開設し、続いて近隣の大阪天満宮、上方落語協会と協力し定席寄席「天満天神繁昌亭」（写2）を開業させるなど次々と新しい取り組みを展開してきた。「消費者」を超えた「商店街ファン」をつくることや、「街と共に活きる商人、街の発展を重んじて己の繁栄に尽くす商人、往年の商人がもってきた心が商店街の再生の鍵」だと断言している。ただ「新しさ」を求めることだけではなく、あらためて「社会といきる商店街」の原点に立ち返ることが大切であると教えられる。

【西村仁志】

[Ⅲ]
ソーシャル・イノベーションを導くツールとスキル

17 ワークショップとファシリテーション
WORKSHOP AND FACILITATION

■ 参加型の場、ワークショップの興隆

「ワークショップ」とは、「講義など一方的な知識伝達のスタイルではなく、参加者が自ら参加し、体験や相互作用を通して共に何かを学びあったり創り出したりする双方向の学びと創造のスタイル」である。

人が集い、何かを学んだり、問題解決に取り組んだり、創造したりしていくとき、従来は、講師の先生や専門家から、知識や解決策について一方的に教えてもらうスタイルが一般的だった。それは、学校の「教室」という伝統的なかたちに象徴される。先生が教壇の上に黒板を背にして立って講義し、学生は整然と並んだ机と椅子で聴き、ノートに板書を黙々とメモする。質疑応答の時間があっても、なかなか活発なやりとりにはならない。学校だけでなく社会のさまざまな学びの場では、こういうかたちが多かった。「知識伝達」という点で一定の意義があるからこそ、長い間踏襲されてきたかたちなのだろう。ただ、そこに「対話」はなかった。参加も体験も乏しく、主体性も育まれにくかった。

それがここ20年くらいだろうか、参加者がただ聴くだけではなく、お互いに話しあい、あるいは言葉だけではない体験を共有し、一緒に何かを学びあったり、相互作用のなかで解決策や作品などを共創したりする「参加型の場」、つまり「ワークショップ」が日本でも分野を超えて広がってきた。

「一方的な知識の伝達」という縦の流れから、「双方向的な知恵の創造」という横の創発への変革は、ひとつのソーシャル・イノベーションである。また、ワークショップやファシリテーションは、人の集い方の新しいかたちとして、さまざまな分野でのソーシャル・イノベーションに共通の基礎として貢献できる。

図1　ワークショップの分類の試み

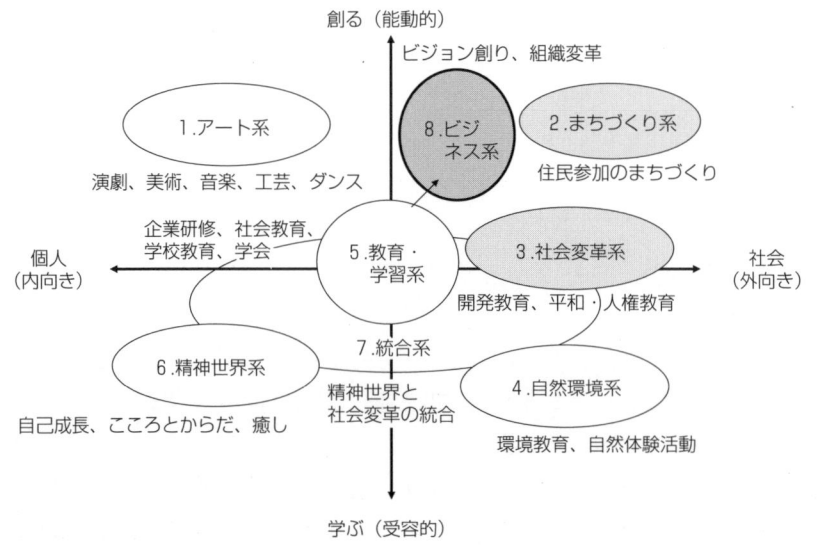

創る（能動的）
ビジョン創り、組織変革

1. アート系
演劇、美術、音楽、工芸、ダンス

8. ビジネス系

2. まちづくり系
住民参加のまちづくり

個人（内向き）　企業研修、社会教育、学校教育、学会　5. 教育・学習系　3. 社会変革系　社会（外向き）
開発教育、平和・人権教育

6. 精神世界系
自己成長、こころとからだ、癒し

7. 統合系
精神世界と社会変革の統合

4. 自然環境系
環境教育、自然体験活動

学ぶ（受容的）

(出所) 中野, 2001。

　英語の"workshop"の元々の意味は、「工房」「共同作業場」だ。つまり「一緒に作る所」である。共に試行錯誤しながら、何かを一緒に作ることは楽しい。人間の根源的な喜びのひとつだ。なぜなら、「人間」＝「人」＋「間」という文字が示すように、私たちは人と人との間の関係性のなかで、助けあい、学びあい、創造し、ここまで生き延び、社会を発展させてきたのだから。

　近年、環境や社会の課題が複雑多岐にわたり、相互に関連しあっていて、簡単な答えはない。だからこそ私たちは、それぞれの現場の経験や知恵や思いをもち寄って、何が起こっているのか、どうしたらいいのか、話しあい考えていくしかない。こうして現代のさまざまな「危機」に対応して、ワークショップという人々の叡智を集める場が、あらゆる領域で広がってきているのだろう。

　多彩に展開するワークショップの世界を整理するために、横軸に「個人と社会」、縦軸に「創ると学ぶ」を設定すると、図1のようになる。

　これらさまざまな世界で展開するワークショップに共通する特徴は、「参加」と「体験」と「相互作用」の3つである。また、起承転結をふまえた流れ

のあるプログラムのデザインも大切である。

■ 参加型の場づくりの技法、ファシリテーションの展開

　ワークショップなどの参加型の場をつくり、人々の参加や体験や相互作用を促し、学びや創造を豊かにしていく技が「ファシリテーション」である。

　英語の動詞 "facilitate" の元々の意味は、「促進する」「〈事を〉容易にする」である。つまり、会議などの協働作業を効率よく推進したり、簡単ではない問題に筋道を立てて取り組みを容易にしたりする。ワークショップだけではなく、会議のファシリテーション、組織活性化のファシリテーション、多くの関係者が関わるプロジェクトのファシリテーションなど、さまざまな分野で広がっている。

　このファシリテーションの機能を担う人を「ファシリテーター」と呼ぶ。ファシリテーターは、その領域の知識に詳しい先生や専門家ではなく、人が集い一緒に考えていく場を調え、回していく役回りである。中身（コンテンツ）は参加者自身が生み出す。ファシリテーターは単なる司会とは違い、場全体をホールド（器を保つ）し、全員の話しあいの進行やそこで起こっていること（プロセス）に深く関わっていく。創造を手助けする助産師的な役割だ。

　これまでリーダーや専門家は、問題の原因を分析し、その問題を解決する「答え」を出すことを求められてきた。しかし「答え」を示されても、人はなかなかそのとおりには動かない。「～べきだ」ということは頭でわかっても、気持ちや身体がついていかないと、行動は自然に起こらないのだ。

　その点、ワークショップなどの場で、集った人々の参加や協働・共創を育む巧みなファシリテーションがあると、一緒にあれこれ話しあって解決の糸口を見出していくプロセスのなかで、他人ごとが自分ごとになって当事者意識が高まってくる。自ずと主体性が出てきて、責任をもって関わっていこうというコミットメントも強まる。こうして「言われたからやる」ではなく、「やりたいからやる」状況になれば、人は生き生きとし、事も自発的に展開していく。

■ さまざまな分野での展開

ワークショップやファシリテーションは、今どんな分野で展開しているのだろうか。無数にあるなかで、筆者に身近なところから事例を挙げたい。

震災復興
東日本大震災の復興に関して、さまざまな地域でいろいろな話しあいがもたれている。利害関係もある当事者だけではかえって話しにくいことや、暗礁に乗り上げてしまいそうなときに、外部の俯瞰できる立場のファシリテーターが入ることで、話しあいがスムーズにいくことも多い。

筆者も震災から2週間後に宮城県登米市のRQ市民災害救援センターというボランティア拠点に行った。多くの人や物資や情報が日々刻々と錯綜し現場の事務局はとても大変そうだった。数人のスタッフが必死で対応していたが、あまりに忙しくて何が問題かの整理もプライオリティもつけられない状況だった。自分のできる支援として、事務局会議を呼びかけファシリテートさせてもらった。

それぞれが抱えている問題をお互いに聴き、書き出してもらって見える化し、それを丁寧に整理してまとめ、優先順位を考えていくというシンプルな作業になった。これだけでも、もやもやしていたことが整理され明確になったと大いに感謝された。緊急支援ボランティアのコーディネートをする事務局を支援する、こういう支援の仕方もあったのだ。

NPO法人日本ファシリテーション協会は、2003年の設立から10年強で約1,800人もの会員が集い学びあう。災害復興支援室という部門ができ、南相馬や釜石などさまざまな地域の復興にむけての話しあいを丁寧にサポートしてきた。

筆者も2014年6月になって釜石市での「釜石百人会議」のファシリテーターを担当し、肩書きや世代を越えて復興にむけて話しあう場をサポートした。

まちづくり
ワークショップの源流のひとつは、アメリカで多様な背景をもつ人々が一緒に都市計画していくときに行われたものだ。街は、多様な人種・性別・年齢・

価値観・ライフスタイルの人々が共に暮らす。まちづくりには、ハードの道路や建物や公園も大切だが、それよりもむしろ、人と人との関係性をほどよく育めるコミュニティをいかに創れるか、見えないソフト分野が注目されている。

こうして、過疎や過密に悩む自治体の基本計画に役立てる政策提言や、具体的な公園や施設をつくるものなどに加え、最近では新築マンションの住民の関係づくりなど、コミュニティを築くワークショップも展開してきている。

2010年前後には、多くの市民が参加し対話を重ねて都市のブランディングや将来ビジョンを創っていくプロジェクトも、横浜市（イマジン・ヨコハマ）や宇都宮市（宇都宮プライド）や京都市（京都市未来まちづくり百人委員会）などで展開してきた。大人数でも全員が少人数のテーブルに分かれて対話に参加できる「ワールド・カフェ」という手法や、具体的に話したいことのある人がその場でこの指とまれと参加者を募って分科会を開いていく「オープン・スペース」など、アメリカから入ってきた新しい手法もずいぶん広まった。

行政、NPO、企業、学界など文化も立場も違う主体が、違いを活かしながら力をあわせて協働し、真に豊かで平和で持続可能な社会を築いていくことは容易ではないが、すでに明るい兆しはあちこちで見られるようになった（⇒**24**）。

組織の活性化

企業や病院などさまざまな組織で、働いている人々の人間関係がよく、創意工夫しながら前向きに取り組める雰囲気は、職場を生き生きとするだけでなく、業績にも直結する重要な要素だ。上と下の間のギャップ、あるいは部門部署間の縦割りなど、さまざまな力関係や守備範囲の壁のなかで、組織全体が活性化していないことは多い。

ファシリテーションを学ぶ人たちは、さまざまな組織に属しているが、自分の身近な職場から組織全体や経営の大きなところまで、風通しを良くしながら生き生きとした組織に変革したいと頑張っている人が多い。

また経営層の相談にのるコンサルタントにも、代わりに答えを出すのでなく、組織の内部の人たちが自分たちで考えるためのファシリテーションを提供する人も出てきている。

教育

　筆者は現在大学の大教室での200人以上の学生への授業も担当しているが、このような場でもワークショップを応用した参加型の授業を試みている。

　例えば、教室の入り口でトランプなどくじを引いてもらって席を決め、3〜4人の小グループをつくる。まずはそのグループで自己紹介してもらって関係性を築く。教員やゲストから前半30分くらい話をしたら、全体で質疑応答の前に、まず各グループで「印象的だったこと」や「もっと聴きたいこと」などのテーマで話しあってもらう。同じ講義を聴いても、違った受け取り方や多様な意見が出てきて、互いに刺激しあう。数百人の全員が話し、当事者意識も上がっているので、全体で意見や質問を出してもらうと比較的出やすい。

　後半の講義のあとは、またグループで話しあってもらったり、あるいは先にフィードバックシートに感想や気づいたり発見したことを書いて、それをもとに話しあってもらったりする。自ずとお互いから学びあう場ができてくる。

　最後に手分けして調べる宿題を出し、次回は小グループで各自がそれを発表するところから始める。やってこないと参加できないし、努力すればそれなりの手応えが返ってくる。聴くだけでは忘れるが、自分で調べて苦労してまとめて発表したことは頭や身体に浸みる。仲間の発表にも刺激される。こういう繰り返しのなかで相互作用の花が咲き、学生にとって楽しくてやりがいがあり元気も出る場になる。コミュニケーション能力が上がり主体性も育まれる。

　ワークショップやファシリテーションの教育現場への応用は、対象や目的に応じて無限の可能性がある。大学教員は教える「内容」については専門家だが、「教え方」それも学ぶ側に立った楽しくて身につくような「学びあい方」は、ほとんど学んでいない。教員自身がファシリテーション能力を高める努力も始まっているし、外部のファシリテーターをうまく起用する試みも展開している。

アート

　アートこそ、ワークショップが始まった世界である。演劇やさまざまな身体表現、美術、音楽などさまざまな分野で、演じる人と観客という二分法を超え、見聞きするだけでなく「やってみる」という試みが早くから行われてきた。

　クラシック音楽のオーケストラの世界でも、パートごとの縦割りが進み、指

揮者やパートリーダーを見てあわせることに終始し、ひとりひとりが音楽家として自立してないという課題があるそうだ。音楽監督の西脇義訓やバイオリニストの森悠子らが、アマチュアオーケストラの弦楽のベテランが集まった全国大会で、興味深いワークショップに挑戦するのを手伝ったことがある。いつものパートをばらばらにして輪になって座ったり、各パートからひとりずつの小さなアンサンブルをたくさんつくって互いのパートを聴きあう練習を重ねたり、後ろ向きに大きな輪になって音だけを聴きあってハーモニーをつくったりした。

　自分自身のパートをしっかりと受けもつことと、全体をよく聴いてあわせること。「自分であること」と「響きあうこと」の融合から美しいハーモニーが生まれる。それは音楽だけに限らず、社会にも言えることだろう（⇒**26**）。

■ 考察と今後

　筆者が2001年に『ワークショップ』（岩波書店〔岩波新書〕）を出版した頃は、まだ一般化していなかったワークショップも、ここ十数年で本当に広がった。ファシリテーションも、ワークショップの分野に応じて広がり、さらに会議や組織変革、さまざまな対話の場づくりに広く展開している。現代の問題に簡単な解決策がない以上、人々が集いあい問いあうなかで知恵や勇気を育みあうこの流れは、さらに広がっていくだろう。

　ただ、留意点もある。「短時間である結論を出そうと無理やり誘導された感じが残った」とか、「楽しく終わったけれども結局現実は何も変わらなかった」などの不満もよく耳にする。ファシリテーターが張り切ってあれこれ詰め込みすぎたり、力んで指示しすぎたりすると、参加者にやらされている感が募り、主体性も育まれない。その場で起きようとしていることに寄り添う自然流のファシリテーションが求められている。

　また一度の回でできることは限りがあるので、複数回のワークショップを企画しそれぞれに適切な目標を設定するなど、大きなワークデザインも重要だ。さらに次につながるような仕組み、自発性を発揮しやすい環境を整えるなど、継続して深化していくよう、多様な関係者が協力していくことが大事だろう。

【中野民夫】

18 ソーシャルメディアと市民のジャーナリズム
SOCIAL MEDIA AND CITIZEN JOURNALISM

■ 問われるジャーナリズム

　東京電力福島第一原子力発電所事故をめぐる報道、特定秘密保護法への対応、そして従軍慰安婦問題に関する籾井勝人NHK会長の発言などを通して、ジャーナリズムに対する疑念や問題意識が強まっている。

　過去に遡ると、1999年に通信傍受法、国旗・国家法、改正住民基本台帳法が制定された際、「国家が、思想・表現の自由は、必要に応じてどのようにでも制約できる」という意志を露わにしたのに対し、ジャーナリズムの対抗が脆弱であったことが指摘された（例えば辺見庸）。2001年には、ETV2001シリーズ「問われる戦時性暴力」をめぐる番組改変への政治的圧力、さらに2007年には、読売新聞グループの渡邊恒雄本社会長・主筆による、与野党の大連立工作という政治活動への直接介入が厳しく批判された（例えば原寿雄）。

　では、そもそもジャーナリズムとはなんだろう。従来、ジャーナリズムは、権力を監視し、独立、中立公正を貫き、時に社会の木鐸となることが理想としてとらえられてきた。例えば赤尾光史は、近代代表制民主主義の欠陥補填という観点から考察している。すなわち、①選挙によって選出された公務員の存在、②自由で公正な選挙の頻繁な実施、③表現の自由の保障、④多様な情報源へのアクセス、⑤集団の自治・自立、⑥全市民の包括的参画という6項目の民主主義の成立要件について、主権者に不利益をもたらす、あるいは現にもたらしている事象を抽出し、現実世界の整序・再構成をはかろうとする意識的活動がジャーナリズムだとする（赤尾, 2011, p.50）。ジャーナリズムは、民主主義の欠陥を補填する機能であり、その役割が果たせないときに存在を問われるのである。ここで確認しておきたいのは、現場には懸命に自らの職務を果たそう

とする、多くの記者が存在することである。このことは、ジャーナリズムは組織、集団に問われるものであると同時に、ひとりひとりの記者に、ひいてはメディアを通じて情報発信するすべての個人に問われるものであることを教えてくれる。

　言うまでもないが、ジャーナリズムとメディアは同一のものではない。ジャーナリズムとは活動そのものであり、新聞やラジオ、テレビ、インターネットなどのメディアは活動のためのツールである。だから、ジャーナリズムはマスメディアで失われることもあれば、個人の情報発信に宿ることもある。次節では主にインターネットを利用した小さなメディアの代表的な例として、OurPlanet-TV（アワープラネット・ティービー：以下、アワプラ）を見ることとする。

■ 市民の情報発信へ

　アワプラは、2001年に設立された非営利のオルタナティブメディアである。オルタナティブメディアとは、大手資本による既存マスメディアに対抗して広がったメディアのあり方を指す。ミッションは、"Standing together, Creating the future"。さまざまな地域やコミュニティの出来事をビデオで記録し、表現することで、社会の課題を共有しあい、よりよい社会へむけた変革を起こすことをめざしている。インターネットを利用して、ジェンダーや子ども、環境や人権などのテーマを中心に独自に制作したドキュメンタリー番組やインタビュー番組を配信しているが、とりわけ、東日本大震災および原発事故後は、子どもと被ばくの問題を積極的に配信した。そうした活動が高く評価され、2012年7月、日本ジャーナリスト会議による第55回JCJ賞をはじめ、貧困ジャーナリズム賞（2011年）、放送ウーマン賞（2011年）、やよりジャーナリスト賞特別賞（2012年）、そして、「東電テレビ会議49時間の記録」（2013年制作）による、科学ジャーナリスト賞2014大賞と数々の賞を受賞している。この「東電テレビ会議49時間の記録」は、2011年3月12日から15日までの原発事故をめぐる状況を、東電本店、福島第一、第二原子力発電所、柏崎刈羽原子力発電所を結んだテレビ会議の分割映像（東京電力の提供）をもとに基本的な情報を挿入し

て制作したものである。日本の明日がかかった現場で何が起きていたのかを知ることができ、アワプラが取り組んできたジャーナリズム活動を象徴する記念碑と言える。

　こうした活動では、大資本がメディアを独占する前提になってきた「費用」という障壁を取り払った、インターネットの出現が大きな役割を果たしている。ただし、アワプラは、個人の情報発信というものではない。マスメディア出身者や、フリーランスで活動していた人たちによるオルタナティブなジャーナリズム活動と言えるだろう。それが、ソーシャルメディアの登場によって、市民にとってさらに身近なものになったのだ。

■ ソーシャルメディアの役割

　あらためて、ソーシャルメディアについて簡単に整理しておこう。ソーシャルメディアは、ユーザーとユーザーがつながって、双方向に情報を提供したり、編集したりするネット上のサービスを言う。インターネットにおいて、個人を主体にした情報発信や情報交換を可能にするメディアの総称であり、SNS、ブログ、ソーシャル・ブックマーク、口コミサイトなど、広義のソーシャルメディアにはブログも含まれ、ユーザーコメント機能があるウェブサイトも含まれる。また、いわゆる「アラブの春」以降、社会運動等に影響を与えたとして、ツイッターやフェイスブックなどを「狭義のソーシャルメディア」としてとらえる議論もある（例えば津田，2012, pp.25-26）。

　スマートフォンの普及もあり、ソーシャルメディアによる市民の情報発信が、今後も増え続けることは明らかである。「速報はソーシャルメディアで、一次検証をプロが担当しマスメディアで報道を行う。そこから先はソーシャルメディアが再びいろいろな視点を与え、埋もれるニュースを拾い上げ、重要度に応じてニュースを伝播させていく」（津田，前掲書，p.130）という役割分担の議論に違和感を覚えない人も多いのではないだろうか。また、橋場義之が指摘するように、私的な情報発信も結果的に幅広い人々の関心を集め、「公的なテーマ」となりえることがあるように、個人の活動が結果的に、マスメディアが担ってきたジャーナリズムの役割を果たすことも十分に考えられる（橋場，

2011, p.205)。そして何よりも重要なことは、多様な課題に直面しつつ、周縁化されていた当事者が、自らの声を直接発信するケースの拡大だろう。こうした変化には、ジャーナリズムの実践を諸個人のささやかな情報発信をも含み込んだかたちで「市民のもの」とすることができれば、構造転換した公共圏を再び批判的な言論の場へと変革していく道筋が拓けてくるといった期待にもつながっている（阿部，2004，p.246）。

　もちろんポジティブな面ばかりではない。ダン・ギルモアの指摘するように、例えばフェイスブックのような一私企業が情報を一元化することや、メディアの細分化によって、「信頼できない、あるいはもっとひどい情報が、私たちの目や耳に入り込んでくる機会は増える」という懸念もある（ギルモア，2011，pp.40-41）。特に、現在の日本社会ではリアル、バーチャルの双方で排外主義が高まりを見せている。このようなネガティブな側面をいかに乗り越えればよいのだろうか。

　ここでは、誰もが発信できる時代だからこそ、発信する側に要求される倫理があるのではないかという観点に立って考えてみたい。非専門職の市民にも求められる新しい「ジャーナリスト倫理」的なもののことである。

■ ジャーナリストの倫理とジャーナリズム教育の必要性

　専門職のジャーナリストは、その報道・言論活動の自由を憲法でも保障されている。その一方、厳しい職業倫理と義務が課せられてきた。日本では、メディアの倫理、ジャーナリズムの倫理というと、日本新聞協会が制定する「新聞倫理綱領」（1946年制定、2000年に新綱領が制定）、「放送倫理基本綱領」（1996年）が挙げられる。例えば大石泰彦は、「やや強く言えば、ジャーナリズム倫理が確立され、それが尊重されることこそが、マスメディアが公器であり、ジャーナリズムが公共的活動であるための必須の前提」（大石，2004，p.82）と強調している。そこでは、「自由と責任」「正確と公正」「独立と寛容」「人権の尊重」「品格と節度」が啓蒙主義的・自由主義的ジャーナリズムの側から要請されている。

　では、市民の情報発信が問題になる際には、どのような倫理が求められるの

か。それは、従来のジャーナリズム倫理だけではないはずである。ここで、近代西欧が生んだ啓蒙主義的・自由主義的ジャーナリズムとは異なる体系で展開される「ケアの倫理」のジャーナリズムに関する論考を見てみよう。林香里によれば、それは「より局地的(ローカル)で、かつ人間の関係性を基本に相対的な視点からつくられていくような"コミュニケーション的"ジャーナリズム」(林, 2011, p.4)である。民主主義を、永遠に更新する未完のプロジェクトととらえ、組織・制度の成果ではなく、「市民が日常的に抱く問題意識や意見がきちんと為政者の側の決定過程に編入されているかどうかといった、デモクラシーの過程を重視」(林, 前掲書, p.23)するジャーナリズムと言える。「ケアの倫理」のジャーナリズムの観点からは、絶対的弱者たちへ優先的な配慮をし、記事や番組を文脈的に製作する職業者が要請(林, 前掲書, p.35)され、コミュニティとの豊かなつながりや、見知らぬ相手の主観的痛みに辛抱強く耳を澄まし、それを思いやる心などが求められることとなる(林, 前掲書, p.136)。特に「ケアの倫理」を参照するメリットは、排外主義が認められないことを導き出せる点だろう。誰もが発信できる時代だからこそ、課せられる倫理であると強調したい。

　しかし、私たちは一体いつ、どこで、このような倫理を身につければよいだろうか。例えば田村紀雄は、「民主的な情報化社会は、人びとを受動的な読者や視聴者の立場にいつまでもおいておくことはない。市民が自ら発言し、メディアをつくり、社会活動に参加していく能動的で創造的な人間像を必要としている」(田村, 2004, p.18)と、ジャーナリズム教育の重要性を指摘している。

　ジャーナリズム教育について忘れがたい思い出がある。2010年に米国に市民の情報発信に関する調査に行った際のことである。1972年にニューヨークで設立されて以来、ベトナムやイラク、キューバなど世界各国の取材を続ける一方で、ビデオ制作のワークショップや、撮影機材、スタジオのレンタルなど市民に開かれたメディアセンターであり続けるダウンタウンコミュニティテレビジョン (Down Town Community Television Center: DCTV) を訪問した。その際、貧困家庭に育つエスニックマイノリティの子どもを対象に、ドキュメンタリー制作などを教えることで、居場所をつくるとともに、将来の人生を切り開くスキルを身につけることを目的としたワークショップ・PRO-TV の現場に立ち

会った。クラスには8名程度の中高生たちが集まっていたが、急に訪れた調査団を前にして硬い表情のまま下を向いていたひとりの少女がいた。彼女に申し訳なく思っていたところ、講師がクラスに現れた。途端にその少女の表情が輝いた。彼女は喜々として当日の課題に取り組み始めた。あとで、そのことを団体の責任者に尋ねたところ、講師には、エスニックマイノリティの問題や、福祉に理解がある人物を選んでいるという回答だった。今にして思えば、その講師は、相手の主観的痛みに辛抱強く耳を澄まし、それを思いやる心、すなわち「ケアの倫理」を体現していたのである。

　この経験から、特に「ケアの倫理」のジャーナリズム教育に関しては、学問的知識に加え、社会で周縁化されている人たちに寄り添う、「ケアの倫理」を体現するような市民活動の現場でのインターンシップなどを組み合わせてはどうかと考える。臨床の経験からケアの倫理に接近することを通して、他者を包摂する視点を身につけていくのである。このような積み重ねの延長線上に、個の情報発信が広がれば、専門職のジャーナリスト倫理にも影響を与えるだろう。それは、やがて社会そのもののとらえ方を変革していくに違いない。

【宗田勝也】

19　〈場所の力〉を活かす
MAKE USE OF "THE POWER OF PLACE"

■ 場所の力

　人や組織が社会起業を志し、その担い手として活動を発展させていくには、そのためのきっかけや環境が必要である。本トピックでは、その条件にあたるものを検討するにあたって、これまでソーシャル・イノベーションとの関連が十分に論じられることがなかった視点として、〈場所の力〉に着目する。

　〈場所の力〉とは、ラテン語の「ゲニウス・ロキ（Genius Loci）」に通底する概念であると言われている。ゲニウス・ロキとは、ローマ神話における土地の守護精霊で、それぞれの場所にひそむ「地霊の力」を指しており、特定の場所や土地にある力と言ってよいだろう。哲学者の中村雄二郎は、ゲニウス・ロキを空間と時間が一体化した典型的な例を示すものとして「均質的な空間ではなくて、独特の雰囲気がある歴史的な空間」(中村, 1993)と説明する。ゲニウス・ロキは、それぞれの土地がもっている固有の雰囲気であり、歴史を背景にそれぞれの場所がもっている様相であると言える。

　本トピックで重要な視点とした〈場所の力〉は、活用されていなかった場所、存在に気づかれていなかった場所、開発や転用などで固有の雰囲気を失った場所など、その価値を再認識し活用することで発見され、その力が確認されることになる。中村が言うように、「内面的な意味を産出し分節する場所」として、「永い歴史的な経過によってさまざまな記憶を包蔵しているから、それに応じて、重層的な意味作用を産出する場所、特別な雰囲気の横溢した場所であること」(中村, 2000)を発見する力もまた〈場所の力〉を活用するための重要な要素となる。

　そして本トピックにおいては〈場所の力〉と〈場の力〉とを明らかに区別し

ておきたい。場所とは、すでに「存在する」ことがある。そして、場は場所のなかに生成される。建物や公園を造るといった場合は、造られる前の場所から造られた後の場所へその様態や用途が変化し、それぞれのなかに生成される場も異なるのである。例えば、清水博がその著書『生命知としての場の論理』のなかで述べた「劇場」は場所である。その「劇場」のなかで演じる役者と観客が互いにつくりあげていくのが「場」であるとした。もちろん、その場にはさらにスタッフや興行主などがいて、場として成立していくのである。

　岩崎正弥は著書『場の教育』において、「場」とは、原義として「〈開かれ、生み出し、包み込む空間〉を意味」しており、より具体的には「外と内の二重の場を想定」（岩崎，2010，p.157）している。二重とは、外なる場としての「構造としての場」、そして内なる場としての「認識としての場」である。私たちが実際に暮らす地域は、地域性という名の固有の環境にともなう固有の雰囲気をもち、このなかで、私たちの生活が営まれると述べている。こうした二重の場を理解し、外なる場＝構造としての場に働きかける活動を引き出すことが「場の教育」であるとしている。一方、場所という概念を基軸に据えた理論を構築しているハイデンは、〈場所の力〉は現代に生きる多様な人々や地域社会を相互に結びつけることが可能だとし、場所には「教育力」が内在していることを示している。そして「『場所の力』が顕在化された空間を『公共空間』として位置づける」（ハイデン，1995＝2002，pp.4-5）ことに実践的な視点を読み取っている。

　では、〈場所の力〉とは、何を意味するのかを改めて考えると、上述したような場所は、もともとそこに「存在した」という事実に眼を向けることになる。そして「存在した」場所のなかに、普遍的な作用がありそれが場所のあり方を決定する「場」が成立することを確認できるだろう。ここからは、筆者が取り組む京町家を活用した事例を紹介しながら、ソーシャル・イノベーションの源泉となる〈場所の力〉を検討していこう。

■「京町家　さいりん館　室町二条」の誕生

　京都市の中心部には、京都らしさを象徴するような景観が多く残されてい

る。なかでも京町家の続く街並みは、歴史的な景観として認められ、その保存や活用が進められてきた。京都市の調査では、2010年現在、残存する京町家等が47,735軒確認されている。京町家は、京都の伝統的な建築様式や生活様式を伝え、現在も職住共存の暮らしの場であり、歴史都市・京都の景観の基盤を構成すると言える。しかし、現状ではその集積としての景観は失われつつあり、事実、年間約2％の割合で失われているという調査結果から、その保全や活用策が喫緊の課題となっている。建物の老朽化にともなう修繕の費用負担に加え、固定資産税や相続税などの制度的な問題もあり、その保存・維持・活用には、知恵を絞らなければならない。もとより京町家を「建築物」としてとらえたとき、その伝統的建築手法の継承や地域の景観形成などが課題に挙げられるが、一方で、私的な住居として現代の生活様式にあうよう居住性を重視して改装され、建て替えられていくことは致し方ないことなのだろうか。筆者は、都心での職住分離が進み、生業の場としての役割を終えた京町家が、ビルやマンションに建て替わっていく様を見るにつけ、京都らしい魅力ある美しさが失われていくと危惧していた。住まいを代々引き継ぎつつ、現代的価値を見出し、まちに活かされていくことができれば、失われる危機を回避できるのではないだろうかと考えた。こうした関心に加え、筆者と協働実践者である三田果菜（Happy Beauty Project 代表）による社会起業への第一歩として、この京町家再生が地域社会とつながる窓口となった。加えて、双方大学院生であったことから、ここでの取り組みは「賃借した空き町家を（中略）まちに活かされるよう多彩な仕組みと仕掛けを展開する実践的研究」（西村・山口，2009）でもあった。

　さて、この実践の舞台として賃借した京町家は、京都市内の中心部に位置し、伝統的な京町家建築によるもので、大正中期に建てられた築90年余の「家」である。もともと呉服関連の商家だったこの建物は、筆者らが借り受けるまでの数年前からは倉庫として使われていた。筆者らは、初めてその建物に入ったとき、どんよりとした空気のなかに、工事現場用の蛍光灯が灯され、「家」の様相がまったくないことに衝撃を覚えた。この京町家は、立地条件は申し分なく、規模は大きく、もちろん家賃もそれなりに高額である。しかし、惹きつけられるその建物をなんとしてでも「家」として蘇らせたい思いを強くもってしまった。こうして倉庫として使われていた京町家を借り受けることに

なったのである（写1）。

改修作業が始まった京町家を「ここは何屋さんになるのですか？」と多くの人たちがのぞき込んでいく。のぞき込むその先では、学生らを中心に素人が自力での改修を行っていた。専門家に任せなかった理由は、そもそもの賃借条件が、2年という時限付きであり居住不可のテナント契約であったことが大きい。よって資金投入の限界もあり、大がかりな改修工事をせずに再生させていく方法を検討することとなった。築90年を超える建物にもかかわらず、柱や梁などの構造がしっかりしていたのは幸いであった。しかし天井、壁面には化粧合板や壁紙が張り巡らされていた。京都の町家再生に詳しい吉田孝次郎（京都生活工藝館「無名舎」舎主）は、この建物の内部を見て「洋館まがいの改造」「繕いの工事」と嘆いた。しかし吉田はこの発言後、朝に夕にバールを携えて来訪し、筆者らに改修作業を指南しながら、京町家に関する知識、自らの経験を伝授するなど、建物の再生に重要な関わりをもち、さいりん館誕生のセンスメーカーとなったのである。このようにして改修作業は、3週間という短い期間に多くの人の思いがつながり、工事費をかけずに自分たちの力で行う見通しが出てきた。こうした状況をオープン前に対外的に発信しようと、吉田をスピーカーとしたトークイベントを開催した。吉田はその話のなかで、こうした町家の改装は1960年代に、冷暖房設備、車を入れるための車庫、部屋が明るくなればいい、少しでも過ごしやすくなればいいという戦後の洋風志向により行われ、それは誇り高いまちの雰囲気を変えていってしまったと語った。

改修が進み、角柱や土壁など町家本来の姿が露わになるにつれ、呼吸していなかった家が呼吸を始めていく感覚に浸った。その感覚からは「自分たちの手でやりとげたい」との思いが強くなっていった。言うまでもなく、この「自分たち」は筆者らのみを指していない。手弁当で作業に参加した仲間たちは皆、家がまちと呼吸することを「自分事」（西村・山口, 2009）と考えるようになっ

写1 「京町家 さいりん館 室町二条」の外観

（出所）2013年4月27日稲生田淳子撮影。

たのである。筆者らの呼びかけと行動による町家再生を、吉田は「壮大な勇気ある行為」「将来に夢をつなぐ行為」と励まし続けた。こうして2009年5月この建物を「京町家 さいりん館 室町二条」と名付け、「私設公共空間」として産声をあげたのである。

■「さいりん館」の運営

　筆者と協働実践者である三田の二人は、それぞれ別の事業体を経営するというスタイルで、さいりん館にオフィス機能を置いた。それぞれが事業を行いながら、違う関心の人たちとの出会いの場になることを期待したのである。

　筆者は野菜や食材の販売を行い、食を通じたコミュニケーションをはかりながら食育コミュニティを地域に広げていく活動を展開した。三田は美容師の資格を活かして「美容術を使いまちと女性を元気にする」事業を起こしており、さいりん館にネイルサロンを開設した。これらの事業に加えて、家賃等の経費を捻出し公共空間を生み出すために、座敷や土間など空いている部屋・時間帯を有料で貸し出しした。また筆者らの他にもさいりん館を拠点とする事業者を募集することにした。さいりん館に出店していることで「当事者」となる人材を増やし、拠点としての利用を促す。それぞれの人がもつ可能性を活かし、新しいことに挑戦する機会を創出する。そして出店者が常に関心を寄せることを通じて、お互いがつながりあう交流の機会を創出していくことをねらったのである。そうした出店者もさいりん館に在館し、自ら接客や販売を行うことでまた、出店者同士の交流も生まれ、コラボレートによる商品も開発されたのである。

　こうしてさいりん館は何通りもの顔をもち、まちと呼吸するようになっていった。そのため、私たちの語り口も、立ち寄った方や問い合わせた方の興味や関心によって「ここはいったい何屋さん？」の問いへの応答を変化させることになっていった。加えて、現代の生活では対面でのコミュニケーションの機会が減ってきていることを改めて実感し始めた。

　さいりん館はその後、多くの人がそれぞれの関心をもち寄り、訪れることができる場であることから、開設当初の想定を超えた事象が起こっている。展示

会や会議のスペースとしての利用だけではなく、ヨガ教室、コンサート、落語会、市民活動の交流会など、多彩な催しが開催されているほか、いつでも開いていて誰かがいる場として認識され、地域の方々に立ち寄っていただいている。そして開設から5年目には、町内行事である地蔵盆（地蔵菩薩の縁日、子どもの成長や幸福を願う）の場所として地域住民に開放された。お参りに来られた方の「お地蔵さまがこの場所で喜んでおられるね」という言葉からは、この場所が地域の人々の「共通の記憶を育む際の一助となる力」（ハイデン, 1995=2002）を紡ぎ出していると言えるだろう。

また、2011年3月11日に起きた東日本大震災では、さいりん館を拠点に物資の集積と仕分け・発送という支援活動を行った。そしてその後も継続して津波被災地での支援活動の報告会やボランティア募集説明会などを行ってきた。私設ではあるが公共空間としての認知がなされていたさいりん館は、こうした災害支援においても最適な拠点となりえたと言える。これらの活用事例はすべて協働による実践であり、さいりん館の〈場所の力〉を最大限活かした企画と運営がなされているのである。

■ 顕在化する〈場所の力〉

さいりん館で生まれた協働の多くは〈場所の力〉があってこそ起こるものであった。地域のなかで拠点を創造していくために、「自分事」というキーワードが有効であった。家が呼吸を始めていく感覚に浸ることで愛着をもつことができた。さまざまな取り組みをしていることで、さいりん館を訪れる人が町家の良さに気づくことができる。そして、出入りが活発であることで、地域の方も関心を寄せてくださる。そうした循環作用が、さらに〈場所の力〉によって強められ、個人個人のライフスタイルにも影響を与えることになっていったのである。さいりん館は、こうしたすべてのインフラストラクチャとして機能していた。私設の公共空間という独自の運営形態を編み出し、地域への貢献も含めて、〈場所の力〉の活用を示している。

このようにさいりん館での実践は、その場所固有の力が見失われている状況において、その〈場所の力〉を再発見する活動を通じてさまざまな意味が発生

し、そこに記憶が蓄積されていき、関わった人たちが〈場所の力〉を認識した事例であった。それは「場所がもつ社会的記憶」を顕在化させるためのプロセスであり、その顕在化がイノベーションの源泉となっていたと言えるだろう。

【西村和代】

20 ソーシャルビジネスと社会的企業
SOCIAL BUSINESS AND SOCIAL ENTERPRISE

■ はじめに

　私たちの社会には人権、地球環境、さまざまな福祉問題、子育て支援、地域づくり、地場産業振興など多種多様な社会問題が存在する。1995年の阪神・淡路大震災以降、市民による自発的な問題解決への取り組みが特に注目を集め、特定非営利活動促進法の成立へとつながった。しかし、市民による公益活動の幅は広く、趣味的活動を社会貢献につなげていこうとするものから、政策提言を行うもの、雇用を行って継続的なサービス展開を行うものまで規模、形態をとっても多様である。
　そのなかで、社会の問題解決をビジネスの手法を活用して取り組むものが、ソーシャルビジネスと呼ばれている。また、ソーシャルビジネスに取り組む事業体のことを「社会的企業」（Social Enterprise）と呼ぶ場合もある。
　具体的な事例を見てみよう。わが国のソーシャルビジネスの草分け的存在の認定NPO法人フローレンスの事例である。駒崎弘樹が起業した、病児保育つまり病気の子どもを預かるサービスである。「子どもが熱を出すと保育園は預かってくれない。だから家で看病するために会社を休んだらクビになった」という双子の母親の話をもとに、「子どもが熱を出し、親が看病する」というあたりまえのことをして仕事を失ってしまう社会に対しての疑問がベースとなって彼はフローレンスを起業した。「施設をもたない病児保育」として、多くの地域の人々に支えられている。依頼があると地域のベテランママや元保育士・看護師が子どもの家を訪問して、子どもをいつも見ている小児科医まで搬送。医師の診察を受けた後、子どもの家に戻って親の帰宅まで看病する事業モデルである。フローレンスは、「子どもが熱を出すことをあたりまえのことと考

え」、「子どもが熱を出すことを親に降りかかる災難ではなく、支援によって地域が結びつく『大いなる恵み』だ」と位置づけている。ありそうでなかったこのサービスは、現在東京のみならず千葉や神奈川にも事業エリアを拡大し、厚い信頼と支持を獲得している。

　エンド・ユーザーの立場にたったサービス構築は、財源ありきの行政事業と一線を画す。例えば典型的なのは「利用料」である。利用料は、使おうが使うまいが月々定額という独自の方式を採用している。これは一種の「保険」方式なのであるが、何よりもエンドユーザーである親にとって突発的な発熱に対していつでもサービスを利用できるという「安心」が何よりも大きな支えなのである。

■ ソーシャルビジネスに必要な視点

　ソーシャルビジネスで重要な視点は、事業性に加えて社会性や社会変革性である。特に社会性と社会変革性は一般のビジネスと区別される場合の重要なファクターとなる。まず社会性については「公益」という言葉に置き換えて説明が行われる。しかし、松下幸之助が「産業人タルノ本分ニ徹シ社会生活ノ改善ト向上ヲ図リ世界文化ノ進展ニ寄与センコトヲ期ス」と松下電器産業の起業時に理念を語ったように、企業も本来、社会性をもった存在であり、社会性の線引きは実はかなり難しい。社会のニーズに応えてサービスを提供し、社会の発展に寄与するという図式は多くの企業で掲げられている経営理念だ。よって、ソーシャルビジネスと言う場合に今日的には、地域づくりや社会的弱者等を顧客とするものを指すことが多い。

　社会変革性は、社会問題を解決にむかわせるということがミッションの一義としてとらえられる場合が多くキー概念となる。往々にして、ソーシャルビジネスは社会的弱者やマイノリティがサービスの受益者となる場合が多いが、この社会変革性の意識度／実現度が低いと弱者を食い物にするビジネスとなる。「貧困ビジネス」と批判されるそれである。そういった意味では、顧客がいなくなること（＝問題解決）が究極の目標と言えなくもあり、一般的なビジネスと大きく異なるポイントである。

そういった2つのポイントを抱えたうえで事業性を担保しなければならない。その際にポイントになるのは共助と共感である。一般的な企業活動においては寄付やボランティアは存在しえないが、ソーシャルビジネスの現場では多くのボランティアや実質的な寄付が存在する。先の病児保育の事例においても、月会費を払えない、経済的に厳しい状態に置かれた「ひとり親」に対して、企業や個人の継続的な寄付によって「ひとり親パック」という安価なサービスが提供されている。これは、病児保育サービスを支えていきたいという共感が呼びおこす共助の姿である。こういった経営資源を取り込みながら、ソーシャルビジネスの事業性は確立されていく。そういった意味で、社会性を背景に、共感や共助という市民的関与が事業性を支え、社会変革につながっていると言えよう。

■ 葛　藤

ソーシャルビジネスもいくつかの葛藤を抱える。ひとつの葛藤は価値認識と市場の脆弱さである。特にイノベーターとして領域や市場を切り拓く場合、事業を通じて市場をつくるところから始まる。もっと言えば、その前提となる価値創造から取り組む必要があり、社会全体の理解や市場形成までの道のりが、顕在化しているニーズを満たそうとする一般のビジネスと比べて険しいということが言えよう。例えば、先ほど事例に出した病児保育などは、女性の社会参加や多様な働き方の保障という価値が前提にある。これらも長い時間をかけて当事者たちが獲得してきた。いまだに病気のときに子どもを預けるなんてヒドイという意見もあるだろう。しかし、困っている人は確実に存在し、サービスの誕生とともに、その人たちには歓迎され小さい市場から始まっていく。価値は常に時代とともにうつろっていく。それらをリードし切り拓いていく責務がソーシャルビジネスやそのリーダーにはある。

あとひとつは公的セクター、行政責任との葛藤である。社会的弱者やマイノリティへの対応は初期は市民性に支えられる。地域課題としての正統性を確保できないがゆえに、行政は手を出せない。しかし、イノベーターによって価値が確立されていくと、行政課題になっていく。これ自体は、ソーシャルビジネ

スのもつ運動性、特に社会変革性との関係では歓迎すべきことである。国の制度化や政策化は本来の社会問題の解決にむかっていく大きな作用となる。しかし、それらの導入はスキームなど表面的な部分が模倣され、一方で税金で展開するがゆえに先に触れた共助や共感をベースとした市民的作用までは取り込むことができずにうまく立ち行かない場合もある。結果として大きな力の作用と「似て非なるもの」を生み出す構造と知的財産権やビジネスモデル特許等の主張は問題解決が目的ゆえにそぐわず、一種のジレンマを抱えることになる。

■ これからのソーシャルビジネス

　人口減少時代を迎え、より地域社会の抱える問題は深刻かつ多様化してくる。人口減少や一層の都市部への人口集中によって、地域社会も縮小や撤退を余儀なくされる時代がやってくる。そういった今まで経験したことのない時代にコミュニティのあり方や抱える問題も大きく変容してくる。
　コミュニティベースに考えると、福祉や環境等従来からの市民活動の流れをくむ取り組みのみならず、地域での雇用やインフラ維持、エネルギー戦略、食料問題など、総合的に地域経営をとらえていかなければいけない時期にきている。経済財政諮問会議の専門調査会「選択する未来委員会」が出した2060年までの長期的な地域社会を襲う問題を見ても、人口減少は地方都市の消滅を引き起こし、あたりまえに地域で生活するということさえままならない状況が想像できる（⇒7）。
　そのときに、何がソーシャルでどこまでがソーシャルビジネスかという問い立ては何も生み出さない。マクロの視点から見ても、地方が雇用や教育が充実し持続性をもった発展をしていくことは重要である。あえて言うなら、「地域が地域であり続けること」それ自体がソーシャルなことである。そういった意味では、域内経済循環を確立し、持続可能な地域づくりをすることをも含んだ概念が必要になってくる。そのようにとらえると「ローカルビジネス」や「ローカルベンチャー」で整理する方法もあろう。
　あとひとつの視点は、中小企業の生き残り戦略としての「ソーシャルビジネス」である。生き残りと書くと少しきついが、第2、第3の創業として、こう

いったソーシャルな領域を取り込んでいく動きもある。建設業から農業や福祉にシフトする企業も見られるが、これらもこれからの日本の置かれる状況、食料安全保障の観点や高齢化社会の現状から考えると非常に重要である。また、人材に関しても、筆者の知る障害者雇用を積極的に行っている飲食店オーナーは視覚障害者を雇用して自身の会社の生産性が大きく高まったと胸を張った。彼らが厨房で働くためには、動線や調理器具の最適な置き場所を決めそれを従業員全員が遵守しなければならない。加えて、彼らに料理を教えるのにはきちんと工程が整理され、的確な言葉で伝えねばならない。このプロセス自体が、誰にとっても働きやすい厨房を実現させ、結果全体の生産性を向上させた。このような事例は、営利・非営利で括ることの限界や無意味さを示唆する。つまり、非営利が（は）公益の担い手という構図を打ち破っていく。周知のように、非営利は収益の分配を禁じられた概念であるが、当然のことながら、営利事業体においてもソーシャルビジネスが成立する。グローバルなビジネス展開を行っている大企業もこういった自覚とそこにチャンスを見出し始めている。社会的な価値創造を自身のブランディングの中核に置き、経営理念の実現をはかる企業も出てきている。

　そういった意味でも「ビジネス」や企業の立ち位置が地域社会においては大きく変わってくるということかもしれない。いや、もともと近江商人の「三方よし」（売り手よし、買い手よし、世間よし）のように地域に根ざす企業にとって親和性が高いと判断するほうが適切なのかもしれない。

【深尾昌峰】

21　ユニバーサルデザインの戦略とその価値
STRATEGY AND VALUE OF UNIVERSAL DESIGN

■ はじめに

　社会は、多様な人々によって構成される。だが、健康な成人男子以外の人々は、時に、社会の主流（メインストリーム）ではないと感じてしまう場合もあるだろう。女性も、子どもも、高齢者も、障害のある人も、外国人も、社会のなかにあたりまえに含まれ、それぞれの意見を発信し、それぞれの役割をもつ。そんな社会にしていくための、ソーシャル・イノベーションのツールとスキルのひとつが、ユニバーサルデザイン（以下、UDと略す場合もある）という考え方である。

　イノベーションは、中央から生まれるとは限らない。むしろ、辺境とか、エッジ、そしてフロンティアと呼ばれるところから生まれるものである。フロンティアで、違う風に吹かれて、新たな風景を見る人こそが、最先端の変革を起こす可能性がある。その切実なニーズの解決により、自分以外の多くの人を幸せにすることもできるのが、ユニバーサルデザインなのである。

■ ユニバーサルデザインの黎明期

　ユニバーサルデザインという考え方は、1980年代の後半に、ノースカロライナ州立大学の建築学教授であった、ロナルド・メイス（通称ロン）により提唱された概念である（写1）。年齢、性別、能力、環境にかかわらず、できるだけ多くの人がより使えるよう、まちやもの、サービスや情報など、あらゆるものを、最初から考慮してつくり出すという考え方であった。自身もポリオの後遺症で車いすユーザーだったロンは、アクセシブルな建築デザインに関わるな

かで、健康な成人男子向けにつくられたまちやものが、女性や子どもには使いにくい場合があると気づく。またそれを、後から障害のある人や高齢者に使えるようにデザインを変更することが、コストもかかり、あまり使い勝手が良くないことに悩んでいた。

写1　ロナルド・メイス

（出所）アメリカ歴史博物館［PR］。

「どうすれば、アクセシブルな環境や製品を、コストをかけず、より美しく、つくり出すことができるのだろう？」そう思い続けたロンは、あるとき、後付けではなく、最初からアクセシビリティを埋め込んで設計すればいいのだということに思い至る。初めから、重いニーズのある人が使えるようにつくっておけば、もう少し軽いニーズの人も、さらにはニーズのない人さえ、ちゃんと使えるまちやものになるのではないか？　そしてそれは、一般商品としてコストもそれほどかからない可能性がある。電動車いすが移動しやすい駅は、ベビーカーも高齢者も、荷物のある人にとっても、移動が楽なのである。

　それは、発想の大転換だった。これまで障害のある人が使う機器や環境は、スロープや階段昇降機など特殊な製品も多く、少数派のためのコスト増加として嫌われる傾向にあった。だが、より多くのユーザーにとってのメリットが強調できれば、企業にとっても、行政にとっても導入するモチベーションとなる。ユニバーサルデザインとは、まちやものをデザインするだけではない。社会のあり方をデザインするものである。ロンは、優れたソーシャル・イノベーターであった。

　その後、アメリカでは、1990年のADA（Americans with Disabilities Act：障害をもつアメリカ人法）などの成立を受け、障害のある人の機会均等や情報保障を確保するための手段として、ユニバーサルデザインが社会に浸透していくことになる。イギリスではインクルーシブデザイン、ヨーロッパではデザインフォーオールと呼ばれる、近い概念とも共存し、今では国連の障害者権利条約にも定義されるようになった。

■ 日本におけるユニバーサルデザインの進展

熊本県の事例

　日本においても、この考え方は、行政の基本政策とされたり、企業における商品開発の基本政策となっていく。1999年にユニバーサルデザインをマニフェストとして当選した熊本県の潮谷義子知事は、福祉畑の出身ということもあり、ユニバーサルデザインの重要性をいち早く認識した首長であった。海外の空港では、水飲み場は、高いものと低いものの2つを設置するのが標準である、と伝えたとき、彼女は笑って応えたものだった。

　「私が勤めていた福祉施設では、初めから高さの違う水飲み場が、3つ、設置されていましたよ。大人から小さな子どもまでいましたから、それがあたりまえでした」。

　人間の多様性を認め、すべての人が響きあう社会をめざす潮谷知事のもとで、多くのユニバーサルデザインの施策が打ち出されていった。公園のベンチや自動販売機も、公共調達においては、ユニバーサルデザインに配慮されているものを優先すること。街のなかに新たに設置する信号機は、自閉症の子どもが待てるように、状況表示の付いた機種とすること、などである。

　さらには、自分たちの仕事そのものを、ユニバーサルデザインの観点から見直していった。道路工事の標識は、市民の目線に立って、○○のためにいつまで工事をしています、と明記すること。港に停泊中の船の位置は、カラー磁石でわかりやすく示し、担当者が休暇中でも問い合わせに正確に回答できるようにすること。市民が参加する委員会においては、資料の区切りを色紙で仕切り、会議中も「では、資料○○のピンクの紙以降をご覧ください」というように、アクセスしやすくすること、などの取り組みが全庁で行われた。

　このような、日本的な「カイゼン」に近い取り組みが、教育委員会や警察を含む全部局で行われ、ユニバーサルデザインは、すべての部局において、公務員が常に考えておくべき基本方針となったのである。知事が本部長を務め、全局長が参加するUD推進会議は、その後も佐賀や岩手で踏襲されている。

　このような熊本の取り組みは、同時期に始まった静岡をはじめ、岩手、福

島、埼玉、東京、群馬、新潟、兵庫、三重、岡山、佐賀などに、広がっていった。公務員が、自らの仕事を、多様な市民にきちんとわかってもらえるか、と自問自答するという姿勢は、公僕の良心ともいうべきものであり、今後も続けてほしいと思う。ユニバーサルデザインが、ソーシャル・イノベーションを起こした事例である。だが、首長が変わるとその意識が継続できていないところもあり、高齢社会への対処としての政策継続が望まれている。

企業の取り組み

　日本の企業は、2000年ごろから熱心にユニバーサルデザインに取り組むようになった。ICT企業においては、米国リハビリテーション法508条の影響で、アクセシブルなもの以外は輸出対象にできなくなったこともあるが、市場の変化に敏感なところは、国内の高齢化に製品をあわせたいという意図もあった。特に団塊の世代は、高齢者然とした製品には目もくれない。格好良く、しかし、加齢の影響に配慮した商品開発が求められていたのである。
　この動きに、各社はユニバーサルデザインを「ツール」、ジェロントロジーを「スキル」として、製品開発を行うこととなる。車のメーカーで言えば、トヨタはセンターピラーのない車種を売り出し、車いすユーザーのみならず、ベビーカーユーザー、小さな子ども連れ、高齢者との3世帯同居などの、多様な層に歓迎された。日産は、ロンドンタクシーと同じようなタイプの、車内高の高いタイプのタクシーを開発し、ニューヨークの次期タクシーとしての採用が決まっている。
　NTTドコモと富士通は、販売累計が2,200万台を超すらくらくホンをつくった。これは高齢者のみならず、視覚障害者への読み上げ機能を完備したUD機器であり、その設計思想はらくらくスマホに受け継がれている。リコー、キヤノン、ゼロックス、エプソンなどのオフィス機器メーカーは、ユニバーサルデザイン推進のための協議会をつくり、両面コピーなどのユーザーインターフェースの共通化をはかった。ライバル各社が、ユニバーサルデザインの推進のためにと手を結んだのである。同様の動きはICT各社に広がり、日本工業製品規格（JIS規格）の制定につながっていった。
　家電の開発では、よりユニバーサルデザインが重要となる。量販店で購入す

るのが若い男性でも、実際に家で使うのは、70代の祖母かもしれないからだ。年代を超えてきちんと使える製品でないと、お客様相談センターの電話が増え、結果として顧客満足度が落ちてしまう。三洋電気がつくったななめドラムの洗濯機は、これまでの洗濯機のイメージを変え、取り出しやすさや内容確認に革命を起こした。このコンセプトは、パナソニックに受け継がれている。パナソニックや三菱電機は、大変熱心にユニバーサルデザインを推進している。製品開発の基本であるPDCA（Plan Do Check Action）の、PlanとCheckの時点では必ずユーザーの声を聞くことを義務づけ、ユニバーサルデザインを特別なものではなく、あたりまえのものとした。顧客の高齢化や多様化、世界進出のためにも、ユニバーサルデザインは欠かせないコンセプトとなっている。

　このように、日本の企業にとっては、ユニバーサルデザインは、もはや特別なものではない。よく、ソーシャル・イノベーションが、企業のCSRであるという言い方をされるが、もはやUDはCSRでもない。主流製品のなかに、多様なユーザーへの視点を埋め込むことは、21世紀に生き残るための基本戦略であり、CSV（Creating Shared Value）なのである。余裕があれば、といった社会貢献的な感覚でUDをとらえている企業は、もはや少ないのである。

　むしろ、これまでユニバーサルデザインを研究してきた企業が、ソーシャル・イノベーション研究を前面に押し出し、その組織のなかで、ユニバーサルデザインとジェロントロジーを熱心に推進している。これも新しい傾向である。欧米のように、障害者の権利運動としてのユニバーサルデザインの進展ではなく、市場の高齢化にどう対処するかというプラクティカルなところから進んできたことが、企業にとっては、CSRでなく、「メインストリーム」への道を歩ませたとも言える。これは日本特有のソーシャル・イノベーションかもしれない。

　株式会社ユーディットの例
　ここで少しだけ、筆者が1998年に設立した社会的企業についても触れさせていただきたい。株式会社ユーディット（情報のユニバーサルデザイン研究所）は、日本にユニバーサルデザインの概念を知らせるために設立された企業である。正社員4～5名、登録スタッフ280名ほどが、全員在宅で、ネットワーク上で

働く。正社員は週1回、会社の登記上の住所である筆者の自宅で2時間だけ会議を行い、ランチの後、解散する。障害のある社員、子育て中や介護中の社員などにとって、働きやすい環境である。このメンバーは、基本的にヒューマンインターフェースやICTの専門家である。国内外の企業から、製品を高齢者や障害者に使いやすくしたいという企画がもち込まれると、登録スタッフをオンラインで召集し、意見を集める。ユーザーの生の声のなかから、エッセンシャルな部分を掘り起こし、各社のデザインセンターで使える改善提案書としてまとめるのが仕事である。いわば、ユーザーとデザイナーの間のインタープリターを務めるのである。行政と市民の間でも同じことを行う。行政の施策や情報発信のあり方を、多様な市民の声をまとめながら、より使えるものにつくり変えていく。場合によっては、企業や行政側の専門用語の多すぎる解説書を、ユーザーや市民にとってわかりやすいものにしていくというインタープリターも務める。全員在宅勤務という、いわば生活者の視点から発言するが、高齢者や障害者のもっている知恵や力をネット上で結集する。「障害力」や「高齢力」を、ネット上で集めて発信する「ナレッジカンパニー」であると言える。

　創業して14年経ち、最初の頃とは、ビジネスモデルもかなり変わってきた。各社でのユニバーサルデザインの理解が一巡し、ユーザー評価の手法も定着してきたからである。このところは、日本企業が海外の高齢化にどう対処するか、もしくは海外企業から高齢化する日本の市場にどう対処するかといった、グローバルな観点からのコンサル依頼が増えている。

　筆者は、現在の勤務校に来るまで、弊社のことをソーシャル・イノベーターだとは思っていなかった。だが、今になって考えてみると、日本の産業界に、ユニバーサルデザインやジェロントロジーの概念を伝えるのに、少しは影響があったかもしれない。他の先進国に比べあまりにもひどい日本の状況に慨嘆し、やむに已まれぬ思いで起業し、最低限の利益は確保しつつ、社会を変えるために動いてきたことは、それなりの役割を担っていたと、自分が死んだ後に納得できればいいと思う。

■ 考　察

　熊本県からバトンを受け継ぎ、今ではユニバーサルデザイン推進のフロンティアである佐賀県の古川康知事は、ユニバーサルデザインの全国大会で、「もはや、ユニバーサルデザインは、配慮ではなく、前提である」と語った。市民が多様であることを前提に、政策を決める。顧客が多様なニーズをもつことを前提に、製品をつくる。それがあたりまえの世の中になることを求めたのである。

　ミレニアムのころの日本を席巻したユニバーサルデザインの熱気は、たしかに少し冷めてきた感もある。だが、前提として、あたりまえのことを、淡々と行う時期に入ったとも言えるのだ。まだ日本は他の先進国からすると、数十年の遅れがある。当事者に、教育と、技術と、ICTを渡す必要がある。障害のある人がよりよい教育を受け、社会の中枢で仕事をする必要がある。高齢者がICTを使い、その意見を発信し、それが大きな資源となって若い人を支援する体制につながるべきだ。

　社会の問題は、まだまだ続く。世界の流れをきちんと見ながら、地域のひとりずつの声をしっかり聞き、それをよりよいほうへつなげていく。そのような、グローカルな、ユニバーサルデザインを理解したソーシャル・イノベーターが、地域社会に、企業に、自治体に、省庁に、いくつも生まれ続ける。そのような社会になることを願ってやまない（⇒ 6、11、12）。

【関根千佳】

22 参画と挑戦による子どものエンパワメント
EMPOWERMENT THROUGH PARTICIPATION AND CHALLENGE

■ 災害時の子どもたち

　災害、特に大規模自然災害においては人的被害や住居を含む建築物の被害、あるいは電気・ガス・水道・交通網・通信（電話）等のライフラインの被害により、被災地域そのものが生活困難な状況となる。東日本大震災の場合は住居、家屋だけでなく町そのものが水没、壊滅するという甚大な被害をもたらしたため、応急仮設住宅建設の土地確保等が困難であり、長期間避難所暮らしを余儀なくされている状況もあった。筆者が災害支援活動に関わった過去の災害（2004年中越地震、2007年中越沖地震）では地震発生からの数週間は住居の損壊状況および余震への対策等として地域住民は避難所生活を送っていたが、およそ2か月が経過すると、応急仮設住宅への引越しも落ち着き、避難所や災害ボランティアセンターが閉所されるという状況であった。その期間と比較すると、東日本大震災における地域の復旧・復興のペースは遅い。しかし、このことは自助、共助、公助のいずれかのあり方、あるいはそれらの連携に問題があったというわけではなく、そうしたこと以前に津波被害の甚大さによるものである。

　地震津波の場合、住家の全半壊により子どもを含むすべての住民の居場所が失われる。また非住家のなかで日常の子どもの居場所となる学校や保育園はもちろんのこと、児童館、図書館等も壊滅的な地域も多くあった。建物が無事であったとしても、災害時には地域の学校、保育園等はグラウンド、園庭も含め避難場所として活用される。そうでないとしても物資センター等、緊急時の空間として活用され、グラウンドは自衛隊や警察など、公的な機関の基地となる。避難所等で見つけたわずかな居場所も周囲に気を配り、遠慮をしなければならない。道路や空き地に出れば、災害による瓦礫やさまざまな車両の往来、

ボランティア等を含む外部からの人間も多く、地域は決して安全とは言えない状況となっている。

こうした状況で従来の災害では、避難所、応急仮設住宅等で"子どもの遊び支援"(託児や安全な空間での自由遊び等)、"文化的な活動"(映画上映や人形劇鑑賞、絵本の読み聞かせ等)、"学習支援"(学校再開までや再開後の補習)、"通学支援"(安全な登下校環境支援)等が行われてきた。

しかし東日本大震災の場合、物的環境だけの問題ではなく、住居そのものの流失、家族や友人の死、またそうした惨状を目の当たりにした経験等、子どもたちが受けたダメージは想像を絶するものであった。これこそがこれまでにない新たな問題であり、そこにはより細やかな「今、ここで」の子ども支援と、長期的な展望をもった子ども支援、さらには支援者がスキルとセンスを向上させる仕組みが求められたのである (⇒ 9、23)。

■ 時間軸とさまざまな変数による子ども支援の見直し

子どもに限らず、災害時の支援内容は災害発生からの時間軸で整理される。

筆者が考える"子ども支援"は、すべての支援活動(ボランティア)と同様に「はじめにニーズありき」である。ニーズは災害や被害の状況、地域の復旧状況によって変化する。つまりあるべき"子ども支援"は、ただ単に災害発生からの時間軸によって決まるものではなく、時間軸に沿いつつも、地域の状況、子どもや家庭の状況等の変数によって決まる。これはニーズと子どもの生活環境やその時々の地域資源等、多くの変数によって導かれる関数にたとえることができる。

これらをもとに、筆者が整理した子ども支援は図1のようなものである。

① 救急救命期(家族や近隣住民の安否確認、避難所への移動の時期)
　子どもは家族と共にいるのが原則のため、ニーズは把握しにくい
② 緊急援助期1(災害発生から数日後、避難所整備等の時期)
　子どもの居場所、遊び場等を設け、避難場所単位で実施する活動
③ 緊急援助期2(応急仮設住宅への転居や、自宅の片づけ等の時期)
　個別ニーズに応え、個人宅や集会所等で実施する託児活動

図1 災害発生からのフェーズと子ども支援のマッチングモデル

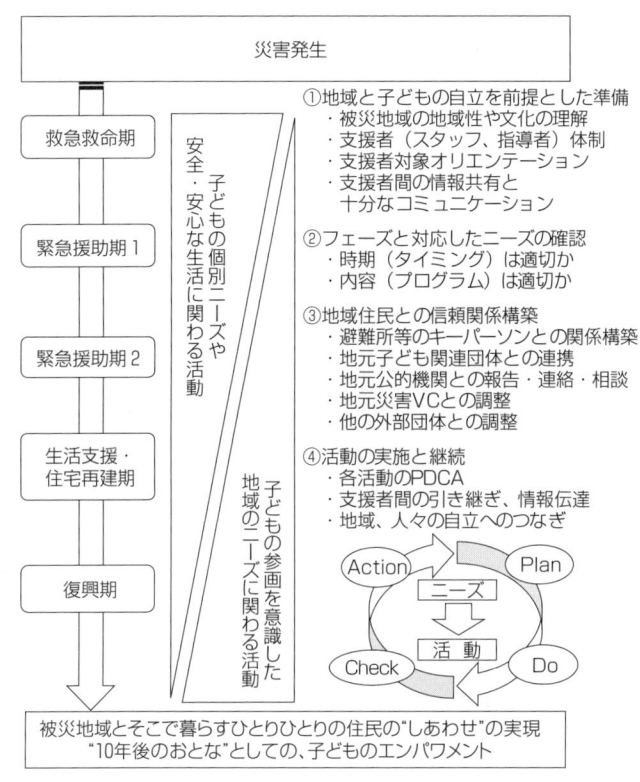

```
┌─────────────────────────────────────┐
│            災害発生                  │
└─────────────────────────────────────┘
```

フェーズ（縦軸、上から下へ）：
- 救急救命期
- 緊急援助期1
- 緊急援助期2
- 生活支援・住宅再建期
- 復興期

（縦方向の帯）安全・安心な生活に関わる活動／子どもの個別ニーズや地域のニーズに関わる活動／子どもの参画を意識した活動

① 地域と子どもの自立を前提とした準備
　・被災地域の地域性や文化の理解
　・支援者（スタッフ、指導者）体制
　・支援者対象オリエンテーション
　・支援者間の情報共有と
　　十分なコミュニケーション

② フェーズと対応したニーズの確認
　・時期（タイミング）は適切か
　・内容（プログラム）は適切か

③ 地域住民との信頼関係構築
　・避難所等のキーパーソンとの関係構築
　・地元子ども関連団体との連携
　・地元公的機関との報告・連絡・相談
　・地元災害VCとの調整
　・他の外部団体との調整

④ 活動の実施と継続
　・各活動のPDCA
　・支援者間の引き継ぎ、情報伝達
　・地域、人々の自立へのつなぎ

（PDCAサイクル図：Action → Plan → Do → Check、中心に「ニーズ」「活動」）

被災地域とそこで暮らすひとりひとりの住民の"しあわせ"の実現
"10年後のおとな"としての、子どものエンパワメント

（出所）筆者作成。

④ 生活支援・住宅再建期（応急仮設住宅等、あらたなコミュニティ形成の時期）
　仮設エリア単位での居場所づくり、イベント等による地域の関係構築活動
⑤ 復興期（地域全体が復興にむかう時期）
　さらに広い生活圏に広げた子ども参画のまちづくり支援活動

　今回の東日本大震災では、経験から一般化されてきた対応では不十分である。繰り返しになるが、そのひとつは「子ども自らが家族や友人を失う体験をしている、命を失っていく人たちや、失った人の姿を目の当たりにしている等、心に大きな傷を負っていること」である。また、「被災地域があまりにも広範囲で、同時期に同内容の支援活動をするには無理があること」も挙げられ

る。よって、基本的には前述のような子ども支援を計画する際には子どもの状況、地域の様子、提供できる活動内容やそこに関わることのできる地域資源等を考え、より慎重に、丁寧に実施することが求められる。

　この図では、災害時の子ども支援において、その発生からのフェーズと、各フェーズにおける子ども支援のあり方についてまとめている。まず、災害発生から地域の状況が変化する段階を前述のように5つのフェーズとした。各フェーズに細かくは対応していないが、およそ災害発生時の子ども支援は、生命に関わる場合もあり、災害の規模や被害状況によっても実施時期はさまざまである。そこから子どもの居場所、遊びの機会提供等が求められ、おとなの動き（例えば家屋の清掃や行政への手続き、引越し等）にともなって、託児等の個別ニーズ対応となる。さらには応急仮設住宅をはじめとする生活支援のなかで地域の関係構築を含めたイベントや、学校等再開支援や学習支援ニーズ等に対応することとなる。したがって、復興期は子ども参画を意識した地域ニーズに関わる活動へと移行すると考えられる。

■ 子ども支援とエンパワメントアプローチ

　おおまかな子ども支援は時間軸やさまざまな変数によって決定していくが、さらに細やかなニーズの汲み取りが現場には求められる。東日本大震災の発災以降、毎日のように沿岸を巡回した際、筆者は子どものさまざまな様子を耳にした。家族を失った子どものなかには、自分が生き残ったことを責めたり、これからの生活のことを考えて、進学を含め自らの夢をあきらめてしまう姿もあった。子ども支援といえば前述のように託児機能も含めた遊び支援や学習支援があるが、今回の震災の被害の大きさ、地域の復興だけでなく、おそらく時間がかかるであろう子どもたちのケアを考え、筆者は仲間と共に、ひとつの団体を立ち上げることとした。それが一般社団法人「子どものエンパワメントいわて」（2011年10月設立、以下、イーパッチ）である。そこには"Empowerment through Participation and Challenge"、つまり子ども自身が地域社会への参画と挑戦を通して、自らの力に気づき、それを発揮していくことで元気になってほしいという思いを込めた。E-Pa+Ch（イーパッチ）は略称である。

図2　イーパッチがイメージする支援の段階

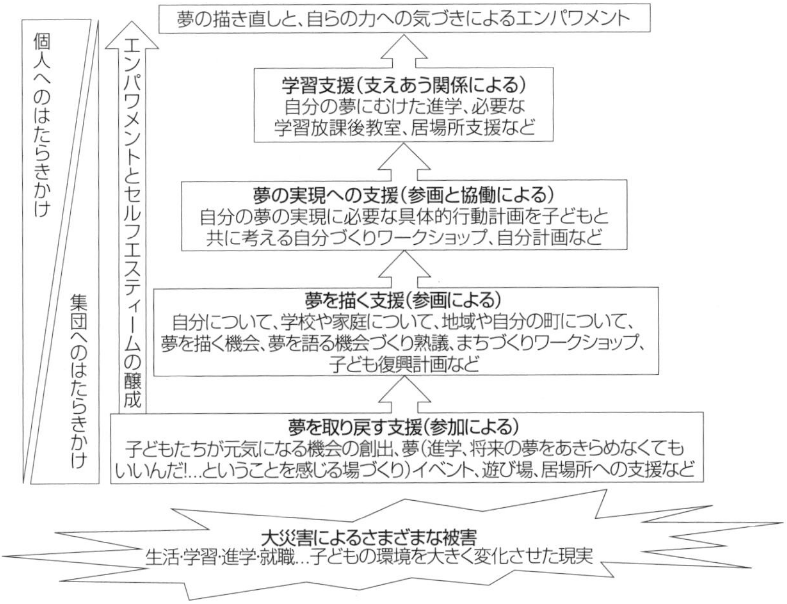
夢の描き直しと、自らの力への気づきによるエンパワメント
学習支援（支えあう関係による）
自分の夢にむけた進学、必要な
学習放課後教室、居場所支援など
夢の実現への支援（参画と協働による）
自分の夢の実現に必要な具体的行動計画を子どもと
共に考える自分づくりワークショップ、自分計画など
夢を描く支援（参画による）
自分について、学校や家庭について、地域や自分の町について、
夢を描く機会、夢を語る機会づくり熟議、まちづくりワークショップ、
子ども復興計画など
夢を取り戻す支援（参加による）
子どもたちが元気になる機会の創出、夢（進学、将来の夢をあきらめなくても
いいんだ!...ということを感じる場づくり）イベント、遊び場、居場所への支援など
大災害によるさまざまな被害
生活・学習・進学・就職...子どもの環境を大きく変化させた現実
個人へのはたらきかけ
集団へのはたらきかけ
エンパワメントとセルフエスティームの醸成

（出所）筆者作成。

これまでの子ども支援は個別のニーズキャッチやそれによる支援体制、細かな企画までを現場からつくり上げるものではなく、ある程度のパッケージをもち込むことが多いように見受けられる。しかし、イーパッチの場合は、まず現場、その場所の子ども個々の姿、あるいは周辺から聞こえてくる声から支援をつくるというプロセスを重視している。まずは個別の子どもの状況をアセスメントする。したがって、学習支援に関しても、いきなり学ぶための場をつくるのではなく、図2のように、まずは夢をあきらめてしまった子どもたちの状況に対して、夢の描き直しというねらいをもって、安全・安心な“居場所機能”をもたせた学びの場を試行している。

また図3のように、無理なく寄り添うことを大切にし、子どもたちに力を与えるというスタンスではなく、子どもたちにはそもそも力があるという前提で関わりをもつこととした。これがエンパワメントアプローチである。さらには、そうした独特の寄り添い型リーダーシップを理解するために、支援者養成

図3　エンパワメントアプローチの5つのステップ

子どもひとりひとりが"自らに内在する力"を見出す支援
↓
子ども自らがその力を発揮する場の創造
↓
子ども自らが力を有することに気づく機会の見極め
↓
それによる自己肯定感の醸成
↓
そこからの自立への促し

(注) これらの「場」の流れを促す支援者の養成も事業のひとつである。
(出所) 筆者作成。

も並行して実施している。

■ 教育改革につながる「学びの部屋」の今後

　子ども支援を、大きなマイナスの状態である子どもの個別の見極めから、夢の描き直しとしてスタートし、エンパワメントアプローチという寄り添い型リーダーシップによって実践する。それを筆者らは「学びの部屋」という名称で継続している。例えば、一定数の児童生徒が存在する応急仮設住宅のエリアであれば、地域の小・中学校の放課後の空き教室を活用する。数名のニーズで、学校開催が困難な場合は、応急仮設住宅の空き部屋を行政との交渉によって借用する。公民館はもちろん、あらゆる地域資源を、さまざまな方法で紡ぎながらの場づくりである。震災から3年がたつ2014年春の時点で、学びの部屋は岩手県内沿岸部の5市町20か所以上に及んでいる (図4)。

　会場によっては勉強に集中する部屋や、ゆっくりとくつろいでも話をしてもいい部屋等、子ども自身に選択肢を準備しているところもある。一室に子どもと支援者がマンツーマンで勉強しているところもある。それぞれにスタイルも違えば、新年度には閉じる場所も、新規開設する場所もある。ニーズありきの場づくりである限り、それは当然のことである。震災後の学習環境、居場所環境が整って、地域が独自に仕組みをつくれば、イーパッチという法人も必要とされなくなる。それがあるべきゴールなのである。

　継続して地域と関わっていると、あることが見えてくる。それは、不登校や

図4　「学びの部屋」の展開エリア

宮古市：6か所
・鍬ヶ崎交流施設ODENSE 2
・グリーンピア三陸宮古仮設
・崎山自治会館
・佐原地区センター
・駒形通公民館
・河南中学校（調整中）

住田町：1か所
・世田米中学校

山田町：2か所で調整中

釜石市：4か所
・唐丹中学校
・釜石東中学校
・小佐野コミュニティー
　センター（調整中）
・甲子地区生活応援
　センター（調整中）

大船渡市：5か所
・大立仮設住宅
・杉下仮設
・甫嶺仮設
・仲崎浜仮設
・大田仮設住宅

陸前高田市：4か所
・第一中学校
・米崎小学校
・横田中学校
・広田中学校

（注）調整中の会場は、今後の開催を検討している会場。または、新たに開催ニーズがあった会場。
（出所）「子どものエンパワメントいわて報告書2013」。

　学力低下、スポーツを通した地域交流等、震災が起こったこととは無関係とも思われるニーズの顕在化である。つまり、震災を機に子どもや地域は、これまで声に出せず、あるいは見えてすらいなかったニーズに気づいたのだ。震災という危機の"機"は、機会の"機"でもある。この新たな学習支援、居場所支援、さらには遊び支援を通して、そもそもの地域のニーズから問題を見出し、その解決策を、地域や行政、NPO等の協働によって生み出せるかもしれないのだ。これこそがソーシャル・イノベーションなのではないか。
　現在、イーパッチは復興庁の「新しい東北」先導モデル事業として、支援者の養成に取り組み始めた。また子育て家庭の保護者向けに「ママパパライン」という電話相談も実施している。現場とそこに生きる子どもたち、家族、地域全体に広がる活動である。企業や文部科学省等、さまざまな支援を受けながら、東北発、日本のスタンダードとなる教育改革を試みているこの動きは、今後の震災や震災だけではない、日常の子ども支援をも変えていく可能性をもっている。

【山本克彦】

23 若者の参画とコミュニティエンパワメント
YOUTH PARTICIPATION AND COMMUNITY EMPOWERMENT

■ 東日本大震災と"いわて GINGA-NET プロジェクト"

　2011年3月11日、あの日の記憶はまだ新しい。過去の大災害とは異なり、その情報は文字や写真というかたちだけでなく、YouTube 等の動画サイトにも数多く存在する。地震による津波が、町ごとのみ込んでいく映像はあまりにも衝撃的である。この未曾有の大災害と言われるなか、被災地のひとつである岩手県で地震津波から数か月後の夏に全国の学生が1,086名（146校の大学・専門学校等の高等教育機関）、現地滞在しながらボランティア活動を実施したプロジェクトがある。1995年の阪神・淡路大震災以降、災害時にボランティアに駆けつける若者たちの姿はあたりまえのようになっている。被災した地域とそこに生きる人々の役に立ちたい、少しでも自分にできることを……という思いをかたちにするために多くのボランティアが被災地を訪れる。しかし、そこには現地の情報を収集し、自らのもつ力と現地の状況を見極めることが要求される。もちろん、駆けつけてからニーズキャッチをすることもひとつの方法である。いずれにせよ、ボランティアがひとり現地入りするということは、生活のために必要なさまざまなモノがひとり分、被災地に必要となる。それでなくとも大変な状況のなか、被災地に負担をかけるだけのボランティアであってはならない。東日本大震災では、現地で移動するガソリンも不足し、緊急車両でさえ給油制限があった。ボランティアが宿泊滞在する施設はもちろん、テントを張るスペースも難しい状況だ。発災後1か月近く経っても、ボランティア自粛のメッセージを発信するほど、被災地は混乱していた。ところがテレビや新聞は数か月で、早くも立ち直ったかのように、ごく一部の被災者の笑顔を報道することもあった。そうしたなか、災害後のゴールデンウイークを境にすでにボラ

ンティアの人数が減少傾向という状況に対し、被災地側の若者が被災地のその後を想像し、学生の長期休暇を活用した「仕組み」そのものを創造していく。後にそのチームは「いわて GINGA-NET プロジェクト」（以下、銀河）と呼ばれることとなる。参画した全国の学生はその体験をふりかえり、被災地への支援継続だけでなく、自らが生活する地域の災害時を想像し、さまざまな活動を始めている。若者の姿に地域も刺激を受け、相互に学びあう機会もできてきた。この事例は社会に大きなインパクトを与え、今もなお継続展開しながら、社会を変えようとしている。これまでにない「大規模災害時における学生ボランティアの組織化と運営」と言えるこの仕組みがどのように生まれ、どう展開し、これからどのように進もうとしているのか、それについて述べていくこととする。

■ ソーシャル・イノベーションを促進する要因

ベースとしての平常時から、災害時というフェーズを体験すること

ソーシャル・イノベーションとは、社会のなかに存在する問題に向きあい、そこから課題を見出し、解決へのアクションを起こす。そこにこれまでにない新たなカタチや、新しいカチを創造することである。しかし、新しいものがいきなり奇抜な取り組みから生まれるのかというとそうではなく、必ず基礎、基本がある。新進気鋭の書道家が実は毎日すごい枚数の習字をこなす。プロスポーツ選手も、一流と呼ばれる人間ほど、基本の大切さを語る。これをベースと呼ぶならば、銀河が災害復興支援の現場において、仕組みを創造できたのは、ベースを大切にしてきたからと言える。おそらくソーシャル・イノベーションが生み出されるプロセスには、ベース（基礎や基本）があり、そこに何らかの外部刺激として"問題"との出会いがあると思われる。この事例では大震災という大きな刺激を受け止めた側の学生が、ベースの上に、潜在していた力とセンスを加えていくことで生まれた化学反応のようなものではないか。もともとこの銀河は筆者が所属していた岩手県立大学学生ボランティアセンター（以下、VC）の学生たちによるものである。この学生 VC の特徴は、①大学設立学生運営（大学教職員による運営委員会等をもたない）、②地域の依頼への対応

だけでなく、地域へのアウトリーチ、ニーズキャッチによって"活動をつくりだす"（プロジェクト型）、③災害VC運営を前提とした、合宿研修やワークキャンプによってトレーニングを継続する、というものであった。代表的なプロジェクトは、大学近隣地域の公民館等を活用し、地域住民と学生が鍋を囲んで食事会をするという「DoNabenet（どなべねっと）」である。このプロジェクトは図1にあるように、学生や地域あるいはその関係性に変化をもたらすとともに、大きく災害時に役立つものとなっている。年に数回、テーマを設定し開催されるこのプロジェクトのように、平常時の地域との関係構築やコミュニケーション、そこからのニーズキャッチ、企画運営等、ベースを学ぶことが災害時の変化に対応する力となっている。

参画によるエンパワメント

前述の大学設立学生運営やプロジェクト型の活動という形態は、さまざまな権限を学生に委譲するということを意味する。権限委譲とはエンパワメント（empowerment）の辞書的定義そのものであり、ひとは"選択や決定、挑戦すること"の権限を与えられることで、力を発揮するのだと考えられる。参加から参画というフェーズへの変化も、ソーシャル・イノベーションの創出をより促進するものである。図2は災害時において、参加型と参画型のボランティアを比較したものである。現在の災害VCのシステムでは、現地への移動が可能で、そこで受付を済ませれば現地のニーズとマッチングされ、活動ができる。しかしそれよりも学生自身が自主的に関わり、十分に自らの力を活かしきるには災害VC側に組み込まれた"主体の一部"となることが望ましい。銀河に関わった学生たちは合宿研修やワークキャンプといったトレーニングの機会を含め、参画型ボランティアの経験を有していた。この経験は、学生がもつ力（顕在するものも、潜在するものも含め）を発揮する機会であるとともに、その姿を通して現場や地域が学生の力を認め、関係性に変化を起こす機会にもなっている。

筆者が学生と共に体験した災害復興支援のうち、2004年中越地震では参加型ボランティア、2007年中越沖地震では参画型ボランティアの機会を与えてもらうことができた。東日本大震災では災害から10日が経った3月21日以降、大学の授業開始前日の4月17日まで、学生VCを中心とした学生ボランティア27名

図1　DoNabenet（どなべねっと）

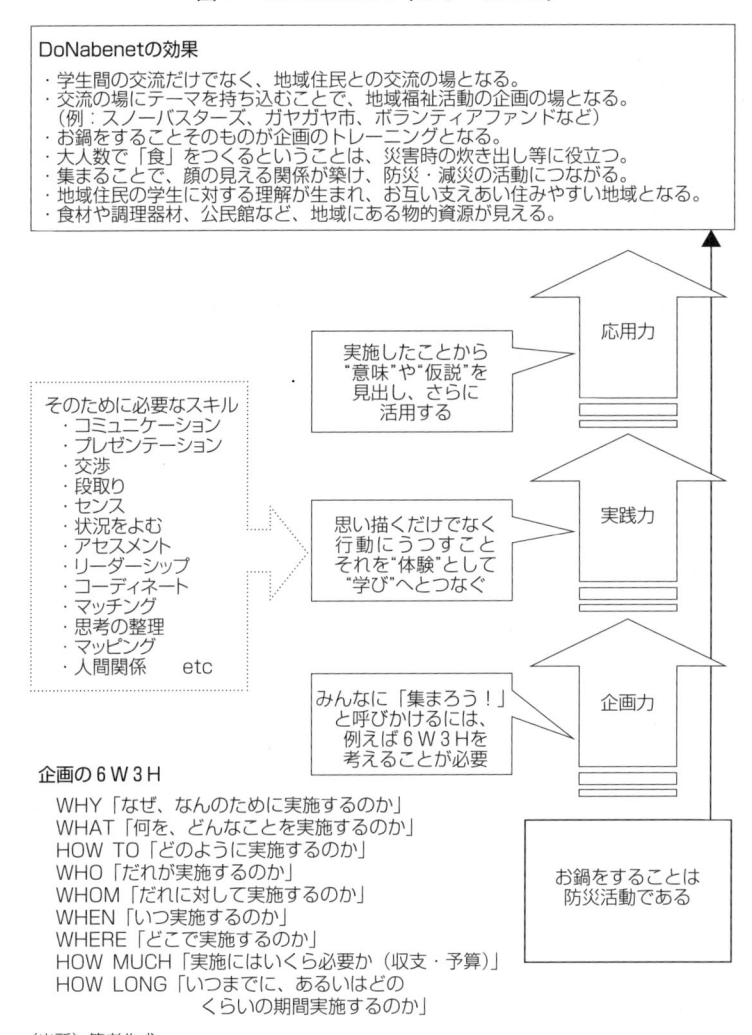

DoNabenetの効果
・学生間の交流だけでなく、地域住民との交流の場となる。
・交流の場にテーマを持ち込むことで、地域福祉活動の企画の場となる。
　（例：スノーバスターズ、ガヤガヤ市、ボランティアファンドなど）
・お鍋をすることそのものが企画のトレーニングとなる。
・大人数で「食」をつくるということは、災害時の炊き出し等に役立つ。
・集まることで、顔の見える関係が築け、防災・減災の活動につながる。
・地域住民の学生に対する理解が生まれ、お互い支えあい住みやすい地域となる。
・食材や調理器材、公民館など、地域にある物的資源が見える。

応用力　← 実施したことから"意味"や"仮説"を見出し、さらに活用する

そのために必要なスキル
・コミュニケーション
・プレゼンテーション
・交渉
・段取り
・センス
・状況をよむ
・アセスメント
・リーダーシップ
・コーディネート
・マッチング
・思考の整理
・マッピング
・人間関係　etc

実践力　← 思い描くだけでなく行動にうつすこと それを"体験"として"学び"へとつなぐ

企画力　← みんなに「集まろう！」と呼びかけるには、例えば6W3Hを考えることが必要

企画の6W3H
WHY「なぜ、なんのために実施するのか」
WHAT「何を、どんなことを実施するのか」
HOW TO「どのように実施するのか」
WHO「だれが実施するのか」
WHOM「だれに対して実施するのか」
WHEN「いつ実施するのか」
WHERE「どこで実施するのか」
HOW MUCH「実施にはいくら必要か（収支・予算）」
HOW LONG「いつまでに、あるいはどのくらいの期間実施するのか」

お鍋をすることは防災活動である

（出所）筆者作成。

が現地災害VCの運営支援にあたった。28日間、のべ252名（陸前高田市災害VCに115名、釜石市災害VCに137名）がボランティア受付やマッチング、避難所を巡回しながらのニーズ調査等に携わっている。この時期の活動は災害VCスタッフの負担の軽減だけでなく、その後の長期的な災害復興支援を考えた場

図2　参加型から参画型のボランティアへ

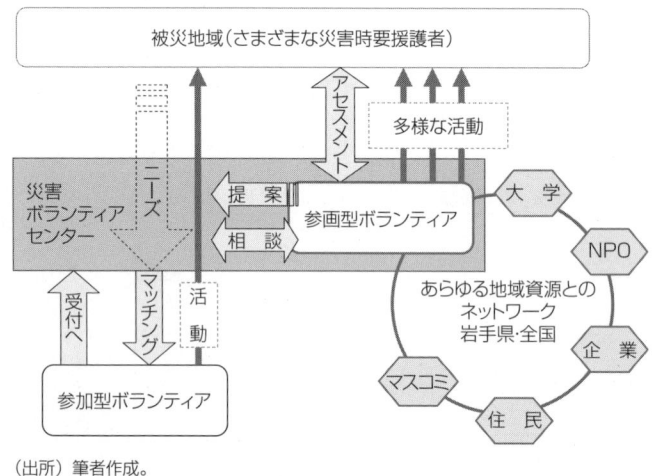

(出所）筆者作成。

合、現地災害VCや支援団体、地元のキーパーソン等との関係構築を目的とするところがあった。つまり銀河につながる現地アセスメントとしての災害VC運営支援期間であったと言える。

■ いわてGINGA-NETプロジェクトのスキーム

大規模自然災害の場合、被災地の範囲の広さや、現地災害VCをはじめとする"そもそもその地域に存在した支援機関や人員"が打撃を受けている（あるいは命を落とす、行方不明等）。被災地へ通える距離と、ある程度まとまった期間での支援継続には、滞在拠点と移動手段が必須である。岩手県沿岸南部4か所（大船渡市、陸前高田市、釜石市、大槌町）へのアクセスが30分前後で安全が確保できる拠点が廃校となった小学校体育館（校舎跡地の公民館含む）であった。震災から2か月後の連休にこの拠点を開設し、試行的に全国の学生に呼びかけた。この期間中（4月27日〜5月8日）、約20大学からのべ512名の学生ボランティアの参加を得ている。その後、学生が夏の長期休暇の予定を入れるまでの時期にあわせて全国6か所（大阪、東京、名古屋、静岡、岡山、神戸）で説明会を実施するなどしている。

こうした組み立て方は、下記をふまえてのことである。

〔学生であることのメリット・デメリット（災害支援の場合）〕
(1) メリット
・曜日、時期、時間帯を問わず行動しやすい
・条件がそろえば長期的な支援が可能である
・ポジションパワーが弱いこともあり、被災地の住民と関係を築きやすい
・若さ・体力がある
(2) デメリット
・意欲がある反面、支援に関する能力（知識や技術）には乏しい
・「参加」までのプロセスは可能だが、「参画」のプロセスには支援が必要
・活動資金等、経済的基盤がない

それ以降、NPO（ユースビジョン、さくらネット）との協働により、学生VCがプログラムの開発・支援を行い、NPOスタッフは学生VCが自分の役割に専念できるよう側面的な支援を行うとともに、広報や資金調達、参加学生の生活支援など、プログラム以外の全体の運営管理を担当した。若者の参画による災害復興支援はこうして実現したのである。

■ 今後の展望——"ふりかえり"と"もちかえり"

東南海あるいは首都直下等の地震は、今後必ず起こるものである。公助としての専門機関（自衛隊、消防、警察等）の支援や、医療福祉の専門職の支援の体制とともに、学生ボランティアによる災害対応は重要なものである。銀河によるスキームには以下が含まれている。

(1) 活動中の滞在場所（拠点）
(2) 全国から拠点までの移動手段
(3) 現地での移動手段（拠点から各支援先の往復）
(4) 拠点での寝食と入浴
(5) (4)に関する地域資源の情報収集（食材調達のスーパー、コンビニ等、入浴施設）
(6) 緊急時の地域資源情報（病院、警察署、消防署等の位置と連絡先）
(7) 交通機関利用の場合の最寄駅や、そこまでの移動手段
(8) 他に携帯電話各社の電波状況や拠点のIT環境等

図3　災害支援における学びのサイクル

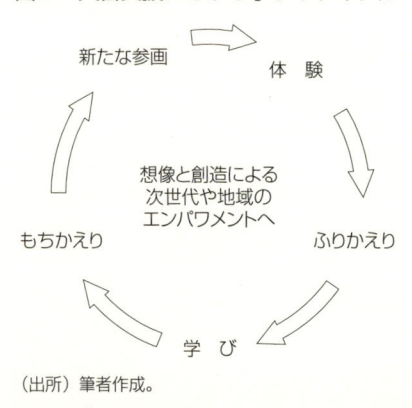

体験 → ふりかえり → 学び → もちかえり → 新たな参画 →（体験へ）

想像と創造による次世代や地域のエンパワメントへ

（出所）筆者作成。

　こうした項目をチェックすれば、今後の大規模自然災害に対し、より効率の高い支援が可能となる。また、銀河では今もなお継続して夏、冬、春のプロジェクトを運営している。学生は4年間（4年制大学の場合）を原則に卒業していくマンパワーである。銀河が若者の参画を持続可能なものとしている理由は、当時のプロジェクト代表がNPO法人を立ち上げたことである。現在は学生VCや近隣大学に対し、中間支援の役割を果たしている。大学内組織としての限界をNPOが支え始めたのである。またプロジェクトに参画する学生の参加動機は主に"銀河に参画した先輩"からの口コミである。そこには銀河期間中を通し、日々の活動の「ふりかえり」と、最終日のワークを実施していることの効果がある。東北を忘れずにというメッセージだけでなく、もしも自分たちの地域に災害が起きたらどうするのか、災害に備えるには何ができるのかを最終日のワークではテーマにする。これを「もちかえり」と呼ぶことにしている（図3）。

　こうした若者の参画によって、全国各地で地域防災・減災のチームが誕生し、地域と学生や大学との新たな関係性、または地域独自の仕組みが生まれることにもつながっている。若者たちの姿は地域に潜在していた力に対する外部刺激であり、まさにコミュニティエンパワメントを生むきっかけなのである（⇒9、22）。

【山本克彦】

24 地域資源を創出するデザイン・マネジメント
LET'S DESIGN THROUGH MANAGING RESOURCES

■ コミュニティ・デザインとソーシャル・イノベーションの深い関係

　日本においてコミュニティ・デザインは古くて新しい概念である。もちろん、この言葉に限った話ではないが、言葉は出会った時期で意味の受け止め方が異なる。もし、ソーシャル・イノベーションという言葉と同時期にコミュニティ・デザインという言葉に出会っていたら、コミュニティ・デザインとソーシャル・イノベーションは、ほぼ同義に受け止めているだろう。それはどちらの言葉も、多様な担い手が共に何らかの社会問題に直面し、その解決策を共に考え実践していく現場を表現する際に用いられるためだ。

　では、コミュニティ・デザインという2つのカタカナによる複合語はいつ、どのような文脈で出現したのか。その系譜を紐解くために、国立情報学研究所による論文情報ナビゲータ「CiNii」で検索してみると、改めて古くて新しい言葉であることが明らかとなった。最も古いものは建築・土木図書の専門出版社である彰国社が1946年に創刊した月刊誌『建築文化』の1976年5月号（通巻355号）に見られた。しかも、同号では特集が「コミュニティ・デザイン」であった。

　1976年5月の『建築文化』355号における特集「コミュニティ・デザイン」では、副題に掲げられた「既成市街地の居住環境をいかにして整備するか」という課題に26の小論を通じて迫っている。その冒頭「本特集の意図と背景」では、上述の課題に取り組んでいく背景として都市計画法（1965年）や地方自治法（1969年）を契機に、「都市全体を対象にした都市総合計画、都市基本計画の類がかなりの自治体で作成されるようになったが、いっこうにその内容が実現の方向に向かう気配がない」こと、また「居地的環境における対立・衝突が目

立ち始め、居住環境をめぐるミクロな政治的抗争が頻発している」こと、そして「都市規模の急激な拡大の停止や、都市居住者の生活上のゆとりが、住宅や環境の改善、形成されてしまった市街地の質の向上に、自治体・住民をして目を向けさせることになると想定される」ことを挙げている。こうした昭和40年代以降の地域コミュニティの動態に着目したこともあって、26の小論の前に収められた総論では、コミュニティ・デザインを「環境整備を目指したミクロな計画」と位置づけ、「いわゆる地区再開発型（redevelopment）だけではない、地区改善・地区修復型（improvement, rehabilitation）の対応を積極的に取り込んだ市街地更新を意図する」と、基礎自治体レベルではなく地区単位での統合的な計画立案と実施と遂行が求められることを訴えている（森村．1976, p.37）。そのうえで29人の執筆陣が、地区の構成、整備の手法、エレメントのデザインの3部構成で各論を展開している。

　このように、和製英語としてのコミュニティ・デザインは、居住環境という目に見える世界をよりよいものにしていくための視点を提示するものであった。それこそサン＝テグジュペリの『星の王子さま』で語られる「大切なものは目には見えない」ではないが、高度経済成長の後にオイルショックも経験したなか、地域に社会的・文化的な豊かさをもたらすため、専門家たちの目に見える世界の目には見えないものも大切にしたいという意欲を感じ取ることができる。これを古典的なコミュニティ・デザインとすると、現代的なコミュニティ・デザインとは何にあたるのか。結論を先取りするならば、目に見える世界において目には見えないものも大事にする実践を専門家だけが行うものではないということ、言わば「専門家コミュニティによる当事者コミュニティのためのデザイン」の結果ではなく「専門家と当事者が共にいるコミュニティづくりと並行したコミュニティのデザイン」の過程への着目である。

■ まちづくりとしてのコミュニティ・デザイン

　現代的なコミュニティ・デザインとは結果ではなく過程が重視されること、すなわち専門家によるアウトプットではなく専門家と当事者とのつながりと関わりのプロセスが鍵となる理由は、いわゆるまちづくりを取り巻く理論と実践

と深い関係がある。実際、先に着目したとおり、昭和40年代、すなわち1960年代から70年代に、都市の居住環境整備という視点で着目され始めたコミュニティ・デザインは、まずは目に見えるハード面に重点が置かれていた。ところが、前掲の『建築文化』355号の特集「コミュニティ・デザイン」において「住宅を考える」という各論を担った延藤安弘は、1990年代に入ってから1970年代後半からの居住環境整備の動向を整理し、器としてのハードな環境（もの）の整備が行われ、さらに住民の健康・福祉・教育・コミュニティの形成など、よりソフトな領域（生活）をも視野に入れられることで、「まちづくり」という表記が使われていったと述べている（延藤，1990）。このようにコミュニティ・デザインにおいてハードからソフトへと対象が変化したこととあわせて、その主体の変化をもともなっていることは、例えばクリストファー・アレグザンダーによる "A New Theory of Urban Design"（1987年）が邦訳される際に、「コミュニティのメンバーが自分達で都市をつくるという趣旨」から『まちづくりの新しい理論』とした訳者らの関心（アレグザンダー，1989，p.23）にも表れている。

　よって、コミュニティ・デザインの系譜を整理すると、1970年代から1990年代にかけては、居住環境整備に対して住民が担うことがソーシャル・イノベーションの実践として注目されたことがわかる。まずはハード面を中心に、行政による都市計画や企業による都市開発が住民にとっての抗争や紛争の火種として激化・悪化していくなかで、価値の調整をはかっていくことが求められたのである。高田光雄による「20世紀型のまちづくりと21世紀型まちづくり」の比較表（高田，2009，p.218）にもとづくなら、「牽引型リーダー」による「問題解決活動」が進められたのだ。また同時期には建築・土木の分野以外においても、例えば社会学において1970年代の中頃、鶴見和子がタルコット・パーソンズによる近代化社会に関する論考をもとに「自己の社会の伝統の上に立ちながら外来のモデルを自己の社会の条件に適合するように創りかえてゆく発展のあり方を『内発・自成の発展論』とよんだ」（西川，1989，p.4）ように、コミュニティの発展を考えるうえで担い手としての住民が立ち上がり、問題解決のために着手の手順や物事の段取りを重視することに注目が集まった。

　では1990年代以降にコミュニティ・デザインはどこに視点が置かれたか、そ

れは住民以外が住民と共に担うことにあったと考えられる。言わば1970年代以降に専門家から住民へと活動の主体が変化するなかで、住民からはハードとソフトの両面から多様な価値観が共有できる専門家が求められた。事実、この頃に出版された『コミュニティデザイン』という名の著作では、「現代のまちはそれ自体がダイナミックなメディア」であり、「目新しいデザインを取り入れることではなく、人々がそのまちに誇りを持ち、そのまちを訪れる人が心から楽しめるようにすること」がコミュニティ・デザインの基本だと述べられている（佐藤, 1992, p. 2）。前出の高田（2009）の比較になぞらえるなら、支援型リーダーが多様な価値観を調整し、価値創出型活動を展開する21世紀型まちづくりの勃興期と言えよう。

では本書が出版される2010年代のコミュニティ・デザインにはどんな特徴があるのか、それは住民以外の人がある地域に継続的に関わることで持続的な活動が展開されて住民になっていく実践、しかも都市部のまちづくりだけでなく、いわゆる中山間地域のまちおこしなどにも射程が広がってきた点を挙げることができよう。基本的には1990年代以降のまちづくりの流れを引き受けつつも、専門家と非専門家の区別は特に不問とされ、当該地域の魅力に引きつけられた人々が互いの思いを引き出し、まちづくりをハードとソフトという単純化した二項対立図式ではとらえずに、ヒト・モノ・カネ（これは英語圏でもMan-Material-Moneyの3つを並べて3Mと表現されるが、本トピックでは立ち入らない）といった調達型の地域資源だけでなく、情報・発想・人脈といった創出型の地域資源が重視されるという、まさにソーシャル・イノベーションの展開である（表1）。そこで、都市計画のプランナーが計画立案してきた時代から、まちづくりのコンサルタントが住民と共に事業実施を進めてきた時代を経て、人口減少社会の今、地域内外の地域資源の交流を促すファシリテーターが地域の文化を伝承する役割を担っていることを、具体的な事例から探っていくことにしよう。

■ コミュニティデザイナーの台頭

冒頭で「日本では」という含み置きのうえでコミュニティ・デザインを論じ

表1　コミュニティ・デザインの系譜

時代	担い手	対象	活動の契機	リーダー	支援者の性質
1970年代	住民と専門家	問題解決	立ち上がる	牽引する	プランナー
1990年代	専門家と住民（市民）	価値創出	求められる	調整する	コンサルタント
2010年代	専門家と非専門家	文化伝承	引きつけられる	交流する	ファシリテーター

(出所）筆者作成。

てきたが、ここでその発祥が米国であることを、1990年に著されたランドルフ・ヘスターの著作 "Community Design Primer"、特に1997年に邦訳された『まちづくりの方法と技術―コミュニティー・デザイン・プライマー』で確認してみたい。日本語版の序文には「アメリカ合衆国では（中略）言ったことが生かされると本当に町や街区が良くなることに、彼ら自身が驚く（中略）ような計画を、下からの参加型都市計画、あるいはコミュニティー・デザインと呼ぶ」と示したうえで、「今日、日本の都市計画家や市民は、町の問題を解決するために、参加型のワークショップやコミュニティー・デザインを使い始めている」と、翻訳先の状況にも言及された（ヘスター，1997，p.2）。ここで注目したいのは米国では「コミュニティー・デザイナー」と呼ばれる仕事があり、「日常生活をとりまく環境を創り出す」人、「人々が生活する家の周り、多くの人々が最も時間を費やす場所をデザインする」人、「さまざまな人々と共に働く」人であるとし、仕事の依頼は「コミュニティー・グループや近隣住区グループ、あるいは町自体がクライアント」となるなど「多様な人が構成するグループである場合が多い」と示されたことが挙げられる（p.7）。ちなみに同書は、2000年から開催されている「大地の芸術祭　越後妻有アートトリエンナーレ」や2010年から開催の「瀬戸内国際芸術祭」で総合ディレクターを務め、大阪府市連携による「水都大阪2009」のプロデューサーも務めた北川フラムが発行者であることも興味深い。

　ランドルフ・ヘスターらによってコミュニティデザイナーという概念が1997年に提示された後、2010年代に入ってから、自らをコミュニティデザイナーと

称し、コミュニティ・デザインという概念を急速に普及させたのが山崎亮である。その普及速度を追ってみると、単著では『コミュニティデザイン―人がつながるしくみをつくる』が2011年4月、『ソーシャルデザイン・アトラス―社会が輝くプロジェクトとヒント』が2012年8月、『コミュニティデザインの時代―自分たちで「まち」をつくる』が2012年9月、その間にMBS制作TBS系列で全国放送の『情熱大陸』で2011年5月29日に取り上げられ、さらに2012年3月11日に放送された『東北発☆未来塾』に出演、さらに共著は10冊を超えている。大阪府立大学農学部の増田昇研究室でランドスケープデザインを学んだ山崎が、なぜコミュニティデザイナーとして仕事をするようになったのかは初の単著に詳しく、ハードをつくらない設計事務所として仲間と共に立ち上げた「Studio-L」を設立する以前、つまり1999年から取り組んできた17の事例を通じて「ハードをデザインするとともにソフトをデザインすること」(山崎、2011, p.46) の意義を説いている。そして『コミュニティデザイン』の「おわりに」では、大学生で経験した阪神・淡路大震災と、コミュニティデザイナーとなって経験した東日本大震災との比較をしながら、「非常時のためだけでなく、日常の生活を楽しく充実したものにするため」「信頼できる仲間を手に入れ」「夢中になれるプロジェクトを見付け」「充実した人生を送るため」にもコミュニティ・デザインによる「人のつながり」が求められていると結んでいる(山崎、2011, p.252)。

　言うまでもなく、ランドルフ・ヘスターと山崎亮だけがコミュニティデザイナーではない。しかし、自らをコミュニティデザイナーと言わないまでも、時には一定の師弟関係を結びながら、他者と関わるうえでのスキルやセンスを磨いて誠実にコミュニティに向き合う人々がよいコミュニティへと導いていることを、兵庫県立大学を通じてコミュニティ・デザインに携わっている林まゆみらの著作『地域を元気にする―実践！コミュニティデザイン』が教えてくれる。2013年10月に出版された同書は、「地域の資源を活用しながら、地域や自らも元気にする」ことがコミュニティ・デザインであると位置づけ、「地域の元気を引き出そうと、長年活動してきた11人の語り部による記録」としてまとめられている(林、2013, p.3)。こうした書籍で取り上げられるまちづくりの担い手たちは必ずしも自らをコミュニティデザイナーと名乗ることはないのだ

ろうが、多様な実践例を紹介する同書が、日本で始めてコミュニティ・デザインを取り上げた学術雑誌『建築文化』を出版した彰国社から上梓されたことも偶然ではなかろう。

このようにまちづくりの文脈で語られるコミュニティ・デザインは古くて新しいものであるが、コミュニティもデザインも概念を拡張してとらえることができるため、コミュニティ・デザインを仕事にするコミュニティデザイナーのありさまも自ずと多彩となる。先ほど少しだけ触れた芸術文化の領域では、「大地の芸術祭 越後妻有アートトリエンナーレ」が好例とされるように、芸術家と地域住民、芸術家と鑑賞者、鑑賞者と地域住民が、互いに交流を深めることによって、都市と農村の交流人口を増やし、結果として改めて地域の魅力が（再）発見されていくというコミュニティ・デザインがなされている（⇒26）。このとき、果たしてコミュニティデザイナーは誰なのか。もちろん、最初の仕掛け人としてのコミュニティデザイナーは誰かを特定できる（大地の芸術祭であれば北川フラムである）ものの、事業の継続と運営母体となる組織の持続の過程で、無数のコミュニティデザイナーの共創により、コミュニティは維持・発展されているのだ（図1）。

図1　コミュニティデザイナーが生み出すもの

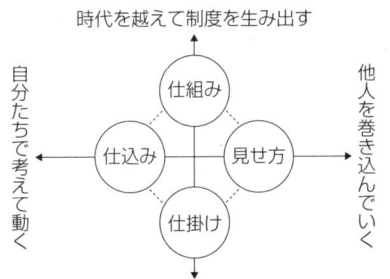

（出所）筆者作成。

■ 合い言葉づくりという成果

実は筆者もまた、ささやかながらコミュニティ・デザインに取り組んできた。本書でも紹介している浄土宗應典院にまつわる実践がそれであり、大学院では周辺地域のネットワーク型まちづくりに着目してきた。その成果は大阪ガスのエネルギー・文化研究所が中心になって組織化された上町台地コミュニティ・デザイン研究会による『地域を活かすつながりのデザイン』に収められた。抽象度が高い表現になるが、ネットワーク型まちづくりはリーダーとフォ

ロワーの相即的な関係づくり（互いに偶有性があり共同性が承認されている）や異質性の現前（自分たちの今を見つめ直す契機を生むためには他者の存在が不可欠である）によって活性化することを「長縄跳び」の比喩（長縄跳びは回す人と跳ぶ人がいて成り立つ、周りから送られる声援や黙って見つめる人の視線が重要）で語ったものだ。

　これらの実践から、コミュニティ・デザインの成果とは、新しい言葉、特にコミュニティのメンバーが共通して使うことができる合い言葉を生み出すことであるととらえている。例えば筆者が携わった別の事例、同志社大学リエゾンオフィスの職員が仕掛け人となって取り組んだ京都府京丹波町での黒大豆を手がかりとしたコミュニティ・デザインでは、大学側が地域住民の方々を「先生」に仕立てる取り組み（京丹波ぽーく大学、京丹波わいん大学、京丹波野菜大学）などを展開し、2年目には「まめおやの会」という取り組みを通じて地域内外の交流と地域外への関心と地域内への関心を駆り立てる事業を実施した。それらの実践に携わった西村（2008, p.235）は「イベントばかりだったとはいえ、人間関係が豊かになり、次年度も何かをやっていこうというムードが生まれたことは最大の成果ですよね」と、現場の言葉を拾っている。大学が仕掛けるコミュニティ・デザインゆえに「大学」という言葉を入れた事業名を掲げたものの、その場での「先生」は地域のみなさんという主客逆転の場づくりに取り組んだことで、活性化への雰囲気づくりに功を奏した、という具合である。

　地域の活性化には「よそ者」「若者」「バカ者」が重要と指摘されて久しい。近年では島根県海士町の山内道雄町長がこのフレーズを積極的に用いていることで知られる。なぜなら、山内町長のリーダーシップにより、鳥取県の北60キロに位置する人口や約2,400人の離島に、この5年で260人ほどの「Iターン」者が居を構えたためである。定住者の増加にともなう新旧住民の緊張と対話が何を生み出したのか、それは「よそ者」「若者」「バカ者」の「中立さと純粋さが地域の人たちに本来大切にすべきものやことを思い出させる」（山崎, 2011, p.169）作用であろう。このように、コミュニティ・デザインは、必ずしも特定の地域内のみの波及効果や、当該コミュニティの成員を越えて人間関係に影響がもたらされることから、空間的な側面よりも時間的な側面に着目しつつ人間関係を見つめていくという点で、コミュニケーションデザインという概念にも

通じる点が多い（⇒**25**）。

　ここまでの議論をまとめると、コミュニティ・デザインとは、狭義では多様な主体による参加型まちづくりのプロセスデザイン、広義ではあらゆる場面におけるよりよい人間関係の構築というコミュニケーションデザインとなる。レイ・オルデンバーグの言う「サードプレイス」の概念では、家でも職場でもない第三の場所が「遊び心」に満ちた雰囲気とすることで、「喜びや受容が、不安や疎外を制する」（オルデンバーグ，2013，p.91）とされており、「よそ者」「若者」「バカ者」に象徴されるような他者性を帯びた人々の存在がコミュニティづくりには重要であることを確認することができる。実はこの『サードプレイス』でも、また『まちづくりの新しい理論』でも、共通して引用されているのが、ジェイン・ジェイコブスによる『アメリカ大都市の死と生』であり、それらを通じてまちづくりの活動や地域のコミュニケーションにおける自治の視点に関心をむけているのだ。こうした地域ガバナンスにおけるコミュニティ・デザインについては苅谷剛彦らによる『創造的コミュニティのデザイン──教育と文化の公共空間』や、立教大学大学院21世紀社会デザイン研究科のコミュニティデザイン学分野の教員である中村陽一による「コミュニティデザインの歴史」が収められた『クリエイティブ・コミュニティ・デザイン──関わり、つくり、巻き込もう』が参考になるので、記して結びとしたい。

【山口洋典】

25 コミュニケーションデザインによる価値の創出
SOCIAL BETTERMENT BY COMMUNICATION-DESIGN

■ コミュニケーションデザインとは

「ソーシャル・イノベーション」と同じく「コミュニケーションデザイン」も、複合語を構成する2つの言葉に固執すると、その概念に迫ることが難しくなる。とはいえ無用の混乱が招かれぬよう、冒頭で本トピックでの視点を整理しておこう。まず、コミュニケーションとは、クロード・シャノンとウォーレン・ウィーバーが「情報通信」の比喩で示した発話者と解釈者のあいだの「情報の伝達」ではなく、杉万俊夫が「かや」の比喩で示した集合体での「意味の浸透」をはかる行為としてとらえる。そして、デザインとは、有形・無形を問わず、人為的に環境への変化をもたらす行為としてとらえる。

大阪大学コミュニケーションデザイン・センター（CSCD）の設置（2005年）当時に副総長を務めた鷲田清一は「コミュニケーションデザインは、コミュニケーションのデザインではなくて、コミュニケーションを通じたデザインだ」（鷲田, 2007, p.231）と述べている。筆者は複合語によって提供される1つの概念に迫るには、対義語から考える、辞書を引く、語源を紐解く、前置詞を挿入する、と4つの方法があることを示した（山口, 2007, pp.6-8）。転じて、コミュニケーションとデザインの2語を「・」で分けずに用いるCSCDが2つの前置詞を使い分けて2語の意味に迫るうえでも、本トピックでのコミュニケーションとデザインのとらえ方が符合する。すなわち、コミュニケーションデザインとは、他者とのあいだで意味が浸透する方法「の（of）」変化をもたらすのではなく、意味の浸透「を通じた（through）」関係の変化をもたらす行為ということだ。

ここで、関係の変化と関係性の変化とでは、観点が大きく異なることに注意をむけられたい。関係の変化とは、2者以上の関係が、ある時点と比較してど

う変化したかの結果である。それに対して、関係性の変化とは、2者以上の関係が、現時点からどう変化していくかの傾向である。ここにコミュニケーションデザインとはコミュニケーションを通じたデザインだという指摘を重ねると、コミュニケーションデザインとは意味の浸透をはかる行為を通じて関係に変化をもたらす行為と示され、関係性の変化をもたらすことこそコミュニケーションデザインであることがわかる。

　よって、本トピックではコミュニケーションデザインを「よりよい関係性の創出」と括ることとしたい。ちなみにCSCDの池田光穂は、行為の深度からコミュニケーションデザインを「構想・設計」「計画・実行」「社会に提唱」の3つの「モード」に整理している。しかし本トピックでは「よりよい」という言葉に象徴される価値を扱う実践に違和感をもたない読者を想定し、ソーシャル・イノベーターによるコミュニティデザインでは自ずから現象内在的に他者に関与するために「よりよい」雰囲気が「創出」されることを前提に、3つのモードを自ずから貫いていくと想像し、簡潔に示した。次節ではソーシャル・イノベーションとコミュニケーションデザインとは親和的な概念であることを紐解くことにしよう。

■ コミュニケーションデザインとソーシャル・イノベーション

　前節で確認したとおり、コミュニケーションデザインは、ソーシャル・イノベーションと共に、価値の創出や維持・発展を追求する実践である。加えて、各々の実践による成果は、唯一絶対の正解（the correct answer）ではなく、現状の改善（betterment）であるという点でも相通じている。つまり、それぞれの社会、地域、組織などの枠組みや雰囲気を変えようとする積極的かつ継続的な姿勢が重要なのだ。すなわち社会を変えることも、雰囲気を変えることも、実践に着手を決意した時点、実際に着手した時点、継続して実践を展開している時点、それぞれの場面において、新たな選択肢の可能性を探り、複数の選択肢のなかから最適なものを選び抜く選択眼が求められる。

　よって、「よりよい関係性を創出」するコミュニケーションデザインも、「新しい社会的価値を創造」するソーシャル・イノベーションも、基本的には未来志

図1　活動理論

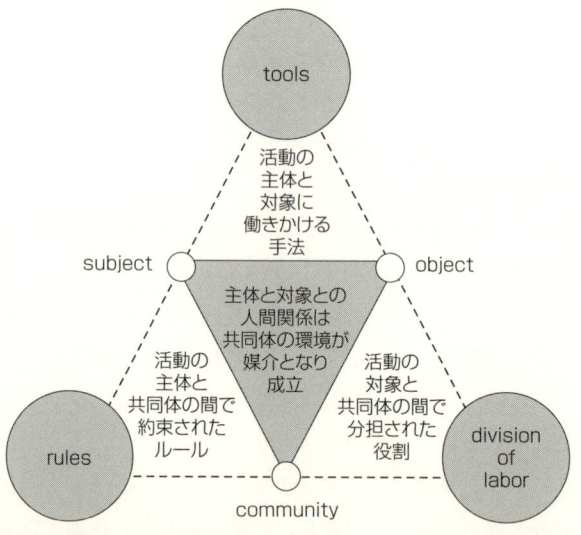

```
                    tools
                      ○
                    ╱  │  ╲
                   ╱ 活動の ╲
                  ╱  主体と  ╲
                 ╱   対象に   ╲
                ╱  働きかける  ╲
               ╱      手法      ╲
        subject ○────────────○ object
             ╱  ╲  主体と対象との  ╱  ╲
            ╱    ╲ 人間関係は    ╱    ╲
           ╱ 活動の ╲共同体の環境が╱ 活動の ╲
          ╱  主体と  ╲ 媒介となり ╱ 対象と  ╲
         ╱ 共同体の間で ╲  成立  ╱共同体の間で ╲
        ╱  約束された   ╲      ╱  分担された  ╲
   rules ○   ルール    ○      ○    役割    ○ division
                                              of labor
                    community
```

（注）活動の主体が対象に働きかける際に各々が属する共同体によって当該行為が媒介されていることを「活動の基本構造」として逆正三角形で表されている。その逆正三角形の3つの頂点を中点とする正三角形（底辺の対頂点が「道具」、それに対して左側の頂点が共同体のメンバーと活動の主体の相互の関係を規定する「規範」、右側の頂点が活動の対象と共同体のメンバーとの間の「分業」）で図解される「活動システム」に収斂された（図解への日本語注記と解説は筆者による）。
（出所）Engeström, 1987と杉万, 2013をもとに筆者作成。

　向である。だからといって、過去を一切省みないのではなく、現在から過去を掘り下げて問題の根を探り、よい未来にむけて過去と現在を結ぶ構想力が、担い手には求められる。ここでソーシャル・イノベーションにもコミュニケーションデザインにも唯一絶対の正解がないことに鑑みれば、過去への認識も未来への見識にも「過ち」は存在しない。この点の理解には、社会心理学の一分野で人間関係の心理学とも言われる「グループ・ダイナミックス」の理論が参考になる。

　例えば、ヘルシンキ大学のユーリア・エンゲストロームは、レフ・ヴィゴツキーらロシアの「文化－歴史的心理学派」の流れを汲み、人間の活動では多くの人々の関心や協力を得て何らかの成果がもたらされ、活動の構成要素が相互に関係を規定すると理論化した。それが「活動理論」（activity theory）である（図1）。理論の解説は出所に掲げた書物等に譲るとして、ここではこの理論の

特徴と実践への援用方法について簡単に触れることにしよう。なぜなら、グループ・ダイナミックスが人間関係の心理学であるという点をふまえれば、実践的研究の分析に用いられる活動理論は、コミュニケーションデザインの理論として位置づけることができるためだ。

　ちょうど、ソーシャル・イノベーションでは「仲間と共に動き出す」点が特徴とされるが、逆にコミュニケーションデザインは現在から過去へと「仲間と共に動いているか」を見つめ、「仲間と共にどう動いていくか」を見据える実践である。そのため、過去への認識を改めるために、問題が起きていなかったと思われる際の状況（活動A）、問題が解決された理想的な状況（活動C）、活動AからCへと状況が移行するために必要な活動（活動B）の順で、現象を記述していく「ものさし」として活動理論は用いられる。重要なのは過去（A）、未来（C）、少し先の未来（B）の順で構造化をはかることである。それは「今、ここ（now and here）」の状況を生み出した背景を過去回帰的に個々に想起しつつ、よりよい場の構造を未来創造的に集団で検討していくことで、価値の調整から価値の共有へと集団内での関係が深化し、関係性のデザインが成立するためである。

■　コミュニケーションデザインを通じたソーシャル・イノベーション

　ここでコミュニケーションデザインによって導かれるソーシャル・イノベーションについて、前節の活動理論をもとに、筆者が携わった地域通貨の事例から紐解いていくことにしよう。取り上げるのは1999年に滋賀県草津市で導入された地域通貨「おうみ」である。地域通貨「おうみ」は、JR草津駅西口から徒歩5分ほどの「草津コミュニティ支援センター」利用者のクーポン券として始まった。草津コミュニティ支援センターは、1998年に隣地でマンション開発を行った丸紅株式会社から草津市へ無償提供された。草津市コミュニティ事業団に管理が委託されたものの、利用者が解錠・施錠をし、運営は年間5,000円の登録料を払った団体によって構成される共同事務局が担い、すべての登録団体に毎月1回の運営会議への参加を求めるという、自主管理方式がとられた。
　1999年5月に誕生した地域通貨「おうみ」は、草津コミュニティ支援セン

ターの常時開設と事務局設置をはかるうえで生み出された道具である。なるべく団体側の金銭的な負担を少なくするかたちでセンターを使えるような方法を模索するなか、米国ニューヨーク州のイサカアワー（Ithaca Hour）をモデルとした。100円相当の価値を1おうみとして位置づけ、1おうみ、5おうみ、10おうみの3種類の紙券を発行し、掃除や利用受付の業務請負や運営会議への出席など、発行主体である草津コミュニティ支援センターの管理運営に貢献した場合に一定額の「おうみ」が支払われた。そのため、資金のある団体は現金で利用し、資金のない団体はセンターに時間を割くことで利用料相当分を稼ぐことになった。

センターのクーポン券が地域通貨へと昇華したのは、センターへの貢献度が高い人に使い切れないほどの「おうみ」が貯まってしまう「おうみ長者」が出現したことが引き金となった。そのため、団体や個人とセンターとのあいだだけではなく、センターに関係する個人・団体間でのやりとりが進められることになった。結果として「おうみ」の使用を通じた多彩なコミュニケーションが創出され、センターは「公民館とは言わない公民館」として、市民活動の拠点施設と位置づいた。開設当初の意に反して、利用料を払うほうが気が楽で、清掃の義務を煩わしいと考える団体が多かったのだ。

その後、お金のようでお金でない「おうみ」は、新たな仕組みや仕掛けに興味を抱く人々とのあいだのコミュニケーションのツールとして機能していった。そして、センターを運営するコミュニティの活性化をもたらす仕組みは、全員で運営するというルールを緩和させた。と同時に、運営側が使用側に場所への関心を駆り立てる仕掛けとして功を奏した。こうして、活用されていない地域資源の価値の創出がもたらされたのである。

■ コミュニケーションデザインとしてのソーシャル・イノベーション

このように、事例からコミュニケーションデザインをとらえてみると、ソーシャル・イノベーションの過程はコミュニケーションデザインの実践と位置づけられる。これに活動理論を重ねると、主体が対象に働きかけていく際のルールを見直しツールを変えることで、人と環境をよりよい方向へと導くシナリオ

が構築される、と説明が可能だ。いま、シナリオという言葉を使ったが、ソーシャル・イノベーションも、コミュニケーションデザインも、どこかで一芝居打たなければならない。その際、役を割ってシナリオどおりに進むことだけが良い芝居ではなく、舞台の進行にあわせたアドリブも求められる。

　実は活動理論とは、単に活動の構図を整理し「わかりたい」だけでなく、過去の状況を現在から回想してよりよい未来を構想する「かわりたい」人たちのための理論である。そのため、ソーシャル・イノベーションを語るうえでも都合がよいのだが、そもそも日々の実践では理論的な思考はよそに、魚の釣り方のひとつでもある「バックキャスティング」を行っている。すなわち、理想的な場面を想像し、その場の振る舞いを集団のなかで決定している。事実、地域通貨「おうみ」も、開設前には理想的と考えられていた自主管理方式も、いざ開館後には掃除の義務が煩わしく、登録団体の合議で意思決定を行う場への参加も遠のいたため、イサカアワーという強烈なモデルを理想と掲げ、当面の問題解決をはかるために、クーポン券というツールを導入し、それまでのルールを見直し、場に携わる者の役割すなわちロールが再確認された（図２）。

　冒頭でコミュニケーションデザインは「よい関係性の創出」であると述べたが、その可能性が疎外されるのが、次の条件である。まずは何らかの活動に取り組むうえで、①主体が「強い責任感」に駆られている、②活動の対象が「受け身な姿勢」を貫いている、そして③そうした活動の集合体で「極端に排他的・包摂的な傾向」がある場合は、活動の継続・発展を支える基本的な関係が成立していない。これに加えて、手法が固定化する④「手段の目的化」、その反対に活動主体による⑤「ルールの頻繁な改定」、そして活動の対象側での⑥「役割の固定化」は、関係性の悪化や膠着化を招く要因となる。実はこの６点は、①～③は活動理論における活動の基本システムの構成要素間の矛盾、④～⑥はそれらを取り巻く３要素間の矛盾を析出したものの、実は地域通貨「おうみ」が2004年11月に活動を休止する背景の考察でもある。

　ソーシャル・イノベーションもコミュニケーションデザインも、価値の創出や維持・発展を追求する実践であるため、始めるよりも続けることが難しい。最も難しいのは適切に終えることであろう。したがって、安定と変革の相克にこそ、ソーシャル・イノベーションの醍醐味と、コミュニケーションデザイン

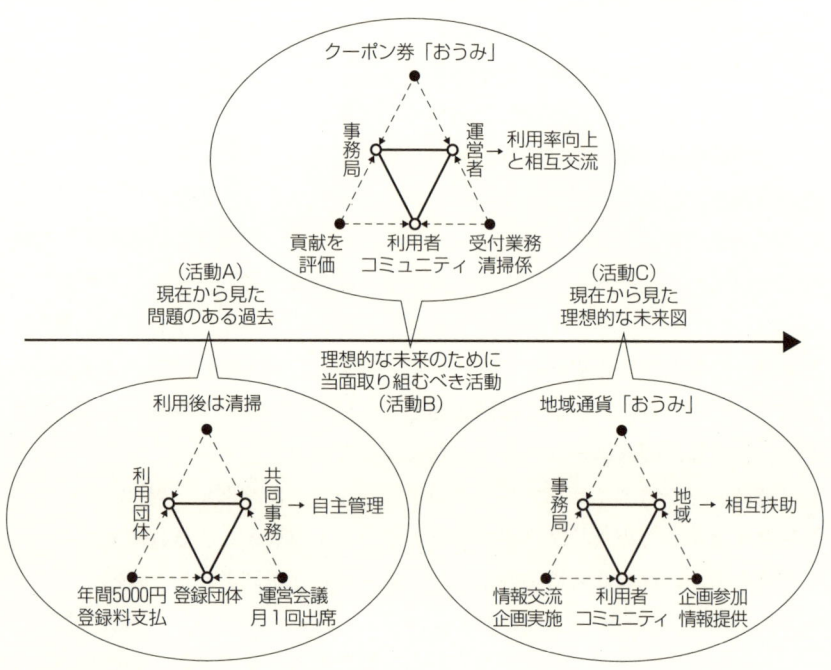

図2　「おうみ」のコミュニケーションデザインの変遷と活動理論

(出所) 筆者作成。

の重要性を見て取ることができる。過去を見つめて未来を見据える、その際に既存のルールにとらわれず、さらにツールを押しつけない、そんなロールプレイングゲームあるいは即興劇こそ、ソーシャル・イノベーションのためのコミュニケーションデザインの実践である。

【山口洋典】

26 社会をひらくアート
ENLIGHTENING ARTS

■ アートの価値

　社会の変革に積極的に関与してきたアーティストは、少なくない。例えば、工業化社会における生活と芸術の調和をめざしアーツアンドクラフツ運動を推進したウィリアム・モリス。あるいは、政治や環境など社会問題のアートによる解決を目論み自由国際大学を立ち上げたヨーゼフ・ボイスなどである。イギリスの批評家ハーバート・リードが指摘するように、アーティストはまだ社会全体に共有されていない感覚やイメージを先取りし、それを作品というかたちで社会に提示してきた。モリスやボイスほどには社会運動に傾倒しないアーティストであっても、時代の節目の変革を担う一員ではあったと言えよう。

　日本ではこれまで、アートが社会や経済と直接関わるとは一般にはあまり考えられていなかった。だが、2000年代以降、徐々に状況が変わりつつある。地域活性化の一環としてアートプロジェクトが盛んになり、また、医療福祉の現場での表現活動が一般化し、障害をもつ人のアート作品に対する認知度も高まっている。社会問題や日常生活のさまざまな水準にアートを取り入れた活動が増加している状況だ。人口の減少や高齢化、地域経済の衰退などを背景に、これまでのようにアートを単なる文化的記号の消費ととらえるのではなく、生きることの根源にある行為として、またコミュニケーションや社会の変革の契機としてとらえる視点が広がっているといってよいだろう。

　地域づくりやケアの現場で活用されることの多くなったアートではあるが、他のコンテンツと交換不可能な、アートに固有の性質はなんだろうか。さらに、アートがソーシャル・イノベーションを引き起こすとすれば、それはどのような性質によってもたらされるのだろうか。

アートには、次のような特質があると考えられる。第1に、経済性に組み込まれない精神的な価値をもつという点である。アートにはアートに固有の市場があるから、金銭で取引されるという経済価値の側面をもってはいるが、本質的な価値は経済性ではない。アートの価値はそもそも、有用性や労働量ではかることはできず、それゆえ、経済的な価値の外側に存在する。第2に、感性的な価値であるという点が挙げられる。経済以外の価値といえば、ほかにも知識や技術などの知的価値、宗教や倫理などの精神的価値、文化財のように歴史性や希少性がもたらす価値などさまざまな価値があるが、アートは人間の感性的な側面に働きかけるという価値をもっている。そして第3に、その感性的な価値は、知性や理性にもとづく価値に比べて、規範にとらわれない自由度をもつ。アートは、唯一の真理をめざしはせず、異端や矛盾をも受け容れる多義的かつ両義的な概念なのである。

　「経済性や有用性の外部に存在し、精神的で感性的な価値を提供し、時には規範を逸脱する」アートは、その他に変えがたい性質によって、社会に変革をもたらす。このときアートは、単なる癒しや集客の道具ではない。常識的な発想やコミュニケーションに風穴を開ける働きをするのである。では、具体的にはどのように、アートがソーシャル・イノベーションを誘発するのだろうか。ここでは3つの事例を取り上げながら紹介したい。

■ アートがソーシャル・イノベーションを誘発するとき

想像力を起動する──心臓ピクニック

　アートが社会に関わる最も身近な場面は、人と人とのコミュニケーションの媒介を果たすときである。日常のおしゃべりでもなく、また会議やディベートでもない感性的なコミュニケーションの場が、アートによってひらかれる。このとき人は、自分のもつ常識の外に出て、世界や他者へ想像力を働かせることができるようになる。

　その事例のひとつとして、筆者らの取り組む「心臓ピクニック」という実践を挙げよう。「心臓ピクニック」は、心臓の鼓動を触覚的に感じられる小さな装置を用いて、自分の身体や他人とコミュニケーションするワークショップであ

写1　「心臓ピクニック」のワークショッ
　　　プの様子　　　　　　　　　　　写2　「心臓ボックス」の使用法

（出所）筆者撮影。　　　　　　　　　　（出所）筆者撮影。

る（写1）。このワークショップでは、参加者はまず心臓ボックスと呼ばれる立方体の箱を手のひらに載せ、次に聴診器を自分の胸にあてる（写2）。すると鼓動が手のひらの上にある心臓ボックスに伝わり、触覚的に自分の心臓の動きを感じることができる。続いて、他の参加者と心臓ボックスを交換し、それぞれの鼓動の違いを味わったり、散歩や運動によって変化する鼓動を感じたりする。

　「心臓ピクニック」は、心臓の仕組みを説明したり、いのちの大切さをことさら強調したりはしない。しかし参加者は、心臓ボックスを通じて、生まれてからずっと自分の命を支えるために動き続けてくれているにもかかわらず、普段はその存在すら忘れてしまっている心臓に出会い直し、自分ではコントロールできない生命の営みが、まさに自分の身体の内部にあることを感じることになる。さらに、他の参加者とのコミュニケーションを通じて、他の人のなかにも同様な生命の構造があることに触れる。こうして、初めて出会う人同士であれ、いつも一緒にいる家族同士であれ、日常生活とは異なるコミュニケーションがひらかれるのである。

　このように、人と人とのあいだにこれまでにない回路がひらかれることは、アートが介在したコミュニケーションの特徴である。地域のアートプロジェクトが、単に集客や経済効果にとどまらない地域の価値創造につながるとすれば、まさにこうした想像力を地域のさまざまな人間関係に生じさせるからだと

言える。すでに互いに共通の常識となっている話題を交わすのでもなく、目的的な合意形成のためでもない、アートだからこそ生じる異質なコミュニケーションが、多様な住民同士の本質的な関係をつくり上げていくのである。

組織を飛躍させる——大阪市立大学医学部附属病院

コミュニケーションが想像力豊かになれば、組織の文化や関係規範にも影響が出るはずだ。大阪市立大学医学部附属病院は、アート活動を病院内に取り入れた先駆的な病院のひとつであるが、同院でアート活動を行う本質的な目的は、組織の健全さを保つためだという。アートを医療施設に導入する場合、一般的には患者への楽しみの提供や精神的なケアが目的とされることが多い。同院の組織力向上という意図は異彩を放っていると言ってよい。

大阪市立大学医学部附属病院は、病床数約1,000床、職員数約2,000人、外来患者数1日約2,000人の大規模な病院である。病院とは、幅広い年齢層のさまざまな病気を抱える患者、多種多彩な専門性をもつ職員など、多くの異質な人々からなるひとつの社会に他ならない。山口ら（2012）は、このように病院をひとつの社会と見立てたとき、アートプロジェクトの意義が明確になると主張する。病院組織は多様な専門職の集合であり、一般的にセクショナリズムが横行しやすく、それが提供する医療の質の低下をもたらすことも多い。同院でアートを導入する本質的な意義は、そうした組織の硬直化を防ぎ、組織間の風通しを良くし、職員の創造性が発揮されやすい環境を創造することを通じて、結果的に医療の質を向上させることである。

そのため同院では、組織横断型でアートプロジェクトを実施することになった。当初は小児病棟を中心に、外部アーティストの協力を得ながらワークショップや展覧会を開催していたが、2006年以降は、医療の改善活動と療養環境改善を担当する委員会「良質医療委員会」が芸術活動への支援業務を担当することになった。2009年には、ランドスケープデザイナーの花村周寛と詩人の上田假奈代による「風のおみく詩（じ）」というプロジェクトを行った（写3、写4）。公共スペースである中庭に、全職員から集めた患者とその家族へのメッセージが取り付けられた総計500個の銀のアルミ風船を設置するというインスタレーションである。その風船は誰でも持ち帰ってよく、10日ほどですべての

写3　「風のおみく詩」展示風景　　写4　アルミ風船に付けられたメッセージ

（出所）山口ら（2012）より許可を得て転載（撮影：山口洋典）。　　（出所）山口ら（2012）より許可を得て転載（撮影：山口洋典）。

風船が無くなった。

　こうしたアートプロジェクトへの参加を通じて、職員が組織横断的で柔軟な人間関係を獲得できるようになり、また、職員がアーティストの多様な思考や手法に触れることで、彼ら・彼女らが本来もっていた主体性、創造性、独創性が触発されたという。ここでアートは、作品そのものの価値ではなく、アートプロジェクトのための協働の機会を提供することを通じて、組織に変革をもたらしている。組織がアートを取り入れることでイノベーションをひき起していく典型的な事例である。

　根源的な営みを社会につなげる──エイブルアート・カンパニー
　最後に、表現する行為そのものの力に目をむけてみたい。歌ったり絵を描いたりすることは、衣食住のための労働という視点から見れば、直接に生活の役には立たない行為である。しかし先に見たように、アートがもつ精神的・感性的価値を認めるならば、人間らしい社会の形成のためには、アート作品や表現活動が不可欠だと言えるだろう。
　エイブルアート・カンパニーは、障害をもつ人がアートを職業にできる環境づくりのために始められた活動である。登録されたアーティストの作品を公開し、著作権の窓口になることで、広告や商品に使用したいという企業や団体などとつなげ、作家に著作権使用料を支払う。運営は、財団法人たんぽぽの家、NPO法人エイブル・アート・ジャパン、NPO法人工房まるが共同であたる。

図1 「Good Job! DOCUMENT 01」の表紙

(出所) 財団法人たんぽぽの家発行。

2007年の設立以降、文具やアパレルといった商品や、雑誌やポスターなどの印刷物に数多くイメージが使われ、伊勢丹やパルコなど量販店で期間限定の出店なども行うようになっている（図1）。

エイブルアート・カンパニーのイノベーションは、障害者の作品は健常者のそれより劣っているという従来の福祉的な思考の枠組みを外し、他の商品と並べても対等の商品力をもちうるはずだと考えることで、新たなビジネスモデルを創出した点にある。その前提には、アートは人間に不可欠な根源的な営みであり、障害者の表現は必ず、多くの一般の人の心を動かすはずだという信念があったと考えられる。だからこそ、アートを単に競合製品との差別化の記号と考えず、またあえて従来の福祉的なデザインを捨てて、アートそのものの力を引き出すデザインを生み出すことができた。その結果、従来とはまったく異なるデザインと流通形態を生み出し、障害者の収入や表現活動の意義の変化にもつながったのである。

■ 社会のアート化にむけて

1990年代から2000年代を通じて、日本のアート関係者の間で盛んにアートマネジメントやアートの社会化が議論された時期があった。アートワールドがあまりにも一般の社会常識から乖離しすぎ、社会的ニーズに応える企画が難しくなっていること、美術館や劇場などの文化施設といえども経済状況の悪化を背景に経営的視点が不可欠になったことなどが、その背景にあった。

しかし、2010年代のいま、アートの社会化よりも、社会のアート化が必要なのではないだろうか。社会のアート化は、単に美的に生活を美しく飾るということではない。上記に見てきたように、「経済性や有用性の外部に存在し、精神的で感性的な価値を提供し、時には規範を逸脱する」アートこそ、想像力を起動し、組織を飛躍させ、根源的な営みを社会につなげる働きを通じて、硬直した社会を撹拌し、イノベーションを生み出す原動力になるはずだ。

　経済成長が幸福の指標として支配的だった時代とは異なり、現代の私たちは、何が本当の幸せなのかをラディカルに問い直さなければならない時代に暮らしている。少子高齢化が進み多死社会に移行していくなかで、病気や障害、介護や看取りが社会の一部の人々の問題ではなく、誰もが向き合わねばならない課題になっていくだろう。そのときこそ、コミュニケーションを活性化し、常識を転倒させていく、イノベーションの誘発装置としてのアートの価値がますます高まっていくと考えられる。

【坂倉杏介】

27　民家の新しい活用
USE OF VACANT HOUSES

■ 空き家化する日本

　空き家が、増え続けている。平成20年度の総務省の調べによると、全国の空き家は757万戸で、その数は年々増加している（総務省「平成20年住宅・土地統計調査」）。このなかには、売却予定だがまだ買い手のついていない物件や、入居者待ちの賃貸用物件も含まれるが、売却・賃貸の予定がなく居住世帯が何らかの事情により長期間不在であるという住宅は、35％にも上るという。空き家率は、経済条件だけではなく、高齢化率や人口減少率に応じて高まると言われており、少子高齢化社会へむかう日本は、同時に全国的な空き家化に直面しているのである。

　空き家が増加すると、何が問題なのだろうか。まず、建物の修繕などが行われないことで、老朽化による倒壊のおそれが生じる。また、所有者が適切に管理せず放置することによって、不審者が出入りしたり、放火されたりといった、防災・防犯上の危険も高まる。さらに、ゴミの不法投棄など衛生面の問題や建物の荒廃による景観上の問題なども発生する。空き家の増加は、特に近隣住民の生活環境に大きな影響を及ぼす問題なのである。

　空き家が増加する直接の理由の多くは、経済的要因である。すなわち、貸し出すためには修繕費が必要であり、売却するにも建物の撤去等コストがかかる。出費をしてまで賃貸や売却をする意志がない場合、また費用を捻出できない場合、持ち家はそのまま放置され空き家になる。借り手や買い手がつく見通しがなく市場に出せないこともあるが、ニーズがある物件でも、地価の値上がり期待から売却を渋るケースもある。さらに単純に、相続や売却の手続きの煩雑さから、特に所有者が高齢者の場合、そのままにされることも多い。このた

め、空き家対策はこれまで、主に建物を撤去し適切に売却するためのサポートという方向で行われてきた。空き家となった建物は撤去し、土地を売却し、新たな居住者が新築するというサイクルが前提されてきたのである。

ところが近年になって、空き家を除去するだけではなく、むしろ既存のストックとして積極的に活用しようという考え方が見られるようになってきた（国土交通省「空き家再生等推進事業」など）。中山間地域や離島の定住促進政策向けの住宅としての活用、デイサービスなど福祉施設としての転用、住民の交流拠点としての再利用など、空き家の活用事例は増えている。都市部でも、東京都世田谷区では、空き家や空き部屋を地域で暮らす人々のゆるやかなつながりを形成するための資源として活用していくための「世田谷らしい空き家等の地域貢献活用モデル事業」を、平成25年度から実施している。

空き家の活用という潮流は、古民家や町屋を改装した商業施設、学校や工場などを転用したオフィスや文化施設、さらに「住み開き」と言われる住居の一部をパブリックな活動に開放する個人の取り組み事例の増加と重なっているように思われる。人口の減少に応じて、都市や集落をいかに効率的に縮小できるかが求められるなか、従来のスクラップアンドビルドではなく、既存ストックの再利用が求められるのは必然と言ってよいだろう。

空き家の活用は、空き家問題の創造的な解決事例である。しかし、社会全体から俯瞰すれば、空き家そのものがソーシャル・イノベーションの重要な資源のひとつと考えられるのではないだろうか（⇒ 7、11、16、19）。以下、筆者が取り組んできた大学教育における空き家活用の事例を紹介しながら、空き家がもつソーシャル・イノベーションの可能性を検討する。

■ もうひとつの学び場「三田の家」

東京都港区、慶應義塾大学とJR田町駅のあいだの繁華街の一画に、ひっそりとたたずむ一軒の民家がある。「三田の家」と名付けられたその「家」は、筆者を含む慶應義塾大学の教員、（元）学生が自主運営する「新たな学びの場」である（写1）。オープンは、2006年9月。近年は誰も住むことなく倉庫替わりに使われていた築約40年の住宅を、自分たちの手で半年間かけて改装した。

写1　「三田の家」の外観　　　　写2　「三田の家」での授業風景

（出所）筆者撮影。　　　　　　　（出所）筆者撮影。

慶應義塾大学のウェブサイトには、以下のような紹介が記載されている。

　ある日は、いろんな学部の学生たちが集まり、誰でも参加可能なオープンな授業を行っている。またある日は、外国人留学生たちが日本人学生に入り交じり、自国のあるいは日本の文化についてのミニプレゼンをしている。またある日は、障害のある人・ない人が一緒に賑やかに歌を作るワークショップに参加している。またある日は、近くの商店街のイベントの相談のため、商店主・教員・学生たちがミーティングをしている。こうして、実に多様な人たちが、自由に出入りしながら、ある時は真剣に議論しあい、またある時は美味しい食事を囲みながら、夜遅くまで交歓する。それが「三田の家」という場所です。（慶應義塾大学教養研究センター、http://lib-arts.hc.keio.ac.jp/exchange/cooperation/mita.php）

　授業でありながら「誰でも参加可能」というオープンさ。国籍や障害の有無を問わない交流。地域の人と教員、学生が活動を共にすること。あるときは真剣に議論し、あるときは食事を囲む柔軟さ。こうした自由な雰囲気に誘われて、「三田の家」には毎年、実人数で100人以上の学生、50人以上の留学生が出入りしている。また、それを上回る一般の来場者、卒業生、地域の人々が集まり、さまざまな出会いが起きている。ここではキャンパス内の授業と違い、何かを学ばねばならない義務はないのだが、教室では得られない貴重な学びが生じている。学生、教員、地域住民それぞれにとってかけがえのない学び場なのである。そして「三田の家」は、民家を転用した空間だからこそ実現したユニークな実践であると言ってよい（写2）。

「三田の家」で実現しているような、参加者の幅広さとその関係性の多様さ、活動の多彩さをもつ場をキャンパス内につくるのは、実は非常に難しい。台所とリビングがあり、しかも教室とは異なる懐かしい雰囲気の民家を舞台にするからこそ実現しやすくなる関係性だと言ってよい。もちろん、空間だけがそのような活動を成り立たせているのではなく、「三田の家」は、主に教員からなる「マスター」が曜日ごとの場づくりを担当しており、彼ら・彼女らのパーソナリティも大きな要素のひとつである。また、大学から徒歩2〜3分という立地も、大学の既存のアクティビティからつかず離れずのほどよい距離感にある。いずれにしても、「三田の家」の質感は、スクラップアンドビルドの結果である新築の建物には馴染まない。民家を再利用するからこそ生み出せる価値だと言えるだろう。

写3　「芝の家」の様子

(出所) 筆者撮影。

　「三田の家」はまた、新たなアイデアや活動がそこから立ち上がってくるようなイノベーションの場でもある。多様な人々が創造的に出会い、しなやかに関係を組み替えていける場であることによって、さまざまな予期せぬ新しい活動が、「三田の家」から生まれた。

　例えば、「うたの住む家」は、障害があってもなくても参加できる歌づくりのワークショップだが、これまで100回以上も開催され、常連たちの居場所になるとともに毎回新たな参加者が訪れる創造の場になった。毎週月曜日の夜に開催される「小さい国際交流」は、多くの留学生と日本人学生、教育や国際交流の関係者などが集まり、特に故郷を離れ日本にやってきた留学生たちにとっては、なくてはならない交流のプラットフォームである。

　2008年には、港区芝地区総合支所との協働で、新たな地域コミュニティづくりの拠点「芝の家」が開設された。「三田の家」の妹分のようなこの拠点は、子どもからお年寄りまで近隣のさまざまな年代の人が自由に集い交流する居場所として、地域に定着している（写3）。障害、多文化共生、コミュニティ形

成と社会的問題はまちまちだが、いずれもその課題が民家的な交流空間と結びつき、さまざまな資源が出会うことで生まれた新しい事業である。

「三田の家」は、2013年10月にクローズしたが、そこから生まれた個々の活動やネットワークの多くは、拠点や開催形態を変えながら継続され、着実に地域に根ざしていっている。都市の小さな空き家が、地域のソーシャル・イノベーションのきっかけになった事例である。

■　ソーシャル・イノベーションの資源としての民家

「三田の家」は、空き家活用のひとつの小さな事例にすぎないけれども、それを手がかりに、民家を転用することによって生まれる価値をいくつかまとめてみよう。

民家を活用する第1のメリットは、コストである。歴史的住宅の改装には多額の費用がかかるケースもあるが、多くの場合、既存の住宅を転用する場合は新築に比較してコストは安く抑えられる。

また、民家独特の交流しやすい雰囲気も魅力のひとつである。古民家や町屋を改装したカフェが増えているように、もともと住居として使用されていた建物は、集う人たちに親密な感じを与えてくれることが多い。耐久性や快適性の面ではウィークポイントとなる建物の古さは、そこでの人と人との親密な関わりという面からは、逆に新築の物件にはない価値となる。「三田の家」では、教員と学生、日本人と留学生、大学関係者と地域住民などが自由に交流する雰囲気があったが、これは民家的交流空間の力であったと言ってよい。

民家のこうした力は、特に福祉分野で注目されており、空き家や住居の一部を開放した高齢者のサロンやデイサービスが増えている。そのメリットはまず、民家が高齢者にとって馴染みのある空間であることから、家庭的な雰囲気でサービスを提供することがしやすいという点が挙げられる。また、もともと人々が暮らしていた建物を使うことから、日常の生活圏とも近く、地元のボランティアが参加しやすいなど、地域に根ざした地域福祉の基盤になりやすい。地域包括ケアの仕組みづくりにおいて見逃せない地域資源と考えられているのである。積極的に民家を活用している事例としては、佐賀の宅老所、富山型デ

イサービスなどが有名である。また新潟県では、地域の茶の間が県内に2,000か所以上あり、地域の公民館などを利用する形態のほか、自宅を開放した茶の間が増加している（写4）。

民家とイノベーションの関係についてより本質的なのは、空間の意味の転換である。もともと住むために建てられた家を、その他の目的に使用することは、当初の空間の機能や使い方の転換である。

写4　常設型地域の茶の間「うちの実家」（新潟市）

（出所）筆者撮影。

「三田の家」は、民家を使っているために「家」という名前だが、実際には誰も住んでおらず、本来の意味では「家」ではない。しかし、リビングがあり台所がある「三田の家」は、物理的にはいまだ「家」そのものであり、そうした空間で授業が行われると、意想外の出来事や出会い、発想や気づきが起きる。授業中に寝転んだり、コーヒーを入れたり、近隣の人が急に訪ねてきたり、ということは、キャンパス内の教室ではほとんど起こらない。大学では起こりえない思考が生まれるゆえんである。空間の物理的なありようや活動内容に比べて、意味の転換という機能は抽象的と感じられるかもしれない。しかし、意識的にも無意識的にも、空間とそこで行われる活動との常識的な結合がゆるめられることによって、ソーシャル・イノベーションの生じやすい風土がもたらされるのではないだろうか。イノベーションとは、創造的な破壊をともなう新たな結合であり、民家＝住居という常識的な結びつきが分離されることで、これまでは断絶していた資源同士の出会いや編み直しが起きるのである。民家の活用は、単にコストのメリットや交流空間としての魅力だけではなく、通常の施設ではのぞみにくい社会資源の結合によるイノベーションの誘発の契機になりうるのである。

■ 民家のさらなる活用にむけて

　民家を活用したさまざまな取り組みは、今後もさらに増えていくに違いない。これまでのスクラップアンドビルドによる都市形成という常識を覆し、これからの時代にマッチしたソーシャル・イノベーションの資源として定着していくと考えられる。しかし、現状では問題がないとは言えない。一定の規模の空き家を住居以外に利用する場合、用途変更や改築が必要になるケースがある。また、宅老所の場合は、通所施設か宿泊施設か、介護保険が適用されるサービスかそうでないかなど、先例のない取り組みであるため、どこまでが規制の対象になるのかが不明瞭で、自治体によって解釈の幅が大きくなりがちなのが現状と言える。低所得者向けの「脱法ハウス」や悪質な高齢者福祉施設などが実際に存在することから、規制を一方的に緩和すればよいわけではないが、逆に画一的な法規制が行われることによって、本トピックで挙げた民家ならではの価値がなくなってしまうことも想定される。ソーシャル・イノベーションのプラットフォームとして民家がもつ価値——コストのメリット、交流空間の力、社会資源の結合の場——を認めながら、柔軟な法規制とその運用が求められる。

【坂倉杏介】

28 開かれた宗教空間を生み出す
FAITH BASED COMMUNITY DESIGN

■ 宗教施設とは

　毎年、文部科学省によって公表される「宗教統計調査」の2013年度の結果によれば、2012年12月31日現在の日本における「全国社寺教会等信者数」は197,100,835人である。その内訳を見てみるとキリスト教系が1,908,479人、仏教系が85,138,694人、神道系が100,939,613人、そして天理教やいわゆる新宗教や一部の新興宗教を含む諸教が9,114,049人という。こうした区分による統計は、第二次世界大戦前には「宗教団体法」により神道と仏教とキリスト教だけが国家に公認された宗教だったことの名残でもある。文化庁は冒頭の「宗教統計調査」を各年度『宗教年鑑』にまとめており、本トピック執筆時点で最新の「平成24年度版」を見ても、「公認の宗教団体は、行政上、『類似宗教』として扱われ」「これらの宗教団体以外に、教義を宣布したり儀式の執行を行う組織については、宗教結社として届出させるものとした」が、「終戦後、宗教法人令により宗教法人の設立が届出制になると、いわゆる新宗教も、それぞれ宗教法人を設立していった」とある（文化庁，2013，p.24）（⇒**15**）。
　ともあれ、この結果から明らかなことは、無宗教と言われて久しい日本人であるが、統計上では人口よりも信者数が多いということだ。なぜ人口よりも多くの信者がいることになるのかを探る素材としては、読売新聞が1979年から取り組んでいる「年間連続調査」のひとつ「宗教観」が参考になる。2008年の調査によれば、層化二段無作為抽出法によって全国250地点で3,000人を対象にした戸別訪問面接聴取法の結果（1,837人より回収、回答率は61.2%）、宗教を信じている人が26.1%で信じていない人が71.9%であるものの、先祖を敬う気持ちをもっている人が94.0%、もっていない人は4.5%、さらに自然のなかに人間の力

を超えた何かを感じることがある人は56.3%、ない人は39.2%という。加えて、複数回答により宗教に関することで「していること、したこと」の問いには、「墓参り」(78.3%)、「初詣」(73.1%)、「仏壇や神棚などに手を合わせる」(56.7%)、「お宮参りや七五三」(50.6%)などが回答の上位を占めるのに対し、「教典や聖書などを折にふれ読む」(8.1%)や「宗教的な行として、お勤め、ミサ、修行、布教などをする」(6.5%)は低い水準となっている。

なお「宗教統計調査」の2013年度の結果によれば、日本の宗教施設の数は22万を超える。数が特定できないのは、宗教法人法第2条に「礼拝の施設を備える神社、寺院、教会、修道院その他これらに類する団体」(第1項)と「前号に掲げる団体を包括する教派、宗派、教団、教会、修道会、司教区その他これらに類する団体」とされているため、複数の団体で複数の礼拝堂等の施設を有している場合が考えられるためだ。実際、宗教法人数は神道系85,087、仏教系77,400、キリスト教系4,559、諸教14,757だが、宗教団体数は神道系88,720、仏教系85,238、キリスト教系9,277、諸教36,954という具合に、法人数よりも団体数が多い結果となっている。それに加えて、1団体が複数の宗教施設を有している可能性もあるため、日本の宗教施設数は220,189を超えて存在すると推定できる。

ちなみに地域に根ざしたソーシャル・イノベーションの観点として近隣住区論をもとにすれば、小学校区がコミュニティの単位とされる。そして近隣住区論では、小学校区ごとに置かれる教会の役割に着目されるように、宗教施設はソーシャル・イノベーションの重要な拠点でもある。ただ、文部科学省による学校基本調査(平成25年度確定値)によれば、日本では小学校の総数21,131のうち20,836が公立という結果から、実にその10倍以上の宗教施設が地域コミュニティに存在していることになる。よって本トピックでは、こうして街中にあふれている宗教施設とソーシャル・イノベーションの関係について整理していくことにしよう。

■ 宗教施設とソーシャル・イノベーション

宗教施設とソーシャル・イノベーションを考えるうえで、まずはフィンラン

ドのカンピ礼拝堂（Kamppi Chapel of Silence）を取り上げたい（写1）。これは2008年から2年ごとに開催される「世界デザイン首都（WDC: the World Design Capital）」の2012年の開催地にヘルシンキが選ばれたことを契機に建築された、高さ11.5mの木造の教会である。この教会の特徴は、ヘルシンキ市の公式観光情報サイトでも紹介されているとおり、ヘ

写真1　フィンランド・カンピ礼拝堂

（出所）2014年3月7日筆者撮影。

ルシンキ中央駅から徒歩10分ほどのカンピショッピングセンター前のナリンッカトリ（Narinkkatori）広場という繁華街にあって、朝8時から夜8時まで（土日は10時から）「静寂との出会いの場」として一切の行事を開催せず、ただ開放されていることにある。ルーテル教会と市役所の社会福祉課が協力して運営しているため、対話を求める来訪者に対しては教会区の方やソーシャルワーカーなどが面談できる体制が整えられている。

　このカンピ礼拝堂のように、政策的な視点から宗教施設を取り上げることは珍しいことかもしれない。とりわけ日本では、明治維新の際のいわゆる神仏分離令の後、日本国憲法第20条1項・3項および第89条によって特定宗教には特権を与えずに信教の自由が保障されたことを受け、とかく公共施設と公共問題との関係には、ある種のタブー視が重ねられてきた。その一方で、国内外を問わず、宗教施設は観光資源としても活用されるとともに、地域の印象を司る、言わばアイコンのように取り扱われることがある。例えば、京都市南区にある東寺の「五重塔」は、Microsoft Powerpointの「Kyoto」というテンプレートにも用いられている。

　ただし、創造的な都市とすべく宗教団体と行政が協力し新たに宗教施設を建設し運営に工夫を重ねるカンピ礼拝堂と、テンプレートに仏塔という宗教施設を盛り込んで地域性を演出するPowerPointの「Kyoto」とは、新しい社会的な価値を創出するという点、すなわちソーシャル・イノベーションの観点では共通する要素をもつ。その要素とは、日常をずらし、新しい日常への手がかり

[Ⅲ]　28　開かれた宗教空間を生み出す

をもたらすことである。専ら日本に限ったことではないのだが、その論拠として宗教法人法を紐解いてみると、第2条には「宗教の教義をひろめ、儀式行事を行い、及び信者を教化育成すること」が宗教団体の主な役割とある。このことにより、宗教施設は信者のために儀礼が行われる閉じた世界という見方ができる一方で、カンピ礼拝堂では都市における生活文化を支える拠点としての宗教施設の役割が追求され、また「Kyoto」テンプレートではプレゼンテーションの素材に多用されることで宗教施設が日本の原風景のひとつとして織り込まれる可能性がもたらされている。

　ソーシャル・イノベーションを語る際、既存の法律に縛られすぎる必要はないが、宗教法人法の第6条には「公益事業を行うことができる」とある。要するに、宗教施設とは、基本的に共益的な活動の拠点なのである。よって、共益的施設である宗教施設が、よりよい社会の創造のために公益事業を展開して新たな価値を創出する拠点となりうるかどうかは、宗教者による宗教施設でのソーシャル・イノベーションと、宗教者の協力を得た宗教施設とのソーシャル・イノベーションのいずれの形態が求められるだろう。このことをふまえつつ、筆者が身を置く大阪・天王寺区にある浄土宗寺院「應典院」でのソーシャル・イノベーションについて紹介することにしよう。

■ 宗教施設でのソーシャル・イノベーション

　ソーシャル・イノベーションとは、そのイノベーションがソーシャル（社会的）かプライベート（私的）かその発端や志向の違いにかかわらず単なるハプニング（偶然や事件）ではなく、ソーシャル・イノベーターによって、積極的に仕掛けられ、仕込まれた結果としてもたされる。應典院でのソーシャル・イノベーションは、まずは秋田光彦住職というソーシャル・イノベーターがその端緒を開き、宗教者によるソーシャル・イノベーションが宗教者の協力を得た宗教施設とのソーシャル・イノベーションを生むという、ソーシャル・イノベーションにおける好循環の一例として取り上げることができる。

　應典院は、1550年に足利家の祈願所として創建された如意珠應山極楽院大蓮寺の3代目の住職の隠棲所であり、1614年に現在の大蓮寺境内において開かれ

たという。しかし、1945年の大阪大空襲によって下寺町交差点の一帯が壊滅的な被害を受けたことにより、しばらく歴史は途絶えていた。

應典院は1995年の阪神・淡路大震災とオウム真理教事件に対し、後に大蓮寺の29代目の住職となる秋田光彦の挑戦と挑発から現在の形に再建されたと言っても過言ではない。事実、再建10周年の折にまとめられた記念誌『呼吸するお寺』（1997年）では「地域社会を見えない糸でつないできた日本仏教の生命線も完全に切れた」と語られているとともに、2010年に初の単著としてまとめられた『葬式をしない寺』には「社会にかかわったことのない仏教には、反応の仕方さえわからなかった」（秋田, 2010）と述べられている。1995年にはすでに大蓮寺創建450年記念事業として應典院の再建計画は進められていたものの、その途上で大きな社会問題に直面したことにより、應典院は変化の時代への「リアクション寺院」として、檀家・お墓・葬式に依存しないお寺のあり方を追い求めることになったのだ。まるで芸能界での芸風のような言い回しとしてしまったが、住職の表現を借りるなら「教導から協働へ」の質的転換をはかったのが應典院である。

まず應典院は再建にあたり「どこに向かって風まかせではなく、都市における文化装置となるべく」、都市文化の研究者や都市計画の専門家らの協力を得て、再建後の寺院における管理・運営の基本理念をコンセプトブックにまとめた。そして鍵概念となった「気づき・学び・遊び」にもとづいて各種の事業が展開されるよう、「入信」ではなく「入会」という性格で参加を求めるNPO「應典院寺町倶楽部」が1997年5月に設立された。悠久の歴史のなかでお寺が地域における教育と福祉と芸術文化の拠点となってきたことへの原点回帰として、お寺のNPOのコラボレーションで地域に場を開くことをひとつのソーシャル・イノベーションとしたのである。こうしてお寺の事業部門がNPO化されたことで、應典院は共益型ではなく公益型の寺院として、そのハード・ソフト・ハートの適切なコーディネーションが可能となったのだ。

再建当初から應典院でフィールドワークを展開してきた東京工業大学の上田紀行は、その著書『がんばれ仏教！』において「應典院の特徴はとにかく日本でいちばん多くの若い人たちが集まる寺であるということだ」（上田, 2004, p.113）と記している。「人を集める」のではなく「人が集まる」、そこには本堂

を劇場仕様としつつ性格の異なる2つのワークショップルームを研修室として擁したハード面、学び・アート・ケア・まちづくり・スピリチュアルケアの5つを活動の軸としたソフト面、そして僧侶と市民の両者が共に場の担い手となっていくというハート面と、それらの調和がもたらされるように努めてきた実践の蓄積による。これらを受け、山口（2012）では、ハード面の基盤整備を重視した都市計画から住民参加によるソフト面に力点が置かれるようになったまちづくりへの展開に着想を得て、應典院は「寺を動かす仕組み」を生み出す「寺づくり」活動を重ねてきたと整理したので、各種事業の詳細などについてはそちらを参照されたい。ちなみに、應典院は社会の変化や地域の動きと連動して年間40の舞台公演・70程度の研修・交流会等が実施される活動拠点となっているが、それは「お寺が」事業の主体になろうとするのではなく、「お寺で」各種の事業がなされるように場と機会が開かれてきたゆえんで、寺院の生まれでもなく應典院での取り組みに魅せられて僧侶になった筆者が最も実感できているひとりかもしれない。

■ 宗教施設とのソーシャル・イノベーション

宗教施設に限らず、特定の個人のリーダーシップに依存していては、ある空間が多様な人々の活動の拠点として開かれた場にはならない。場づくりとは空間にどのような時間を演出するか、言わば空間と時間の化学反応なのである。複数の寺院をソーシャル・イノベーションの視点を交えて比較研究した本多（2011）は、宗教施設が公共空間として位置づけられるのは「僧侶のみならずそこに集う心ある市民が、生活圏における一人ひとりの『苦』と向き合い、その『苦』を生み出している社会的機制や政策について語り、その解決策を論じ合う場」（p.44）となるためという。このように、宗教施設を開くというソーシャル・イノベーションでは、空間のオーナー（所有代表者）である宗教者がオーナーシップ（代表者の責任）を発揮し、その空間に集う人々のフォロワーシップ（支持者の思い）を汲み、育んでいくことが欠かせない。

應典院では再建当初から、比較的近隣に位置する西成・釜ヶ崎・あいりん地区で簡易宿泊所等に暮らす地域の人々を支援してきた「釜ヶ崎ふるさとの家」

の本田哲郎神父と交流をさせていただいてきた。本田神父のみならず、キリスト者の方々が、地域に自らを開く実践を通じて地域の人々から教典を読み直すという往還を重ねておられる取り組みには、宗教施設とソーシャル・イノベーションを考えるうえで、きわめて貴重な学びを得ることができるだろう。

そこで、そのひとつとして、北海道浦河町にある、旧約聖書の創世記に出てくる地名（Bethel）に由来し「神の家」という意味を掲げた「べてるの家」を紹介しよう。すでに著書や映像作品等で幅広く紹介されているが、「べてるの家」は、1984年より日本基督教団浦河伝道所の旧会堂を拠点に、地域で暮らしている精神障害のある方々の生活、働く場、ケア、3つの共同体になるよう、NPO法人、有限会社、そして社会福祉法人など、複数の種類の法人を設立し、各種の事業が重なり合いをつけながら、「自分自身で、ともに」生きていく環境を維持、発展させてきているのだ（例えば、浦河べてるの家, 2005）。

実は宗教施設とソーシャル・イノベーションを論じるにあたり、今回は一貫して施設と拠点という言葉を明確に使い分けてきた。無論、良い／悪いという価値の問題を埋め込むためではなく、ハード面のみを強調するときには施設という表現を用い、そして施設に集う人や、集った人々のあいだで歓声が弾けている状態や、結果として地域が活性化している構造に対しては拠点という表現を充てることにした。「べてるの家」は、専門家によって病名が付けられ、処方された薬によって管理され、施設に閉じ込められてきた「治療の対象者」を、コ・メディカルスタッフ（医師と共に働く医療従事者、例えばソーシャルワーカーなど）が冷静かつ大胆に「暮らしの当事者」として位置づけなおした。そうした主客の転回への橋渡し、あるいは触媒となったのが長らく地域に根ざしてきた教会であり、牧師であった。

2010年、年間約3万人が孤独死を迎える時代をNHKが「無縁社会」と呼んだことが記憶に新しいが、人口減少時代にあって看取りと見送りと供養という死にまつわる「喪の文化」（山口, 2012）の変容は避けられないため、今後、死は個人の問題よりも公共の問題としての重みが増していくであろう（図1）(⇒14)。若者たちには「就活」が深刻化するなか、高齢者による「終活」の活発化により、宗教儀礼の消費サービス化を嘆く声も出て来そうだ。ここにソーシャル・イノベーションの発露を見出すこともできるだろうし、実際に『宗教

図1　年次別死亡数と死に場所の変遷

（人）　― 総　数　― 施設内　― 自　宅　■ 自宅百分率　■ 施設内百分率　（%）

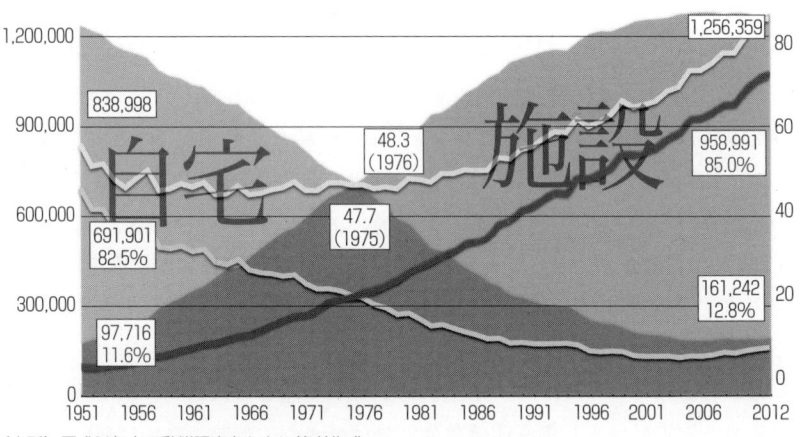

1951年：838,998／691,901 82.5%／97,716 11.6%
1975年：47.7
1976年：48.3
2012年：1,256,359／958,991 85.0%／161,242 12.8%

（出所）平成24年人口動態調査をもとに筆者作成。

と現代がわかる本』の2013年版の特集「宗教者ニューウェーブ」では、宗教者らが「アウェイ」の場でいかに振る舞うかに焦点をあてた「東北大学文学研究科実践宗教学寄附講座による臨床宗教師研修」、東日本大震災から〈いのち〉と〈こころ〉の両面を支えようとしてきた「傾聴移動喫茶カフェ・デ・モンク」、若い世代の寺離れに超宗派で向き合う「フリースタイルな僧侶たちのフリーマガジン」、さらにはインドで経営学修士を取得した僧侶らによる「未来の住職塾」などを企画運営する「インターネット寺院『彼岸寺』」、果てには兵庫県尼崎市のコミュニティFM「エフエムあまがさき」で放送（一部はインターネットでストリーミング放送）されている住職と宮司と牧師による番組「8時だヨ！神さま仏さま」が紹介されており、宗教者らによる新たな潮流を見て取ることができるだろう。

　その潮流は、宗教者による宗教施設でのソーシャル・イノベーション（施設の拠点化）と、宗教者の協力を得た宗教施設とのソーシャル・イノベーション（場の創造）でもなく、端的にまとめるなら、信仰・信心をもとにした「信の共同体」（faith based community）の生成・維持・発展であり、この潮流に対して

はムスリム（イスラームの教徒）の方々が個別の宗教施設（つまり、モスク）に属していない構図と何らかの相似形を見出せると言えまいか。

【山口洋典】

29 脱学校化する大学
DESCHOOLIZATION IN UNIVERSITY

■ 大学とソーシャル・イノベーション

「最近の雑誌の特集と言えば、病院と墓と大学の繰り返しやね」。筆者が大学の教員と浄土宗の僧侶の２つの立場をもっていることを知る方から、繰り返しそんな発言を伺ってきた。墓については、2010年の「無縁社会」の議論から人々の関心が集まっていると推察できる。転じて、病院と大学については、無縁社会化する背景となった少子高齢化の進展にともない、よい病院、よい大学のランキングや内部情報などから、安心、納得できる機関を選択するためのヒントを求める人々が増えたためと思われる。

英国の物理学者、デニス・ガボールが『成熟社会』を著して久しいが、とりわけ日本の大学は成熟環境にある。実際、この間、日本では社会の成長に対応すべく、２つの大きな行政改革を受けとめてきた。ひとつは俗に「大綱化」と呼ばれている、1991年になされた大学設置基準の大幅な緩和大綱化であり、もうひとつは同じく規制緩和の一環としてなされた、2004年の「株式会社立大学」の構造改革特区の認可である。かくして、自己責任にもとづく自由競争が進んだものの、マーチン・トロウの言う「ユニバーサル化」が進展する日本の大学では、ただ量的な拡大がはかられてきた。

そうしたなか、文部科学省の中央教育審議会は2005年１月28日に「我が国の高等教育の将来像（答申）」をまとめ、大学の使命には教育と研究に並ぶ第３の使命として社会貢献活動があると示した。現代社会が直面する多彩な問題解決に対して、教育と研究からの接近だけでなく、各機関が積極的かつ直接的に活動していくことを求めているのだ。その後、2010年７月22日には日本学術会議が「大学教育の分野別質保証の在り方について（回答）」を発表し、「社会の

表1　日本の高等教育機関数と学生数の推移

内田樹による区分		「駅弁大学」の草創期				大学の「レジャーランド」化				「規制緩和・構造改革・市場原理による大学淘汰」趨勢			
年		1949	1950	1954	1962	1970	1976	1986	1991	1996	2004	2011	2013
大学	国立	68	70	72	72	75	83	95	97	98	87	86	86
	公立	18	26	34	34	33	33	36	39	53	86	95	90
	私立	92	105	121	154	274	307	334	378	425	553	599	606
	小計	178	201	227	260	382	423	465	514	576	726	780	782
	学生数	126,868	224,923	491,956	727,104	1,406,521	1,791,786	1,879,532	2,205,516	2,596,667	2,809,295	2,893,489	2,868,928
短期大学	国立	-	-	17	28	22	31	37	41	33	12	-	-
	公立	-	17	41	40	43	47	52	54	63	45	24	19
	私立	-	132	193	237	414	433	459	497	502	451	363	340
	小計	-	149	251	305	479	511	548	592	598	508	387	359
	学生数	-	15,098	73,497	107,714	263,219	364,880	396,455	504,087	473,279	233,754	150,007	138,257
大学院	国立	-	-	12	25	59	66	91	95	98	87	86	86
	公立	-	-	4	16	19	18	22	23	32	69	75	74
	私立	-	-	30	54	102	134	174	202	275	390	456	464
	小計	-	-	46	95	180	218	287	320	405	546	617	624
	学生数	-	-	8,300	18,062	40,957	51,856	74,271	98,650	164,350	244,024	272,566	255,390
高等専門学校	国立	-	-	-	12	49	54	54	54	54	55	51	51
	公立	-	-	-	2	4	4	4	5	5	5	3	3
	私立	-	-	-	5	7	7	4	4	3	3	3	3
	小計	-	-	-	19	60	65	62	63	62	63	57	57
	学生数	-	-	-	3,375	44,314	47,055	49,174	53,698	56,396	58,698	59,220	58,227
学校数総計		178	350	524	679	1,101	1,217	1,362	1,489	1,641	1,843	1,841	1,822
学生数総計		126,868	240,021	573,753	856,255	1,755,011	2,255,577	2,399,432	2,861,951	3,290,692	3,345,771	3,375,282	3,320,802
主な出来事		学制新制	短大設置	大学院設置	高専設置	学園紛争	私学助成	臨時定員増	基準大綱化	短大数最大	独立法人化	学生数最大	大学数最大

（出所）学校基本調査をもとに筆者作成。

公共的課題に対して立場や背景の異なる他者と連帯しつつ取り組む」担い手が輩出されるよう、「参加型学習」をはじめとした多様な学習環境の創出を訴えている。

　唐突だが、本トピックの前に、頻繁に更新するブログでの発言が注目される内田樹の「コンビニ化する大学と知性の危機について」に目を通していただきたい。文中では、第二次世界大戦以降の新制大学の制度移行、戦後に全国各地で国公立大学が設置されていった「駅弁大学」の時代を第1期とすると、大学紛争を経て既存の大学が「レジャーランド」化した第2期、そして上述の「大綱化」と「特区」等により大学淘汰の趨勢を迎えた第3期に分けられると示さ

れた。この区分によれば、第2期までの文部科学行政が、最も遅い速度にあわせ編隊を統制する「護送船団方式」をとってきたことが明らかである。そこで本トピックでは第3期以降、つまり大学淘汰の時代としての成熟環境に、どのようなソーシャル・イノベーションが可能かに迫っていくこととしたい（表1）。

■ 大学へのソーシャル・イノベーション

　ソーシャル・イノベーションと言わないまでも、大学にまつわる社会変革は、行政による構造改革の只中で、各大学によって積極的・直接的になされてきたととらえることができる。その変革は組織レベル、事業レベル、双方にわたっている。逆に言えば、憲法89条（公の支配に属しない事業への公金その他の公の財産の支出等）の解釈をめぐって、特に私立学校への助成に対して時折論争が起こっているように、大学を巡る自治と自律の問題こそ、3つの使命を有するとされる大学とソーシャル・イノベーションとの重要な接点かもしれない。簡潔に言えば、大学へのソーシャル・イノベーションは、大学に近い環境で生起しうるのだ。

　大学へのソーシャル・イノベーションをとらえる事例として、1998年に設立された「大学コンソーシアム京都」を取り上げることにしよう。「大学コンソーシアム京都」は1994年に設立された「京都・大学センター」を母体とした、京都市と経済団体が参画する産官学連携組織である。当時の民法では、公益法人の設立は都道府県ならびに政令都市において可能であったものの、1993年に京都市が「大学のまち・京都21プラン」を策定した後、京都地域における私立大学の学長懇談会等との緊密な意見交換を重ねてきたこと、その結果、財団法人化の後の事業範囲が京都府外にも及ぶことなどから、京都市でも京都府でもなく、文部省による設立許可を得て財団法人となった。こうした設立の経過等は『財団法人大学コンソーシアム京都設立10周年記念誌』に詳しいので、大学と行政の関係について関心を抱く読者には、何らかのかたちで触れられることを期待するところである。

　ここで「マインド・ツール・スキル」の3つの観点から、大学コンソーシア

ム京都による大学へのソーシャル・イノベーションの背景を紐解くことにしよう。まず、大学コンソーシアム京都で、行政計画（大学のまち・京都21プラン）を策定した自治体（京都市）と、私立大学を中心にした複数の短期大学・大学間で構築した単位互換システムの事務局（京都・大学センター）が協力し、実在する大学同士の連携により仮想的な総合大学化をはかるというマインドが貫かれた。その際、自転車でも移動が可能な範囲に大学が集積している地理的要因、国際的に見て歴史的に政治都市であったという文化的要因、大学に対する工場等制限法の適用除外をはじめとする行政改革など社会的要因をツールとして、各大学の個性が活きるネットワークが構築された。そして、それらの地理的・文化的・社会的要因をふまえ、まずは固有の拠点をもたず（2000年8月のキャンパスプラザ京都の完成まで、事務局は複数の施設を間借り）、各大学が学生数の乗算で会費を負担し、さらに学生数が多い大学から運営スタッフが出向（選出の基準は上述の学長懇談会の幹事校）し、各大学の経営基盤に即した体制のもとで、互いにスキルを発揮した。

　財団法人化された1998年に、立場や環境の違いをふまえた共同事業体のありようを示すべく、コンソーシアムという馴染みのない言葉を用いたことも、大学へのソーシャル・イノベーションをもたらしたと言えよう。当時としては、全国大学コンソーシアム協議会が立ち上がり、その発祥の京都にて2013年時点で46組織が加盟する事務局が担われるなど、その波及効果には想像が及ばなかったであろう。ちなみに前掲の10年誌では、設立準備にあたった事務局長が「脱フルセット主義」を貫いて、「日本のケンブリッジ」をめざしたことが記されている。担い手は各大学の代表（イントラミューラル：intramural）でありつつ、大学の枠を越えて（エクストラミューラル：extramural）のネットワーク化がなされたことは、大学単体での奮闘では、逆に没個性的な改革の進展となることの証左かもしれない（図1）。

■　大学でのソーシャル・イノベーション

　大学コンソーシアム京都は、行政計画に私学の連合体が呼応することで設立され、その後も適度な緊張関係が継続することで組織化がはかられ続けた。こ

図1　成熟社会における大学改革の個体モデルと集団モデルの比較

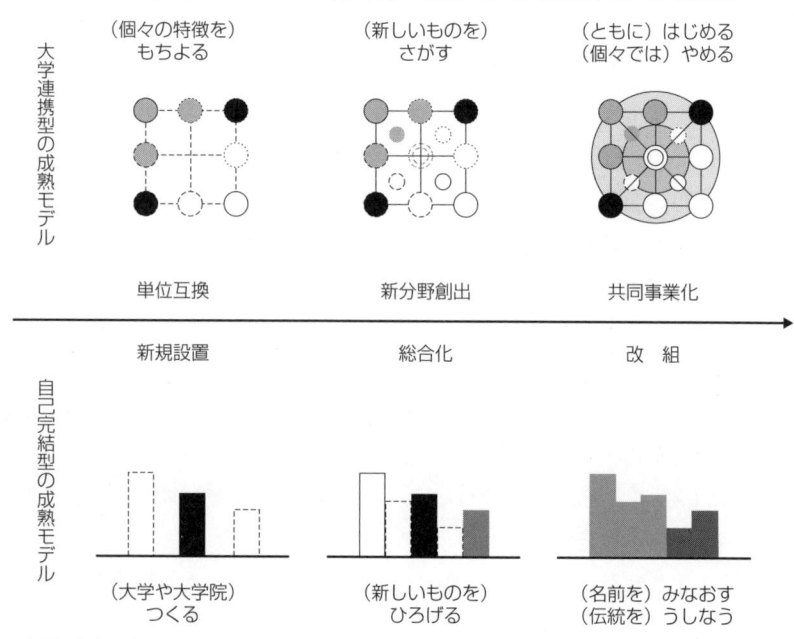

大学連携型の成熟モデル

（個々の特徴を）もちよる　　（新しいものを）さがす　　（ともに）はじめる（個々では）やめる

単位互換　　　　新分野創出　　　　共同事業化

新規設置　　　　総合化　　　　　　改　組

自己完結型の成熟モデル

（大学や大学院）つくる　　（新しいものを）ひろげる　　（名前を）みなおす（伝統を）うしなう

（出所）筆者作成。

　の適度な緊張感こそイノベーションの継続を左右することを明らかにすべく、大学でのソーシャル・イノベーションについて取り上げることにしよう。ちなみに、変化の時代の大学にあって、ソーシャル・イノベーションを促進しうる機関として、リエゾンオフィスを挙げることができよう。実際、大学の知的資産を社会に活かす窓口として1995年に立命館大学が設置して以来、各大学で導入が進み、いわゆる理系を中心にした寄附研究の隆盛とあわせて、社文系・芸術系の教育リエゾン（例えば、京都造形芸術大学のリエゾン室・文藝復興倶楽部・プロジェクトセンターの連動など）も多角的に展開されてきている。

　ここでは「大学による」リエゾンではなく大学「からの」ソーシャル・イノベーションに関心をむけ、本書で重ねて触れられている同志社大学大学院総合政策科学研究科を取り上げてみよう（⇒1）。2006年に設置された同研究科のソーシャル・イノベーション研究コース（2012年度からはソーシャル・イノベーションコース）は、在学中に社会実験という名でソーシャル・イノベーション

を起こすことが受験の際に確認される。ただ、この社会実験という表現は、自然科学の分野のアカデミズムの流儀にのっとり、仮説を検証するという演繹型の研究手法の枠組みを借りた表現であり、実際は地域実践を通じて現実のなかから最適解を例証していくという帰納的な研究手法である。修了生らの個別の実践のいくつかは本書でも各所で取り上げられているので、ここでは現役の大学職員らが社会人院生として在籍し、「小さなソーシャル・イノベーション」としての社会実験を行い、修了後に自らの職場と実践した地域との関係を継続、発展させていることについて触れておきたい。

　とりわけ社会人院生として入学すると、すでに自らの職場という研究フィールドを有している。しかし、学び直しを大学院に求める場合には、仕事と学びのあいだに一線が引かれる場合が多い。ところが、社会実験が前提とされている大学院では、机上での学びと現場での実践に一線を引くのではなく、「小さなソーシャル・イノベーション」によって、理論と実践とが架橋されていく。そうしてデスクワークとフィールドワークとを交替的かつ効果的に行い、院生の日常と大学院とが結ばれることによって、共に学ぶ他の院生らも、その「小さなソーシャル・イノベーション」に触発され、「小さなソーシャル・イノベーション」の渦が同時多発的に起きていく。

　昨今、ビジネスプランコンテストが盛んであるが、この同志社での「小さなソーシャル・イノベーション」の渦は、商品企画ではなく経営企画としての精緻なプランニングのもと、自己完結型の実験ではなく緻密な実践として地域に現前されていく。ソーシャル・イノベーションは「机上の空論」でも「机上の正論」でもなく、「現場の世論」を豊かにしていくことが求められる。なぜなら、大学院において理論と実践、デスクワークとフィールドワーク、それらのあいだに一線が引かれないように、現場においてはソーシャル・イノベーションの仕掛け人としての大学院生が、社会実験の実験台を買って出る研究サポーターとしての現場の方々とのあいだでも、組んず解れつの関係を取り結んでいくためだ。プランニングで終わらないからこそ、商品レベルでとどまらないからこそ、立場の違いを前提にして、よりよい関係性の創出をもたらす、それこそが適度な緊張感が必然とされるゆえんである。

■ 大学とのソーシャル・イノベーション

　皮肉なことに、大学は学問体系が専門分化されているため、大学にはスペシャルなジェネラリストはいないことになっている。そのため、大学人は大学外からの求めには応えやすいが、自ら率先して種まきをすることは稀となりがちだ。そこで、大学とソーシャル・イノベーションを考えるにあたり、地域の「ニーズ」と大学の「シーズ」はどのようにすりあわせをしていくことが妥当か、大学とのソーシャル・イノベーションについて述べることにしよう。その結論を先取りし、キャッチフレーズ風に言うと「スペック」（性能）偏重から「ストーリー」（物語）重視へ、という提案である。
　意外なことに学問は価値中立的ではない。研究者はそれぞれが問いを掲げた瞬間に、その問いを通じて明らかにしたいことを愚直に追求する。こうした研究という実践に取り組む研究者が導いた知見は、自然科学の領域では場所や時代を超えて妥当する普遍性（ユニバーサリティー）をもつが、社文系・芸術系など自然科学以外（それらは人間科学とも呼ばれている）では局所的な妥当性を抽象化して別の時間や場所でも通用しうる可能性（インターローカリティー）を高めている。ソーシャル・イノベーションの現場は、その現場が包み込まれている雰囲気の固有性に対応していくことに鑑みれば、2種類の科学が両輪となって学問体系が構築されていることを前提に、大学との関わり方を考える必要があろう。
　では、いかにして現場から大学を求めればよいのか、その好例として2011年に大阪で開学した「釜ヶ崎芸術大学」（愛称：釜芸）を紹介したい。第5回朝日21関西スクエア賞の受賞にともない、その背景と主旨をまとめたレポートが『朝日新聞関西スクエア』155号に掲載されているが、これは「これまでの人生に大学へ行くという選択肢がなかった人の多いこのまちに、楽しい学びの場を」（黒沢, 2013）と、特定非営利活動法人こえとことばとこころの部屋（愛称：cocoroom）の上田假奈代代表が主宰する活動である。2013年度の開講案内のチラシには、谷川俊太郎が「釜大に寄せて」と掲げた詩が掲載されており、第1連には「大学があるんなら／巨大学があっていい／反対に微小学もあって

いい／微笑学や哄笑学や誇大学や無題学や兄弟学や／甘鯛学も縁台学もあっていいなら／世間はどこへ行ってもダイガクだらけ」とある。2012年度は11月から2月のあいだで12講師が44講座を、2013年度は9月から3月のあいだで17の講師が54講座を開いている。

　内田樹は少子化のなかで増え続ける大学の未来を「コンビニ化」と目している。かつてデイヴィッド・リースマンは、志願者募集に苦しむ大学が「学生消費者主義」をとっていくことを指摘した。上述の釜芸は、いわゆる大学人らも講師を務めるものの、学びのコミュニティの主体が「教育者から学習者へ」（山口, 2013）と反転し、結果として大学とは何かを問い直す実践である。世の中が構造的に変化するなか、その変化への積極的な対応を重ねている大学こそ、社会の枠（わく）を問い直す地域のささやかな実践としてのソーシャル・イノベーションの対象となることを、釜芸という挑戦と釜芸からの挑発が教えてくれる。

【山口洋典】

30 ファンドレイズと地域社会の資金循環
FUND RAISE AND FUND FLOW

■ はじめに

ファンドレイズは資金調達という意味で使用される。起業家、特に社会的な問題に取り組む組織にとって資金調達は重大な関心事である。サービスの受益者などが対価を支払うことができない、換言すれば、一般的に市場で成立しえないサービス等を担うことの多い事業体にとって、どういうかたちで「採算」をとるかということは経営上の大きなポイントであり、持続性を左右すると言っても過言ではない。その手法には採算事業と不採算事業を組み合わせる事業ミックス手法や財源を多様化させる資金ミックス手法、あるいはその両方を組み合わせる手法等いくつかの方法が考えられる。直接的な事業収入以外に、助成金や補助金、寄付などの資金を調達することをファンドレイズというが、それらは容易ではなく、多くの組織が悩みを抱えている。

■ 市民性とファンドレイズ

社会問題の解決に資する資金が税金というかたちで政府に集中する私たちの社会においては、市民組織が政府から資金の「配分を受ける」構造に陥ってしまう。資金の配分に際し、自治体の権限と差配（裁量）に大きく依拠せざるをえない。その結果、市民活動と行政の「同質化」が進行し、自治体の顔色ばかり見てしまう風見鶏型の市民活動が横行してしまう危険性がある。一般によく指摘される自治体の「下請け」に成り下がってしまう。問題はそれらがしばしば市民活動支援とリンクし、補完型協働を推し進めることが市民事業のエンパワメントに資すると考えられることだ。また、制度・仕組みへの「市民性の回

収」も大きな問題である。例えば福祉分野の NPO を見ても、介護保険法や自立支援法の制定により、自治体や社会福祉法人以外の事業体が福祉事業に参入することが可能となり、NPO 法人もその担い手として期待されてきたことが背景にあり、経営的にも保険事業として安定が得やすい。これ自体は非難されるべきことではないが、一方で制度外の福祉問題に取り組む担い手が見えづらくなってきている。そういった制度外や、社会問題として認知されていない問題を支えるためのファンドレイズ手法の確立が急務の課題である。

■ 寄付制度とファンドレイズ

　日本においては、欧米と比して寄付が少ないとの指摘は多い。事実、寄付市場の規模はアメリカ25.6兆円に比べて日本は1兆円と規模でとらえると少ない。こういった状況をとらえて、「日本には寄付文化がない」という揶揄もあるが、筆者はそれは正しくないと考えている。例えば、2010年の京都府内の特定非営利活動法人の寄付受入額を調査したが、約1,000法人で約6億円の寄付収入である。そのうち上位10％約100団体の寄付獲得総額は実に4億円を超えていた。着実に寄付獲得の動きをしている団体は成果を出している。決して寄付文化がないのではなく、動いている団体が少ないとも言える。なぜ寄付をしないのかという一般市民を対象とした調査に「頼まれていないから」と応えた割合も高い。

　2011年の寄付税制改革を受けて、日本は欧米諸国に並ぶあるいはそれ以上の税制優遇制度が確立された。それを受けて、日本でも地域社会で寄付を中心とする資金循環を促そうとさまざまな取り組みが始まっている。

　インターネット等を経由して、より多くの人に寄付や出資などを促すクラウドファンディングや地域の問題を可視化させ活動団体と一緒に寄付募集を行う市民コミュニティ財団など近年、寄付を促す仕掛けが登場してきた。また2009年には日本ファンドレイジング協会も設立され、日本においてもファンドレイジングやファンドレイザーの専門性が確立されつつある。

■ コーズ・リレーティッド・マーケティング（CRM）

　ファンドレイジングの手法として、コーズ・リレーティッド・マーケティング（CRM）が注目を集めるようになってきた。どうせ買うのであれば、社会に役に立つほうを選択したいという消費者の心理を利用したマーケティング手法ということもできる。日本で積極的にメディアを使ってPRされたのは、ボルビックが展開した「1ℓ For 10ℓ」であろう。1ℓのミネラルウォーターを購入すれば、ユニセフを通じてアフリカで安全な飲み水10ℓ分になるというプロジェクトである。寄付付き商品の延長線上であるが、人々の行動を変化させるという点で、ファンドレイジングに関心をもつ人々にとって示唆深い。多くの人が、さりげなく市民活動のファンドレイジングに「参加」し、それをきっかけに、地域社会にある「問題」への気づきにつなげていけないか。ファンドレイジング自体が、市民による社会問題解決の裾野をより広げていくうえでも大変重要なことだ。多くの「参加」をさりげなく組織し、それが実質的なファンドレイジングにつながっていくことは理想的だ。公益財団法人京都地域創造基金では、「カンパイ・チャリティ」というプログラムを展開している。飲食店に協力をお願いし、チャリティ・メニューをそれぞれのお店で考えてもらっている。例えば、通常は400円で生ビールを販売されているお店では450円で販売をしてもらい、その50円が寄付に回るという取り組みだ。お店には事前に、応援する社会問題プログラム（寄付先）を選択してもらい、お客さんは生ビールを飲めば、いくらがどこに寄付されて、何に使われるかがわかるようになっている。今までに京都ではのべ100以上の店舗が協力し、展開をしている（http://www.kanpai-charity.com/）。

　この取り組みが強く意識しているのは寄付への「参加の機会」を広く提供すること。この点は先に触れたクラウドファンディングとも通じるところがある。積極的に場をつくり、情報を伝え、ツールを寄り添わせることで、寄付者の寄付する権利を保障する。そのような寄付者の目線でファンドレイジングをとらえることも必要である。

■ 新たなファンドレイジング──社会投資を活かす

　ファンドレイズをより一層活発に展開していくためには、個々の団体の経験値の共有や潜在的な寄付者につながる仕組みづくりを地域社会で協働展開していく必要がある。加えて、寄付にしても、自治体からの補助金にしても、資金の提供者からすると「投資」であるととらえることが重要になると考える。それは、資金提供する側には、その資金に込めた思いや意図があり、資金提供を受けた側はそれを理解しその信託に応えることが求められるからである。「補助金をもらう」という表現があるが、もらっているのでは当然なく、厳しい自治体財政から「投資」されているのであって当然成果が求められる。そういった意味では、成果を可視化させることが重要であり、社会的収益率（SROI）などの指標を用い評価することも重要である。

　次に、地域社会の資金循環の観点からファンドレイズを考えたい。現在、地域金融機関の預貸率はきわめて低く推移している（図1）。この15年間で信用金庫の預貸率は20%近く下落した。信用金庫全体の預金量が約120兆円であるから20兆円以上の資金が地域社会に流通しなくなったと言ってもいい。一方で、国債の購入等が伸びており、資金が地域外に流出していることがわかる。このことからわかることは、実は地域社会に資金がないのではなく、地域内に投資されていないことだ。つまり、これらの資金を地域社会に循環させるための仕掛けが必要になる。それらを引き出すひとつの方策が「社会投資市場」の形成である。社会的収益を軸に投資先を決定していくという点で従来の投資とは異なるが、ファンドレイジングの可能性を大きく感じさせる。例えば、今それが顕著に取り組みに現れているのがエネルギー分野である。太陽光や風力発電といった再生可能エネルギーは、福島原子力発電所事故以降、特に代替エネルギーとして注目が高まり、これまでネックであった採算性は政府が固定価格買取制度をスタートさせたことによりクリアされた。それらを大手企業の取り組みだけでなく、市民主体で取り組みを進めようと市民出資型の取り組み等の動きが全国各地で活発である。ケースによっては、数億円に上る資金調達を行っている事例もある。これまでの市民活動の感覚や手法からすると、かけ離

図1　信用金庫の預貸率および国債購入額の推移（1998-2013）

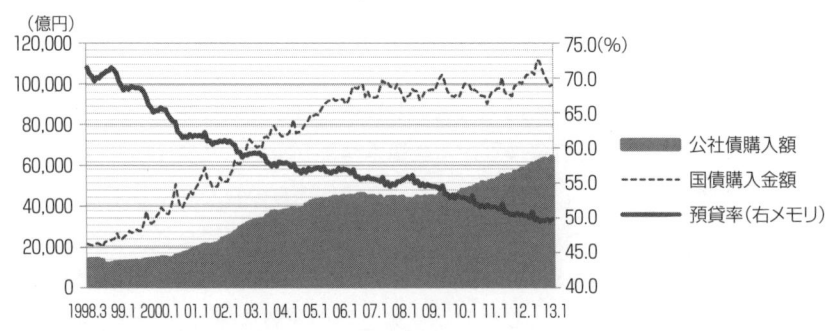

（出所）信金中金地域・中小企業研究所データから筆者作成。

れている感があるが、ファイナンスの仕組みを積極的に活用し、社会的な事業に投資を促す環境を整備することで、ファンドレイジングが可能になる。また、金融機関と連携することで、金融のプロのノウハウを活用できる。

　そういった意味で、社会にあるさまざまな仕組みを活用し、ファンドレイジングをデザインしていくことが必要である。投資家にとって金融のプロのデザインする商品は決して目新しいものではないが、しかし、そこに社会問題や地域での困っている人々の姿、そしてそれを解決しようと奮闘する市民の姿が付加されたときに、商品に魅力が一気に出る。ソーシャルな活動のもつ相対的な「強み」を知り、投資家に対して社会的インパクトを訴求し行動する時代と言える。

【深尾昌峰】

おわりに AFTERWORD

　1993年に京都で、環境教育の企画・プロデュースを専門とする自営事務所「環境共育事務所カラーズ」を起業しました。当時、周囲から見れば「そんな仕事で家族を養っていけるのか」という無謀な起業に見えたと思いますが、その当時から社会はそういう仕事や役割を必要としてきたのでしょう。おかげさまで無事潰れずに、創業20周年を経過することができました。

　2004年からは事務所自営のかたわら同志社大学大学院総合政策科学研究科（博士前期課程／公共政策コース）で社会人大学院生として学びました。思いがけないことに筆者の指導教員であった今里滋先生、また当時、研究科長であった新川達郎先生からのお勧めをいただき、同研究科に新設された「ソーシャル・イノベーション研究コース」の任期付教員として2006年10月から着任したのでした。このコースは「地域社会に生起する具体的な公共問題を解決できる実践能力を兼ね備えた行動型研究者の育成」を目的とし、キャンパス外に京町家や農場を「社会実験施設」として設け、そこで新しい実践型の政策研究を展開していこうという野心的な取り組みでした。

　在任中の5年間は社会に関わり自ら問題解決の担い手となろうと大学院の門をたたいた大学院生たちの実践研究指導にあたりつつ、「ソーシャル・イノベーション」とはいったい何か、「ソーシャル・イノベーション」を実践し、どのように研究論文を書くのかということについて正面から向き合わなければならない日々でした。

　そのようなことから、「ソーシャル・イノベーション」への実践を志す方々、あるいはこうした分野の研究を志す方々のための入り口になれるような本をつくりたいと願っていたところ、法律文化社よりお声がけをいただいて相談を重ね、これまでさまざまな機会に現場や議論を共にしてきた方々と一緒に執筆して、この本ができあがりました。執筆者のみなさんはそれぞれが「ソーシャル・イノベーション」の最先端の現場に関わりながら、一方で大学での教育・研究にも携わっているという、ほんとうに忙しい方々ばかりです。そんな時間

の合間を縫って書き上げていただいたこと、感謝に堪えません。

　そして、筆者のソーシャル・イノベーション研究への道を拓き、いまなお指導、激励してくださっている今里滋先生、新川達郎先生にはあらためて感謝を申し上げます。そして実践現場と議論、研究を共にした当時の大学院生のみなさんからは、ソーシャル・イノベーションの新しい「ツール」や「スキル」を導く多くの事例と示唆をいただきました。

　引き続き現在の筆者の勤務先、広島修道大学では「ひろしま未来協創プロジェクト」、そして「地域イノベーションコース」という取り組みが進行しています。他にも新たな仲間と共に各地でさまざまなプロジェクトが生まれ、継続しています。またそれぞれの執筆者のみなさんも岩手、宮城、東京、愛知、京都、大阪、兵庫ほか、各地でプロジェクトに携わっておられます。「はじめに」でも申し上げましたが、読者のみなさんもぜひ私たちともつながって、新たなソーシャル・イノベーション実践の仲間となっていただきたいなと願っています。

　最後に、本書の出版にあたり、法律文化社の上田哲平さんには多大な尽力をいただきました。筆者を含め執筆者たちを叱咤激励してこの本を仕上げてくださったことに対し厚くお礼申し上げます。

　　2014年10月

　　　　　　　　　　　　　　　　　　　　　　　　　　　　西村　仁志

参考文献 REFERENCES

[I] ソーシャル・イノベーションの基本概念と研究動向

1 ソーシャル・イノベーションとは

Gregory Dees & Miriam and Peter Haas, *The Meaning of "Social Entrepreneurship"*, Kauffman Center for Entrepreneurial Leadership, 1998

Geoff Mulgan, *Social Innovation: What is, Why it matters and How it can be accelerated*, Working paper, Oxford Said Business School, 2007

James A. Phills Jr., Kriss Deiglmeier, Dale T. Miller, *Rediscovering Social Innovation*, Stanford Social Innovation Review Fall 2008, Stanford University Graduate school of Business, 2008

シュムペーター（塩野谷祐一・中山伊知郎・東畑精一訳）『経済発展の理論—企業者利潤・資本・信用・利子および景気の回転に関する一研究』岩波書店，1977年

谷本寛治編著『ソーシャル・エンタープライズ—社会的企業の台頭』中央経済社，2006年

谷本寛治「ソーシャル・ビジネスとソーシャル・イノベーション」『一橋ビジネスレビュー』第57巻第1号，2009年

塚本一郎・山岸秀雄編著『ソーシャル・エンタープライズ—社会貢献をビジネスにする』丸善，2008年

山口洋典「ソーシャル・イノベーション研究におけるフィールドワークの視座—グループ・ダイナミックスの観点から」『同志社政策科学研究』第9巻第1号，2007年

2 マインド、ツール、スキル

Frances Westley, Brenda Zimmerman, Michael Quinn Patton, *GETTING TO MAYBE How the World Is Changed*, Random House Canada, 2006（東出顕子訳『誰が世界を変えるのか—ソーシャル・イノベーションはここから始まる』英治出版，2008年）

Judy Wicks, Kevin Von Klause, *White Dog Café Cook Book*, Running Press Book, 1998

大石尚子「スロー・クローズによるソーシャル・イノベーションの意義と可能性—ガンジー思想を手がかりとして」同志社大学大学院総合政策科学研究科修士論文，2009年

小林清美「美術鑑賞におけるソーシャル・イノベーションの実践的研究—鑑賞者による鑑賞者のための美術館紹介の意義と課題」同志社大学大学院総合政策科学研究科修士論文，2008年

浜本名鼓『地球でここだけの場所』南方新社，2006年

清水文絵「地域医療施設を核としたアンチエイジング」同志社大学大学院総合政策科学研究科修士論文，2008年

三田果菜「美容術によるソーシャル・イノベーションの実践的研究—『まちと女性を元気にしたい』取り組みから」同志社大学大学院総合政策科学研究科修士論文，2009年

難波克己「プロジェクトアドベンチャーについて」『野外教育指導者読本』野外教育指導研究会，1999年

西村和代「〈いのち〉と〈食〉をめぐるソーシャル・イノベーション―食育コミュニティの創造と展開を通して」同志社大学大学院総合政策科学研究科修士論文，2008年

3　企画とプロデュースの方法
中野民夫「イベント企画の6W2H」『野外教育指導者読本』野外教育指導研究会，1999年
中野民夫『ワークショップ―新しい学びと創造の場』岩波書店〔岩波新書〕，2001年
藁谷豊「野外教育プログラムの企画」『野外教育指導者読本』野外教育指導研究会，1999年
藁谷豊・青木将幸「森林環境教育事業を企画・プロデュースする」『森林環境教育プランニング事例集―おもい・つどい・はじめる』全国森林組合連合会，2000年

4　めざす社会の未来
David Griggs, Mark Stafford-Smith, Owen Gaffney, Johan Rockstrom, Marcus C. Ohman, Priya Shyamsundar, Will Steffen, Gisbert Glaser, Norichika Kanie and Ian Noble, Sustainable development goals for people and planet, Nature, Vol.495, 2013, pp.305-307
池澤夏樹『神々の食』文藝春秋，2003年
井上有一「環境世界論―エコロジーを越えて」『岩波講座 哲学 08 生命／環境の哲学』岩波書店，2009年
蟹江憲史・宮澤郁穂「ポスト2015年開発アジェンダにおける持続可能な開発目標（SDGs）のあり方」国際開発学会報告要旨，2013年
国連開発計画（UNDP）「ミレニアム開発目標」，2012年
森岡正博『生命観を問いなおす―エコロジーから脳死まで』筑摩書房〔ちくま新書〕，1994年

5　実践型研究の意義
内山五織「伝統行事・伝統芸能をツールとした地域活性化の実践的研究―鹿児島県・徳之島をフィールドにして」同志社大学大学院総合政策科学研究科修士論文，2011年
小野千佐子「布ナプキンを通じたソーシャル・イノベーションの実践的研究―月経と社会の関係に着目して」同志社大学大学院総合政策科学研究科修士論文，2010年
谷本寛治「ソーシャル・ビジネスとソーシャル・イノベーション」『一橋ビジネスレビュー』第57巻第1号，2009年
友延栄一「地域における生物多様性の保全に向けたパートナーシップ構築の実践的研究―岡山市周辺をフィールドとして」同志社大学大学院総合政策科学研究科修士論文，2010年
堀江亮平「農村集落における志縁型コミュニティ形成の実践的研究―京都府京丹後市宇川地区をフィールドとして」同志社大学大学院総合政策科学研究科修士論文，2011年

[Ⅱ]　ソーシャル・イノベーションが求められる分野

6　ウエルネス
Halbert L. Dunn, High-Level Wellness, R. W. Beatty, 1961
清水文絵「地域医療施設を核としたアンチエイジング実践―社会実験によるその有効性実証」『同志社政策科学研究』第11巻第2号，2009年

西村和代「〈場所の力〉による創発イノベーションに関する研究―ウエルネス概念に基づいた社会実験を通して」同志社大学博士論文，2011年
野崎康明『ウエルネスの理論と実践』メイツ出版，1994年
野崎康明『ウエルネスマネジメント』メイツ出版，2006年
野之上操・野崎康明「地域におけるウエルネス実践 第2報」日本ウエルネス学会第5回大会研究発表要旨，2008年

7 中山間地域・離島

西村仁志『ソーシャル・イノベーションとしての自然学校』みくに出版，2013年
辻英之『奇跡のむらの物語―1000人の子どもが限界集落を救う！』農山漁村文化協会，2011年
岩崎正弥・高野孝子『場の教育―「土地に根ざす学び」の水脈』農山漁村文化協会，2010年
阿部裕志・信岡良亮『僕たちは島で、未来を見ることにした』木楽舎，2012年
高野誠鮮『ローマ法王に米を食べさせた男―過疎の村を救ったスーパー公務員は何をしたか？』講談社，2012年
NPO法人 ECOPLUS http://www.ecoplus.jp/
おぢか島旅 http://www.ojikajima.jp
巡の環 http://www.megurinowa.jp
森と風のがっこう http://www.morikaze.org

8 環　境

レイチェル・カーソン（青樹簗一訳）『沈黙の春』新潮社〔新潮文庫〕，1974年
友延栄一「地域における生物多様性の保全に向けたパートナーシップ構築の実践的研究―岡山市周辺をフィールドとして」同志社大学大学院総合政策科学研究科修士論文，2010年
環境市民 http://www.kankyoshimin.org/

9 災害救援

渥美公秀『災害ボランティア―新しい社会へのグループ・ダイナミックス』弘文堂，2014年
渥美公秀「災害ボランティア活動―被災地で望まれる活動の仕方」財団法人集団力学研究所ニューズレター54，2011年
渥美公秀「被災地のリレーから広域ユイへ」『人間関係研究』（南山大学）第11号，2012年
イバン・イリイチ／デイヴィッド・ケイリー編（高島和哉訳）『生きる意味―「システム」「責任」「生命」への批判』藤原書店，2005年
大矢根淳・渥美公秀「災害社会学における研究実践」浦野正樹ほか編『災害社会学入門』弘文堂，2007年
栗田暢之・中川和之・菅磨志保・松田曜編『災害ボランティア文化―阪神・淡路大震災15年と震つな』震災がつなぐ全国ネットワーク，2010年
菅磨志保「災害ボランティア活動の論理」菅磨志保・山下祐介・渥美公秀編『災害ボランティア論入門』弘文堂，2008年
被災地の人々を応援する市民の会『震災ボランティア―阪神・淡路大震災「被災地の人々を応援する市民の会」全記録』大阪ボランティア協会，1996年

宮本匠「津波後は旅の者に満たされる――大文字の復興と小文字の復興」，2012年　http://synodos.jp/fukkou/2457
村井雅清『災害ボランティアの心構え』ソフトバンククリエイティブ〔ソフトバンク新書〕，2011年
矢守克也・渥美公秀編『防災・減災の人間科学――いのちを支える，現場に寄り添う』新曜社，2011年
日本災害復興学会　http://f-gakkai.net

10　食と農
今里滋「草の根の政策科学」同志社大学大学院総合政策科学研究科編『総合政策科学入門〔第2版〕』成文堂，2005年
神門善久『日本の食と農』NTT出版，2006年
元木靖『食の環境変化』古今書院，2006年
歌野敬『田舎暮らしの論理』葦書房，2002年
鷲田清一『〈食〉は病んでいるか――揺らぐ生存の条件』ウェッジ，2003年
ジョナサン・サフランフォア（黒川由美訳）『イーティング・アニマル――アメリカ工場式畜産の難題』東洋書林，2011年
野崎賢也「社会運動化するアメリカのローカル・フード運動」『現代農業――畑カフェ田んぼレストラン』農山漁村文化協会，2006年
佐藤初女『「いのち」を養う食　森のイスキア』講談社，2011年
佐藤初女『いまを生きる言葉「森のイスキア」より』講談社，2002年
楽天堂　http://www.rakutendo.com
同志社大学大学院総合政策科学研究科「SOSEI TALK」　http://sosei.doshisha.ac.jp/talk/vol06-1.html

11　高齢者
東京大学高齢社会総合研究機構編著『東大がつくった確かな未来視点を持つための高齢社会の教科書』ベネッセコーポレーション，2013年
山田肇編著，榊原直樹・関根千佳・藤方景子・堀池喜一郎・遊間和子『シニアよ、ITをもって地域にもどろう』NTT出版，2009年
北九州市立男女共同参画センター・ムーブ編『アクティブシニアが世界を変える』明石書店，2013年
シニアSOHO普及サロン三鷹　http://www.svsoho.gr.jp/
富山インターネット市民塾　http://toyama.shiminjuku.com/
Beacon Hill Village　http://www.beaconhillvillage.org/

12　障害のある人
八代英太編『ADAの衝撃』学苑社，1991年
ジョセフ・P.シャピロ（秋山愛子訳）『哀れみはいらない――全米障害者運動の軌跡』現代書館，1999年

ローレンス・スキャッデン（岡本明訳）『期待を超えた人生——全盲の科学者が綴る教育・就職・家庭生活』慶應義塾大学出版会，2011年
同志社大学における障害学生支援　http://challenged.doshisha.ac.jp/about/
株式会社アメディア　http://www.amedia.co.jp/
佐賀パーキングパーミット制度　http://saga-ud.jp/keikaku/machi/parking.html

13　多文化社会
岩渕功一編著『多文化社会の〈文化〉を問う——共生／コミュニティ／メディア』青弓社，2010年
平田オリザ『わかりあえないことから——コミュニケーション能力とは何か』講談社〔講談社現代新書〕，2012年
宮島喬『多文化であることとは』岩波書店，2014年
上町台地コミュニティ・デザイン研究会『地域を活かすつながりのデザイン——大阪・上町台地の現場から』創元社，2009年
梶田孝道・丹野清人・樋口直人『顔の見えない定住化——日系ブラジル人と国家・市場・移民ネットワーク』名古屋大学出版会，2005年
宗田勝也『誰もが難民になりうる時代に——福島とつながる京都発コミュニティラジオの問いかけ』現代企画室，2013年

14　生と死
安藤泰至「死生学と生命倫理」島薗進・竹内整一編『死生学1　死生学とは何か』東京大学出版会，2008年
トーマス・アティック（林大訳）『死別の悲しみに向き合う』大月書店，1998年
パール・バック（松岡久子訳）『母よ嘆くなかれ』法政大学出版局，1973年
カール・ベッカー「アメリカの死生観教育」島薗進・竹内整一編『死生学1　死生学とは何か』東京大学出版会，2008年
千葉敦子『よく死ぬことは，よく生きることだ』文藝春秋，1987年
アルフォンス・デーケン『死とどう向き合うか』NHK出版〔NHKライブラリー〕，1996年
アルフォンス・デーケン『生と死の教育』岩波書店，2001年
古田晴彦『「生と死の教育」の実践』清水書院，2002年
藤原新也『メメント・モリ』情報センター出版局，1990年
碑文谷創『死に方を忘れた日本人』大東出版社，2003年
市井三郎『歴史の進歩とはなにか』岩波書店〔岩波新書〕，1971年
エリザベス・キューブラー・ロス／デーヴィッド・ケスラー（上野圭一訳）『ライフ・レッスン』角川書店，2001年
尾角光美「語りきる，聴ききる——大切な人を亡くした若者の『つどいば』」『ビッグイシュー日本版』第235号（特集：いのちの時間），2014年a
尾角光美『なくしたものとつながる生き方』サンマーク出版，2014年b
上田紀行『覚醒のネットワーク』カタツムリ社，1989年
鷲田清一『死なないでいる理由』角川学芸出版〔角川ソフィア文庫〕，2008年
J. W. ウォーデン（山本力監訳，上地雄一郎・桑原晴子・濱崎碧訳）『悲嘆カウンセリング』誠

信書房，2011年
吉野源三郎『君たちはどう生きるか』岩波書店〔岩波文庫〕，1982年

15　スピリチュアリティ
宮沢賢治『新編 銀河鉄道の夜』新潮社〔新潮文庫〕，1989年
鈴木大拙『日本的霊性』岩波書店，1972年
島薗進『精神世界のゆくえ―現代世界と新霊性運動』東京堂書店，1996年
ジョン・シード（星川淳監訳）『地球の声を聴く―ディープエコロジーワーク』ほんの木，1993年
デニス・バンクス（森田ゆり訳）『聖なる魂―現代アメリカ・インディアン指導者の半生』朝日新聞社，1993年
ティク・ナット・ハン（池田久代訳）『微笑みを生きる』春秋社，1995年
サティシュ・クマール／懐かしい未来編『土（Soil）と心（Soul）と社会（Society）』NPO法人開発と未来工房，2007年
中野民夫「自分という自然に出会う」国際宗教研究所編『現代宗教〈2010〉特集 エコロジーとスピリチュアリティ』秋山書店，2010年
中野民夫『みんなの楽しい修行―より納得できる人生と社会のために』春秋社，2014年

16　商店街
杉田聡『「買い物難民」をなくせ！―消える商店街、孤立する高齢者』中央公論新社，2013年
土居年樹『社会と生きる商店街―茶碗やおやじの一人言』東方出版，2011年
黒壁スクエア　http://www.kurokabe.co.jp
アトム通貨　http://www.atom-community.jp
黄金町エリアマネジメントセンター　http://www.koganecho.net

[Ⅲ]　ソーシャル・イノベーションを導くツールとスキル

17　ワークショップとファシリテーション
中野民夫『ワークショップ―新しい学びと創造の場』岩波書店〔岩波新書〕，2001年
中野民夫『ファシリテーション革命―参加型の場づくりの技法』岩波書店，2003年
中野民夫・森雅浩・鈴木まり子・冨岡武・大枝奈美『ファシリテーション―実践から学ぶスキルとこころ』岩波書店，2009年

18　ソーシャルメディアと市民のジャーナリズム
赤尾光史・高木強編『ジャーナリズムの原理』日本評論社，2011年
林香里『〈オンナ・コドモ〉のジャーナリズム―ケアの倫理とともに』岩波書店，2011年
津田大介『動員の革命―ソーシャルメディアは何を変えたのか』中央公論新社，2012年
原寿雄『ジャーナリズムの可能性』日本図書センター，2009年
花田達朗・ニュースラボ研究会『実践ジャーナリスト養成講座』平凡社，2004年
田村紀雄・林利隆・大井眞二編『現代ジャーナリズムを学ぶ人のために』世界思想社，2004年

ダン・ギルモア『あなたがメディア！―ソーシャル新時代の情報術』朝日新聞出版，2011年
辺見庸・高橋哲哉『私たちはどのような時代に生きているのか』角川書店，2000年

19 〈場所の力〉を活かす
宗田好史『町家再生の論理―創造的まちづくりへの方途』学芸出版社，2009年
中村雄二郎『トポスの知―箱庭療法の世界』TBSブリタニカ，1993年
中村雄二郎「ゲニウス・ロキ私考」『デジタルな時代』青土社，2000年
西村和代「京町家再生から私設公共空間の創造へ」『同志社政策科学研究』第12巻第2号，2011年
西村和代・山口洋典「私設公共空間による食育コミュニティの創造―京都・さいりん館でのデシジョンメーキング」日本グループ・ダイナミックス学会第56回大会発表要旨，2009年
西村和代・山口洋典「私設公共空間による食育コミュニティの創造―京都・さいりん館でのデシジョンメーキング（2）」日本グループ・ダイナミックス学会第57回大会発表要旨，2010年
岩崎正弥・高野孝子『場の教育―「土地に根ざす学び」の水脈』農山漁村文化協会，2010年
清水博『生命知としての場の論理―柳生新陰流に見る共創の理』中央公論新社〔中公新書〕，1996年
Dolores Hayden, The power of place: urban landscapes as public history, MIT Press, 1995（後藤春彦・篠田裕見・佐藤俊郎訳『場所の力―パブリック・ヒストリーとしての都市景観』学芸出版社，2002年）

20 ソーシャルビジネスと社会的企業
梅澤正『企業と社会』ミネルヴァ書房，2000年
経済産業省「ソーシャルビジネス研究会 報告書」，2008年
深尾昌峰「市民性を支える『市民コミュニティ財団』の定義と役割」『龍谷政策学論集』第3巻第2号，2014年
田坂広志「日本型ソーシャルビジネスの思想とビジョン」『月刊自治フォーラム』2010年10月号
認定NPO法人フローレンス http://www.florence.or.jp/
経済財政諮問会議「選択する未来委員会」 http://www5.cao.go.jp/keizai-shimon/kaigi/special/future/

21 ユニバーサルデザインの戦略とその価値
関根千佳『「誰でも社会」へ―デジタル時代のユニバーサルデザイン』岩波書店，2002年
熊本ユニバーサルデザイン http://www.pref.kumamoto.jp/site/ud/
株式会社ユーディット http://www.udit.jp/

22 参画と挑戦による子どものエンパワメント
山本克彦「災害時における子ども支援の現状とそのあり方」『子どもの権利研究』第19号，2011年

喜多明人・浜田進士・山本克彦・安部芳絵『子どもとマスターする50の権利学習』合同出版，2006年
山本克彦「災害時における子ども支援の現状と課題」『社会福祉学部紀要』(岩手県立大学) 第8巻第2号，2006年
一般社団法人子どものエンパワメントいわて　http://www.epatch.jp/

23　若者の参画とコミュニティエンパワメント
桜井政成編著『東日本大震災とNPO・ボランティア—市民の力はいかにして立ち現れたか』ミネルヴァ書房，2013年
上野谷加代子監修『災害ソーシャルワーク入門—被災地の実践知から学ぶ』中央法規出版，2013年
山本克彦「震災の学び・支援を深める—時系列で見た災害支援からの学びと展望」『ふくしと教育』通巻11号，2011年
山本克彦「大学を拠点としたワークキャンプ実践—災害時のボランティア実践からの展開」『ふくしと教育』通巻5号，2009年
山本克彦「学生ボランティアセンター運営における学生側の問題意識について—その傾向と具体的支援体制構築に向けて」『社会福祉学部紀要』(岩手県立大学) 第11巻第2号，2009年

24　地域資源を創出するデザイン・マネジメント
クリストファー・アレグザンダー (難波和彦訳)『まちづくりの新しい理論』鹿島出版会，1989年
延藤安弘『まちづくり読本—「こんな町に住みたいナ」』晶文社，1990年
苅谷剛彦編『創造的コミュニティのデザイン—教育と文化の公共空間』有斐閣，2004年
ジェイン・ジェイコブズ (山形浩生訳)『アメリカ大都市の死と生』鹿島出版会，2010年
西川潤「内発的発展論とは何か」鶴見和子・川田侃編『内発的発展論』東京大学出版会，1989年
林まゆみ編『地域を元気にする—実践！コミュニティデザイン』彰国社，2013年
広井良典『コミュニティを問いなおす—つながり・都市・日本社会の未来』筑摩書房〔ちくま新書〕，2009年
森村道美「居住環境整備の必要性と可能性」『建築文化』第355号，1976年
西村和代「地域の活力を生み出す農畜産品ブランド化と食文化の発信へ—京丹波プロジェクト『1年目の挑戦』」『同志社政策科学研究』第10巻第1号，2008年
佐藤優『コミュニティデザイン—魅力あるまちづくりとイメージ計画』グラフィック社，1992年
山崎亮『コミュニティデザインの時代—自分たちで「まち」をつくる』中央公論新社〔中公新書〕，2012年
山崎亮『ソーシャルデザイン・アトラス—社会が輝くプロジェクトとヒント』鹿島出版会，2012年
山崎亮『コミュニティデザイン—人がつながるしくみをつくる』学芸出版社，2011年
ランドルフ・T. ヘスター／土肥真人『まちづくりの方法と技術—コミュニティー・デザイン・

プライマー』現代企画室，1997年
レイ・オルデンバーグ（忠平美幸訳）『サードプレイス―コミュニティの核になる「とびきり居心地よい場所」』みすず書房，2013年
紫牟田伸子編『クリエイティブ・コミュニティ・デザイン―関わり、つくり、巻き込もう』フィルムアート社，2012年
高田光雄「『ひと』と『まち』の関係性とコモンズの視点」上町台地コミュニティ・デザイン研究会編『地域を活かすつながりのデザイン―大阪・上町台地の現場から』創元社，2009年

25　コミュニケーションデザインによる価値の創出
坂本龍一・河邑厚徳編『エンデの警鐘―地域通貨の希望と銀行の未来』NHK出版，2002年
杉万俊夫『グループ・ダイナミックス入門―組織と地域を変える実践学』世界思想社，2013年
Yrjö Engeström, *Learning by expanding: an activity-theoretical approach to developmental research*, Orienta-Konsultit, 1987（山住勝広・百合草禎二・庄井良信・松下佳代・保坂裕子・手取義宏・高橋登訳『拡張による学習―活動理論からのアプローチ』新曜社，1999年）
山口洋典「ソーシャル・イノベーション研究におけるフィールドワークの視座―グループ・ダイナミックスの観点から」『同志社政策科学研究』第9巻第1号，2007年
鷲田清一「最初の読者」『Communication-Design 2006：異なる分野・文化・フィールド―人と人のつながりをデザインする』大阪大学コミュニケーションデザイン・センター，2007年

26　社会をひらくアート
山口（中上）悦子・丹後幾子・平井祐範・石井正光・荒川哲男「医療現場に芸術活動を導入する意義とその方略―医学部附属病院の『アートプロジェクト』に関する一考察」『アートミーツケア』Vol. 4，2012年
東京アートポイント計画 Tokyo Art Research Lab『日本型アートプロジェクトの歴史と現在 1990年→2012年』公益財団法人東京都歴史文化財団東京文化発信プロジェクト室，2013年
http://www.tarl.jp/cat_output/cat_output_art/869.html
H. E. Read, *Icon and Idea: The Function of Art in Development of Human Consciousness*, Faber and Faber, 1955（宇佐見英治訳『イコンとイデア―人類史における芸術の発展』みすず書房，1957年）

27　民家の新しい活用
アサダワタル『住み開き―家から始めるコミュニティ』筑摩書房，2012年
熊倉敬聡・長田進・坂倉杏介・岡原正幸・望月良一・手塚千鶴子・武山政直『黒板とワイン―もう一つの学び場「三田の家」』慶應義塾大学出版会，2010年

28　開かれた宗教空間を生み出す
秋田光彦『葬式をしない寺―大阪・應典院の挑戦』新潮社，2010年

稲場圭信『利他主義と宗教』弘文堂，2011年
山口洋典「地域社会と寺院」大谷栄一・藤本頼生編『地域社会をつくる宗教』明石書店，2012年
渡邊直樹編『宗教と現代がわかる本2014』平凡社，2014年
渡邊直樹編『宗教と現代がわかる本2013』平凡社，2013年
上田紀行『がんばれ仏教！―お寺ルネサンスの時代』日本放送出版協会〔NHKブックス〕，2004年
浦河べてるの家『べてるの家の「当事者研究」』医学書院，2005年
本多幸子「ソーシャル・イノベーターとしての"お寺"―仏教寺院の公共空間的機能変容の事例研究を通して」『同志社政策科学研究』第13巻第1号，2011年
Visit Helsinki「カンピ静寂の礼拝堂」 http://www.visithelsinki.fi/ja/see-and-experience/sights-and-attractions/kamppi-chapel-silence
KAMPIN KAPPELI http://www.helsinginkirkot.fi/fi/kirkot/kampin-kappeli
文化庁編『宗教年鑑平成24年版』ぎょうせい，2013年 http://www.bunka.go.jp/shukyouhoujin/nenkan/pdf/h24nenkan.pdf
8時だヨ！神さま仏さま http://www.voiceblog.jp/hachiji-aiai/
読売新聞「日本人 本社連続調査 宗教観」2008年5月30日朝刊25面

29 脱学校化する大学

デイヴィッド・リースマン（喜多村和之・江原武一ほか訳）『高等教育論―学生消費者主義時代の大学』玉川大学出版部，1986年
黒沢雅善「釜芸2年目、笑って熱烈開講中」『朝日新聞関西スクエア』第155号，2013年
マーチン・トロウ（喜多村和之訳）『高度情報社会の大学―マスからユニバーサルへ』玉川大学出版部，2000年
山口洋典「『教育者』から『学習者』へのムードメイクとモードチェンジ―受け手から担い手へのリレーゾーンを駆け抜けて」『立命館経済学』第61巻第5号，2013年
内田樹「コンビニ化する大学と知性の危機について」 http://blog.tatsuru.com/2012/11/15_1542.php

30 ファンドレイズと地域社会の資金循環

深尾昌峰「地域における資金循環」『ファンドレイジング・ジャーナル』第9号，2011年
日本ファンドレイジング協会「寄付白書2013」，2013年
公益財団法人京都地域創造基金 http://www.plus-social.jp

執筆者紹介 ABOUT AUTHORS

（① 肩書、② 主な著書・論文、③ 主な活動）

【編著者】

西村　仁志（にしむら　ひとし）················ **1, 2, 3, 4, 5, 6, 7, 8, 16** 執筆
① 広島修道大学人間環境学部准教授
② 『ソーシャル・イノベーションとしての自然学校』みくに出版、2013年
『よくわかる環境教育』（共著）ミネルヴァ書房、2013年
③ 1963年京都生まれ。京都YMCA勤務ののち1993年に環境教育の専門事務所「環境共育事務所カラーズ」を開業し、環境教育の企画とプロデュースの現場に数多く関わる。2006年から同志社大学大学院総合政策科学研究科准教授、2012年より現職。

【執筆者】

山口　洋典（やまぐち　ひろのり）················ **9, 24, 25, 28, 29** 執筆
① 立命館大学共通教育推進機構准教授、浄土宗應典院主幹
② 『地域社会をつくる宗教』（共著）明石書店、2012年
『コミュニティメディアの未来』（共著）晃洋書房、2010年
③ 1975年静岡県磐田市生まれ。学生時代、阪神・淡路大震災、地球温暖化防止京都会議など、仕組みと仕掛けをつくる実践に携わる。2006年に得度、浄土宗宗徒に。2006年10月より同志社大学の教員を兼ねる。2011年4月より現職、サービスラーニング科目を担当。

関根　千佳（せきね　ちか）················ **11, 12, 21** 執筆
① 同志社大学政策学部・大学院総合政策科学研究科教授、株式会社ユーディット会長
② 『ユニバーサルデザインのちから』生産性出版、2012年
『「誰でも社会」へ』岩波書店、2002年
③ 多様な人々が自分らしく生きられるユニバーサルデザイン（UD）の社会をめざして、1998年に株式会社ユーディットを設立。2012年より現

職。市民視点で多くの企業、自治体、省庁の UD 戦略に助言を行っている。

坂倉　杏介（さかくら　きょうすけ）・・・・・・・・・・・・・・・・・・・・・・・・・・・・・・・・・**26, 27** 執筆

① 慶應義塾大学グローバルセキュリティ研究所特任講師
② 『黒板とワイン』（共著）慶應義塾大学出版会、2010年
　『いきるためのメディア』（共著）春秋社、2010年
③ 1972年名古屋市生まれ。キャンパス外の新たな学び場「三田の家」（〜 2013年）、地域コミュニティの拠点「芝の家」など、コミュニティ形成の場づくりを実践的に研究している。三田の家 LLP 代表、NPO 法人エイブル・アート・ジャパン理事。

宗田　勝也（そうだ　かつや）・・・・・・・・・・・・・・・・・・・・・・・・・・・・・・・・・・・・・**13, 18** 執筆

① 難民ナウ！代表、龍谷大学非常勤講師
② 『誰もが難民になりうる時代に』現代企画室、2013年
　『コミュニティメディアの未来』（共著）晃洋書房、2010年
③ 1966年京都市生まれ。2004年より京都市中京区のコミュニティ FM 局・京都コミュニティ放送（FM79.7MHz）で、「難民問題を天気予報のように」をコンセプトにしたラジオ番組「難民ナウ！」を制作している。

中野　民夫（なかの　たみお）・・・・・・・・・・・・・・・・・・・・・・・・・・・・・・・・・・・・・**15, 17** 執筆

① 同志社大学政策学部・大学院総合政策科学研究科教授、ワークショップ企画プロデューサー
② 『みんなの楽しい修行』春秋社、2014年
　『ワークショップ』岩波書店〔岩波新書〕、2001年
③ 大学院ソーシャル・イノベーションコースと政策学部で、「至福の追求と社会変革」をテーマに、参加型の授業を展開。ワークショップ企画プロデューサーとして、人と人・自然・自分自身をつなぎ直すワークショップや、ファシリテーションの講座を多数実践。2年前に会社勤めから京都に転身、毎朝鴨川を歩きヨガと音楽と料理を楽しんでいる。

西村　和代（にしむら　かずよ）――――――――――――――**10, 19** 執筆
① カラーズジャパン株式会社代表取締役、広島修道大学非常勤講師
② 「〈場所の力〉による創発イノベーションに関する研究」同志社大学博士論文、2011年
③ 1967年京都生まれ。2009年、京都市中京区に「京町家 さいりん館 室町二条」、2014年、おばんざい食堂「ひとつのおさら」を開業し実践の場を展開。子育てや生協、PTAでの役員経験を活かした独自の主婦視点をもち、環境教育、食と農のプロジェクト、人材育成、まちづくりに取り組んでいる。

深尾　昌峰（ふかお　まさたか）――――――――――――**20, 30** 執筆
① 龍谷大学政策学部准教授、公益財団法人京都地域創造基金理事長
② 『持続可能な地域実現と大学の役割』（共著）日本評論社、2014年
『対話と議論で〈つなぎ・ひきだす〉ファシリテート能力育成ハンドブック』（共著）公人の友社、2011年
③ 1974年生まれ。阪神・淡路大震災を契機にきょうとNPOセンターや三条ラジオカフェ、京都地域創造基金などの市民の多様な活動を支える仕組みづくりに携わる。2012年には非営利型株式会社 PLUS SOCIAL を起業し代表取締役も務める。

山本　克彦（やまもと　かつひこ）――――――――――**22, 23** 執筆
① 日本福祉大学福祉経営学部准教授
② 『災害ソーシャルワーク入門』（共著）中央法規出版、2013年
『東日本大震災とNPO・ボランティア』（共著）ミネルヴァ書房、2013年
③ 1961年京都生まれ。教育や福祉の現場を経て、2003年に岩手県立大学へ。2004年中越地震、2007年中越沖地震で学生と共に災害ボランティアに関わり、2011年東日本大震災を迎える。地域福祉と災害ソーシャルワークが専門。2014年より現職。

川中　大輔（かわなか　だいすけ）――――――――――――**14** 執筆
① シチズンシップ共育企画代表・ファシリテーター、日本シティズンシップ教育フォーラム（J-CEF）事務局長、甲南大学非常勤講師
② 『シティズンシップ教育』（共著）明るい選挙推進協会、2012年
『学校ボランティア・コーディネーション』（共著）筒井書房、2009年

③ 1980年神戸生まれ。1998年から青少年支援・環境・まちづくりの市民活動に取り組み、2003年に「市民としての意識と行動力」を育む学びの場をつくるシチズンシップ共育企画を設立。全国各地で市民教育や協働まちづくり、市民組織運営のワークショップを担当。

Horitsu Bunka Sha

ソーシャル・イノベーションが拓く世界
――身近な社会問題解決のためのトピックス30

2014年11月10日　初版第1刷発行

編著者	西村　仁志
発行者	田靡　純子
発行所	株式会社　法律文化社

〒603-8053
京都市北区上賀茂岩ヶ垣内町71
電話 075(791)7131　FAX 075(721)8400
http://www.hou-bun.com/

＊乱丁など不良本がありましたら、ご連絡ください。
　お取り替えいたします。

印刷：亜細亜印刷㈱／製本：㈱藤沢製本
装幀：谷本天志

ISBN 978-4-589-03627-8

Ⓒ2014 Hitoshi Nishimura Printed in Japan

JCOPY　〈㈳出版者著作権管理機構　委託出版物〉

本書の無断複写は著作権法上での例外を除き禁じられています。複写される場合は、そのつど事前に、㈳出版者著作権管理機構（電話 03-3513-6969、FAX 03-3513-6979、e-mail: info@jcopy.or.jp）の許諾を得てください。

今川 晃・梅原 豊編
地域公共人材をつくる
―まちづくりを担う人たち―

Ａ５判・202頁・2400円

地域公共人材とは、まちづくりやNPO活動などの担い手となる人。地域社会の問題発見・課題解決やコーディネート力を備えた人材育成のためのアイディアと実践例、そして応用へのヒントが詰まった一冊。

新川達郎編
京都の地域力再生と協働の実践

Ａ５判・158頁・2400円

地域の疲弊を克服し、潜在力を引き出して持続可能な未来を切り拓くことが切に求められている。地域問題の縮図といえる京都の事例を参考に、地域をつくりなおす様々な実践と協働を紹介し、その意義を明らかにする。

新川達郎編
政策学入門
―私たちの政策を考える―

Ａ５判・240頁・2500円

問題解決のための取り組みを体系化した「政策学」を学ぶための基本テキスト。実際の政策事例から理論的な思考方法をつかめるよう、要約・事例・事例分析・理論紹介・学修案内の順に論述。

井上有一・今村光章編
環境教育学
―社会的公正と存在の豊かさを求めて―

Ａ５判・212頁・2700円

既存の〈環境教育〉の限界と課題を根源的に問い直すなかで、持続可能な社会への役割を考えれば、真に求められている環境教育学とは、「社会的公正」と「存在の豊かさ」という視座と社会変革志向が包含していることを提示する。

橋本 理著
非営利組織研究の基本視角

Ａ５判・312頁・5400円

企業形態論の枠組みを用いて経営学の立場から理論的・概括的に非営利組織の本質に迫り、可能性を解明。第Ⅰ部では、先行研究の動向と理論分析を試み、第Ⅱ部で「社会政策の経営学」という新しいタイプの事業組織を提示する。

法律文化社

表示価格は本体(税別)価格です